编号：2021-2-099

"十四五"普通高等院校物流类专业核心课程系列教材
大中企业高端培训教材

物流系统规划与运作

WULIU XITONG GUIHUA YU YUNZUO

陶经辉◎主　编
金梦洁　卓文焱◎副主编

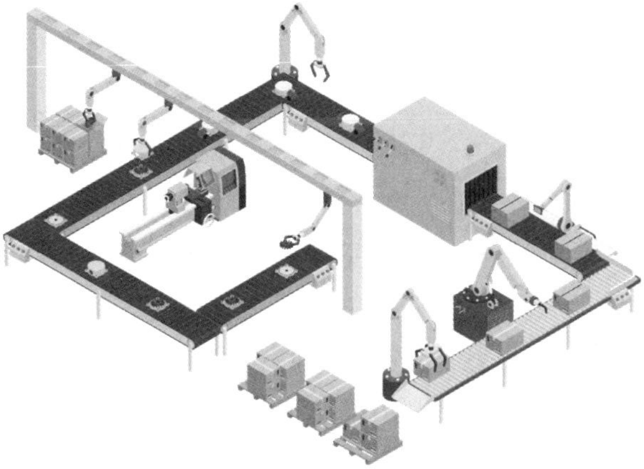

企业管理出版社
ENTERPRISE MANAGEMENT PUBLISHING HOUSE

图书在版编目（CIP）数据

物流系统规划与运作 / 陶经辉主编 . —北京：企业管理出版社，2022.5

ISBN 978-7-5164-2593-0

Ⅰ . ①物… Ⅱ . ①陶… Ⅲ . ①物流—系统工程 Ⅳ .

① F252

中国版本图书馆 CIP 数据核字 (2022) 第 056067 号

书　　名： 物流系统规划与运作

书　　号： ISBN 978-7-5164-2593-0

作　　者： 陶经辉

策　　划： 寇俊玲

责任编辑： 寇俊玲

出版发行： 企业管理出版社

经　　销： 新华书店

地　　址： 北京市海淀区紫竹院南路 17 号　　**邮　　编：** 100048

网　　址： http://www.emph.cn　　**电子信箱：** 26814134@qq.com

电　　话： 编辑部（010）68701661　发行部（010）68701816

印　　刷： 河北宝昌佳彩印刷有限公司

版　　次： 2022 年 6 月 第 1 版

印　　次： 2022 年 6 月 第 1 次印刷

开　　本： 787 毫米 ×1092 毫米　1/16

印　　张： 16.25 印张

字　　数： 350 千字

定　　价： 68.00 元

前　言

物流系统规划与运作是物流系统的重要内容，在提高物流系统效率方面起着十分重要的作用，无论是制造企业、商贸企业或者物流企业，都应该重视物流系统规划与运作管理。

物流系统规划与运作是本科物流管理和物流工程专业的一门专业主干课程，通过本课程的学习，学生能够了解和掌握物流系统优化设计和运作管理，系统掌握物流系统规划与运作方面的相关知识和技能、物流系统规划与运作相关方法和运作技巧，学会规划物流系统和优化运作物流系统，并能够应用所学知识解决物流系统中的理论和实际问题。本教材根据作者多年的物流教学和实践经验，并在参考大量的参考文献基础上编著而成，以便全面阐述物流系统规划与运作的基本原理、程序和方法，为物流专业学生和物流从业者提供系统的理论和方法指导。

本教材共分 11 章，第 1 章介绍物流系统规划与运作的基本概念和流程；第 2 章介绍物流系统资料收集与数据分析方法和物流系统运作中的相关技术等；第 3 章介绍物流系统战略规划与运作的基本概念、框架体系、环境分析以及管理流程等；第 4 章介绍物流系统网络规划与运作的基本概念、影响因素、功能分类和评价方法等；第 5 章介绍物流仓储规划与运作的基本理论、规划与运作流程、运作管理和绩效评估等；第 6 章介绍物流运输系统运作的构成要素、规划原则、运作管理、运输路线优化、运输绩效评估等；第 7 章介绍物流配送规划和运作的基本理论、配送中心选址理论、内部布局、运作管理、需求计划、成本优化等；第 8 章介绍物流信息系统规划与运作的基本理论、常用技术、需求分析和运营维护等；第 9 章介绍物流园区规划与运作的基本理论、选址和规模规划、信息平台规划、运作模式分析等；第 10 章介绍物流系统规划与运作评价的步骤和内容、结果与改进、评价指标体系的构建、评价方法的选择等；第 11 章介绍虚拟仿真实验的内容，主要包括粮食物流网络现状评估、粮食物流仓储选址、粮食物流中心设施设备仿真和粮食物流运输路径选择仿真等方面。

本教材的编写特色如下：

1. 内容丰富、新颖、实用，体现现代物流需求和发展趋势。在编写中，广泛吸收了已有的物流系统规划与运作成果、技术，参阅了大量的同类教材、专著、论文等资料，并结合作者多年的教学经验，力争清晰描述物流系统规划与运作方面的基本理论和方法。

2. 强化案例分析，理论与实践相结合。教材配有大量的图表更加直观说明问题；

以案例来解析一些难点及方法的应用；每章节中的案例分析，增强学生的互动讨论。

3. 延伸知识阅读，丰富教学内容。每章设计有名人故事、知识拓展和学习探索等板块，帮助学生理解和掌握相关知识内容，增强学生对相关知识点的理解能力。

本教材由南京财经大学组织编写。由陶经辉负责全书结构设计、拟订编写提纲、统稿和定稿工作。各章节具体分工如下：第1～3章由陶经辉、丁洋编写，第4～5章由倪思嘉编写，第6～7章由骆明娅、孙大松编写，第8～9章由王璐、卓文焱编写，第10～11章由王洪臻、金梦洁编写，书中案例部分由朱亦成、牛忍搜集资料并编写。本书在编写过程中参考了大量相关书籍和资料，在此向有关作者表示衷心的感谢！

本书可作为高等院校的教材，适合物流管理、物流工程、交通运输、供应链管理的本科生使用，也可作为相关专业的研究生和相关物流工作人员参考书。

由于编者水平有限，书中不妥之处在所难免，希望广大读者不吝赐教，以便我们进一步修改完善。

本教材还配备了电子教学资料包：包括电子教案、教学指南、练习题答案等，能够为教师授课和学生学习提供诸多便利，请通过以下方式获取。

电话：（010）68701661　企业管理出版社编辑部

邮箱：qyglcbs@ yeah. net

陶经辉

2022年1月

目　录

第 1 章　物流系统规划与运作概述 …… 1

1.1　物流系统的概念及特征 …… 2

名人故事 …… 6

1.2　物流系统规划 …… 7

知识拓展 …… 15

1.3　物流系统运作 …… 15

学习探索 …… 20

案例分析 …… 20

复习思考题 …… 22

第 2 章　物流系统规划与运作技术 …… 23

2.1　物流资料收集与数据分析 …… 24

名人故事 …… 26

知识拓展 …… 27

2.2　物流系统运作技术 …… 27

学习探索 …… 42

案例分析 …… 43

复习思考题 …… 44

第 3 章　物流系统战略规划与运作 …… 45

3.1　物流系统战略规划概述 …… 46

名人故事 …… 51

3.2　物流系统战略规划环境分析 …… 52

知识拓展 …… 59

3.3　物流系统战略运作的管理流程 …… 60

学习探索 …… 70

案例分析 …… 71

复习思考题 …… 72

第 4 章　物流系统网络规划与运作 …… 73
4.1　物流网络系统概述 …… 74
名人故事 …… 81
4.2　物流网络系统规划 …… 82
知识拓展 …… 87
4.3　物流网络系统运作 …… 87
学习探索 …… 96
案例分析 …… 97
复习思考题 …… 100

第 5 章　物流仓储系统规划与运作 …… 101
5.1　物流仓储系统的基本理论 …… 102
名人故事 …… 106
5.2　物流仓储系统的规划 …… 107
知识拓展 …… 113
5.3　物流仓储系统的运作 …… 113
学习探索 …… 119
案例分析 …… 119
复习思考题 …… 121

第 6 章　物流运输系统规划与运作 …… 122
6.1　物流运输系统概述 …… 123
名人故事 …… 129
6.2　物流运输系统的规划 …… 129
知识拓展 …… 134
6.3　物流运输系统的运作 …… 134
学习探索 …… 142
案例分析 …… 143
复习思考题 …… 143

第 7 章　物流配送系统规划与运作 …… 144
7.1　物流配送系统概述 …… 145
名人故事 …… 147
7.2　物流配送系统的规划 …… 148
知识拓展 …… 155

7.3 物流配送系统的运作 …… 155
学习探索 …… 161
案例分析 …… 161
复习思考题 …… 166

第8章 物流信息系统规划与运作 …… 167
8.1 物流信息系统概述 …… 168
名人故事 …… 175
8.2 物流信息系统的规划 …… 175
知识拓展 …… 181
8.3 物流信息系统的运作 …… 182
学习探索 …… 185
案例分析 …… 186
复习思考题 …… 188

第9章 物流园区规划与运作 …… 189
9.1 物流园区规划概述 …… 190
名人故事 …… 192
9.2 物流园区的规划 …… 193
知识拓展 …… 194
9.3 物流园区信息平台规划 …… 194
学习探索 …… 195
9.4 物流园区的运作 …… 196
案例分析 …… 200
复习思考题 …… 201

第10章 物流系统规划与运作评价 …… 202
10.1 物流系统评价概述 …… 203
名人故事 …… 205
10.2 物流系统评价的指标体系 …… 206
知识拓展 …… 209
10.3 物流系统评价方法 …… 210
学习探索 …… 218
案例分析 …… 219
复习思考题 …… 223

第 11 章　虚拟仿真实验实例 …… 224
11.1　虚拟仿真实验项目总体介绍 …… 224
11.2　实验项目 …… 228
复习思考题 …… 242

参考文献 …… 243

第 1 章

物流系统规划与运作概述

物流系统规划与运作是以国家、地区的经济和社会发展计划为指导，或以企业的发展战略为指导，以物流系统内的自然资源、社会资源和现有的技术经济构成为依据，考虑物流系统的发展潜力和优势，在掌握交通运输、仓储等物流要素的基础上，研究其发展方向、规划和结构，确立合理配置物流资源、科学组织物流活动的方案，使物流系统协调发展，取得最佳的经济效益、社会效益和生态效益。本章主要介绍系统、物流系统的相关信息以及物流系统运作的概念、构成模式和流程步骤。

本章学习目标

1. 了解物流系统的概念及特征。
2. 掌握物流系统的基本结构与分类。
3. 了解物流系统规划的特点和原则，包括思维体系。
4. 熟悉物流系统规划常见的技术方法。
5. 掌握物流系统运作的相关内容。

案例引导

鞍钢股份有限公司：港口物流系统的设计与应用

鞍钢股份有限公司物流管理中心（以下简称物流中心）是鞍山钢铁集团公司国内物流业务的管理和运行平台，负责鞍山钢铁物流战略规划设计、物流信息化建设、物流成本控制与管理、物流方案策划等，它是鞍山钢铁集团公司物流系统的枢纽，其业务关系企业众多项目的发展，物流中心不仅要从企业的供应链各环节考虑，更多的是需要通过各种活动使得生产、销售和客服都做得最好。

鞍钢港口物流信息系统作为大型实时性强的物流综合应用系统的成功设计，必须贯彻系统规划、统筹兼顾、强本简末、量力而行、重点突破、流程再造、科学选比、整体推进、早见成效的原则。实施中不但有领导对系统开发工作的绝对支持，团队还必须遵循科学整合、深入实际、打破常规、集中力量、集中时间、划小单元、分兵拓展、交叉作业的方略。通过鞍钢港口物流信息系统有效运行，运输组织实现了优化资源、系统整合、集中一贯、精干高效的管理，同时也解决了鞍钢运输业务如何向满足核心客户需求的物流服务模式转变，解决了鞍钢海运业务信息技术体系如何向大物流信息技术体系转变，鞍钢港口海运信息系统为鞍钢大物流体系整合一体化运作提供了强有力的信息技术支持，为物流管理的集成、信息化、多功能、战略合作，以信息和数据逐渐取代原始运输工具，为占据高端价值的物流企业的核心竞争力提供可能的平台，同时具有较强的推广前景。

（资料来源：鞍钢股份有限公司：港口物流系统的设计与应用［EB/OL］. 中国物流与采购联合会，2015－01－05.）

问题

1. 简述鞍钢港口物流系统能够为企业带来怎样的效益。
2. 从物流系统设计原则的角度，谈一谈鞍钢港口物流系统的成功建设带来的启示。

1.1 物流系统的概念及特征

1.1.1 物流系统的概念和特征

物流系统（logistic system）是指由两个或两个以上的物流功能单元构成，以完成物流服务为目的的有机集合体。物流系统的输入，即采购、运输、储存、流通加工、装卸、搬运、包装、销售、物流信息处理等物流环节所需的劳务、设备、材料、资源等要素，由外部环境向系统提供的过程。

物流系统是人参与决策的人工系统，人是系统结构中的主体，直接或间接地影响着系统或子系统的形成。物流系统的基本模式如图 1－1 所示。

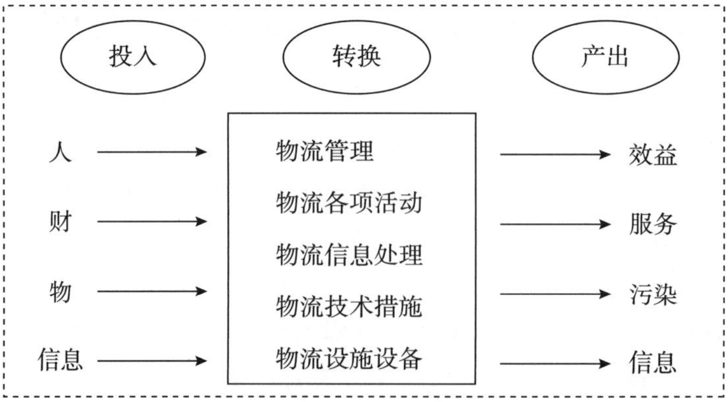

图 1－1　物流系统的基本模式

物流系统是新的系统体系，具有系统的一般特征。同时，物流系统又是一个十分复杂的系统，包括复杂的系统要素、复杂的系统关系等，具体表现在：物流系统是一个人机系统、大跨度系统、可分系统、动态系统、复杂系统及多目标系统。

1.1.2 物流系统的基本结构与分类

物流系统的结构主要有：网络结构、功能结构、流动结构和治理结构等。

1. 网络结构

物流系统的网络结构是指货物从供应地到需求地的整个流通渠道结构，包括物流节点的类型、数量与位置、节点所服务的相应客户群体、节点的连接方式以及货物在节点之间空间转移的运输方式等。从运筹学图论的观点，可以把物流系统的网络结构抽象为点和线以及它们之间相互联系所构成的网络。不同的物流系统因功能需求不同，需要不同的物流网络结构，通常可以分为直达模式、迂回模式（TSP）和节点模式。直达模式是从供应地直送到需求地，每一次运输的线路都是指定的。迂回模式（TSP）是从一个供应地提取的货物连续运送到多个需求地，或者多个供应地连续收集货物后送至一个需求地。节点模式是多个供应地通过物流节点处理后配送到多个需求地。

2. 功能结构

对一个完整的物流系统来说，其基本功能要素包括运输、仓储、包装、配送、装卸搬运、流通加工和物流信息处理。这些基本要素有效地组合、连接在一起，形成系统总功能，构成能合理、有效地实现系统总目标的物流系统。如图 1－2 所示。

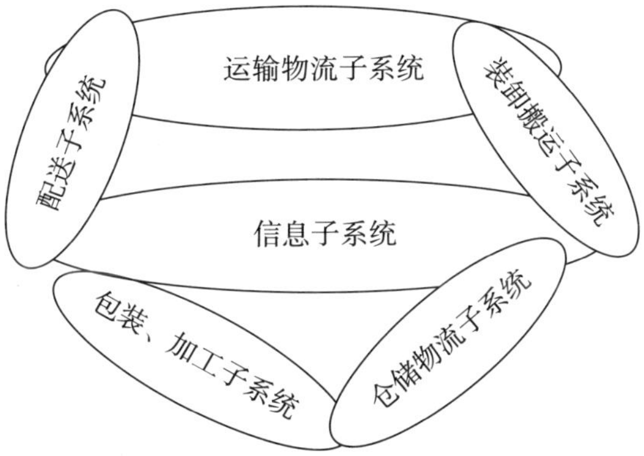

图 1－2　物流系统功能架构

一般而言，物流链各阶段的必备功能首先是运输，其次是仓储。装卸搬运功能随着运输方式或运输工具的交换（如从公路运输换装到铁路运输）、物流作业功能的转换（如从运输作业转换到仓储作业）而产生。包装功能、流通加工功能是在流通过程中发生的，但并不是每个物流系统都一定要进行的。

从以上功能结构来分析，不同的物流系统需要进行的作业大同小异。从生产和流通企业的角度来看，物流作业越少，物流系统就越好。所以，判断物流系统功能发挥是否合理，不是取决于系统中进行了多少作业，而是取决于它为生产和销售降低了多少成本。由此可知，生产和销售系统决定了物流系统所要进行的物流作业，所以，应该将物流系统与生产、销售系统集成，在保证实现生产和销售目标的前提下，尽量进行较少的物流作业，降低作业总成本。

3. 流动结构

物流系统有五个流动要素：流体、载体、流向、流量、流程。物流系统样本都要具备这五要素，缺一不可，只是具体内容不尽相同。

流体的自然属性决定载体的类型和规模，社会属性决定流向、流量和流程；流体、流量、流向和流程决定载体的属性；载体对流向、流量和流程有制约作用，载体状况会影响流体的自然属性和社会属性。因此，对一个物流系统来说，可以根据流体的自然属性和社会属性确定流向、流程的远近及具体运行路线，根据流量的大小与结构来确定载体的类型和数量。

4. 治理结构

物流系统的治理结构是指物流系统资源配置的管理和控制的机制与方法。根据交易的频率、交易的稳定性及资产专用程度，可以将物流系统的治理结构划分为多边治理、三边治理、双边治理和单边治理。如表 1－1 所示。

表 1－1　物流系统的治理结构

<table>
<tr><td colspan="2" rowspan="2"></td><td colspan="3">投资特征</td></tr>
<tr><td>非专用型</td><td>混合型</td><td>专用性</td></tr>
<tr><td rowspan="2">经常性</td><td>偶尔发生的</td><td rowspan="2">市场结构（古典合同）多边治理</td><td colspan="2">三边治理（新古典合同）</td></tr>
<tr><td>重复发生的</td><td>双边治理（关系合同）</td><td>一体化治理（关系合同）单边治理</td></tr>
</table>

（1）多边治理。又称市场治理或合同治理，在此结构中，任何一方物流系统需要的所有资源都能够从物流市场上通过交易购买到，但是这不是专门为某一个物流系统定制的专用性资源，而是能够用于多个物流系统。

（2）三边治理。是通过物流资源的需求方、供给方和第三方（法律）来共同治理的模式。该模式适用于下列物流资源交易：一是偶尔进行的；二是交易的物流资源是高度专用化的。专用性投资是双方的，提供物流服务的一方必须投资购买车辆、建设仓库，有的还要专门建设配送中心，需要物流服务的一方则为对方提供企业的经营数据和其他相关资源，这些资源没有对社会公开，双方都要安排大客户管理人员对合作项目进行协调和管理等。

（3）双边治理。是通过物流资源买卖双方共同治理的模式。双边治理结构适用的几个条件如下：①交易应该是重复发生的，不是一次性的偶尔发生的；②交易需要的资产必须是高度专用的；③交易是非标准化的。

（4）单边治理。又称一体化治理，或垂直一体化治理。该治理结构是将外部治理变成内部治理，将企业外部供给变成企业内部的行为。该治理结构的适用需要具备几个条件：①交易高度专用化；②此项交易与企业的核心业务具有强相关性；③交易本身具备一定规模，使得投资人可以获得该项投资的规模效益。

1.1.3 物流系统的功能

1. 运输功能

运输是物流的核心业务之一，也是物流系统的一个重要功能。选择何种运输手段对于物流效率具有十分重要的意义，在决定运输手段时，必须权衡运输系统要求的运输服务和运输成本，可以从运输机具的服务特性做判断的基准：运费、运输时间、频度、运输能力、货物的安全性、时间的准确性、适用性、伸缩性、网络性和信息等。

2. 仓储功能

在物流系统中，仓储和运输是同样重要的构成因素。仓储功能包括对进入物流系统的货物进行堆存、管理、保管、保养、维护等一系列活动。仓储的作用主要表现为：一是完好地保证货物的使用价值和价值；二是为将货物配送给用户，在物流中心进行必要的加工活动而进行的保存①。随着经济的发展，物流由少品种、大批量物流进入到多品种、小批量或多批次、小批次物流时代，仓储功能从重视保管效率逐渐变为重视如何才能顺利地进行发货和配送作业。

3. 包装功能

为使物流过程中的货物完好地运送到用户手中，并满足用户和服务对象的要求，需要对大多数商品进行不同方式、不同程度的包装。包装分工业包装和商品包装两种。工业包装的作用是按单位分开产品，便于运输，并保护在途货物。商品包装的目的是便于最后的销售。因此，包装的功能体现在保护商品、单位化、便利化和商品广告等方面。前三项属物流功能，最后一项属营销功能。

4. 装卸搬运功能

装卸搬运是随运输和保管而产生的必要物流活动，是对运输、保管、包装、流通加工等物流活动进行衔接的中间环节，以及在保管等活动中为进行检验、维护、保养所进行的装卸活动。装卸作业的代表形式是集装箱化和托盘化，使用的装卸机械设备有吊车、叉车、传送带和各种台车等。在物流活动的全过程中，装卸搬运活动是频繁发生的。因而是产品损坏的重要原因之一。对装卸搬运的管理，主要是对装卸搬运方式、装卸搬运机械设备的选择和合理配置与使用以及装卸搬运合理化，尽可能减少装

---

① 冯浩．物流规划的有关问题探讨［J］．综合运输，2002（07）：30－32.

卸搬运次数，以节约物流费用，获得较好的经济效益。

5. 流通加工功能

流通加工功能是在物品从生产领域向消费领域流动的过程中，为了促进产品销售、维护产品质量和实现物流效率化，对物品进行加工处理，使物品发生物理或化学性变化的功能。流通加工的内容有装袋、定量化小包装、拴牌子、贴标签、配货、挑选、混装、刷标记等。流通加工功能其主要作用表现在：进行初级加工，方便用户；提高原材料利用率；提高加工效率及设备利用率；充分发挥各种运输手段的高效率；改变品质，提高收益。

6. 配送功能

配送是物流中一种特殊的、综合的活动形式，是商流与物流的紧密结合。从物流来讲，配送几乎包括所有的物流功能要素，是物流的一个缩影或在某小范围中物流全部活动的体现。一般的配送集装卸、包装、保管、运输于一身，通过这一系列活动完成将货物送达的目的。特殊的配送则还要以加工活动为支撑，所以包括的方面更广。配送功能的设置，可采取物流中心集中库存、共同配货的形式，使用户或服务对象实现零库存，依靠物流中心的准时配送，而无须保持自己的库存或只需保持少量的保险储备，减少物流成本的投入。

7. 信息服务功能

现代物流是需要依靠信息技术来保证物流体系正常运作的。物流系统的信息服务功能，包括进行与上述各项功能有关的计划、预测、动态（运量、收、发、存数）的情报及有关的费用情报、生产情报、市场情报活动。物流情报活动的管理，要求建立情报系统和情报渠道，正确选定情报科目和情报的收集、汇总、统计、使用方式，以保证其可靠性和及时性。从信息的载体及服务对象来看，该功能还可分为物流信息服务功能和商流信息服务功能。商流信息主要包括进行交易的有关信息，物流信息主要是物流数量、物流地区、物流费用等信息。可以说，信息服务是物流活动的中枢神经，该功能在物流系统中处于不可或缺的重要地位。

名人故事

中国物流传奇人物：物流界的“凿壁者”——喻渭蛟

喻渭蛟的故事，是双重时态的共振。行之力则知愈近，知之深则行愈达。

他追求新潮，与时俱进，最先追逐电商件，纷争中和阿里携手合作，大笔投资嘉兴机场，紧随“一带一路”走出去。他秉承信念，言谈之间的高频词，是产品和未来。

他个人思想与行动的交织，折射出时代的光影，有着传统秩序的切割与重组，商业模式的冲突与进化，企业管理的激进与退让，个人气质的彰显与锻造。

他求真务实，追求完美的工作作风，贯穿于圆通快递的整个发展史。他认为圆通快递的发展需要三大支撑要素：一是按照标准化、流程化、制度化和信息化，建立符合市场需求的标准作业体系；二是明确战略目标、拼搏加上共享，发挥团队的核心优势；三是依靠自己。

从个性上来分析，喻渭蛟具有成为成功人士的多个要素：理解风险和不确定性、理性和情绪的双脑决策、反复训练的直觉、博弈高手，这是圆通快递十几年来高速发展的助力。

他自始至终坚持公司的“领先”理念。在黎明前的“至暗时刻”，他一边不断反思复盘，寻找事件症结；一边聚焦创新，将更多资源投入到结构调整、产品研发中。

“塞翁失马焉知非福”，艰难时刻的抉择，使得公司快速成长在所谓的落寞冷清中，重新劈开来路，锻炼的不仅是队伍，还有更多向前一步的勇气。事实证明，规划、坚持、自律，才能率先抵达目标。喻渭蛟觉得，这是凿掉桎梏，凿出法则后，所能预见到的圆通快递的未来。

（资料来源：知识交易所．中国物流传奇人物：物流界的“凿壁者”——喻渭蛟[EB/OL]．哔哩哔哩，2021－03－16）

1.2 物流系统规划

本节将介绍物流系统规划的基本概念、分类、思维体系以及常见的技术方法，总结归纳物流系统规划的现状和主要问题。

1.2.1 物流系统规划的概念及分类

1. 物流系统规划的概念

物流系统规划是指为实现一定的目标而设计的由各相互作用、相互依赖的物流要素（或子系统）所构成的有机整体。

物流系统规划要遵循以下基本原则：

（1）要坚持发挥优势、整合资源的系统性原则。

（2）要坚持可行性原则。

（3）要坚持高效率、低成本原则，具体体现在：物资流动顺畅；柔性化；资源的高利用率。

2. 物流系统规划的分类

物流系统规划可以分为战略、策略、运作三个层次。

（1）战略层次。侧重于宏观控制，解决的是影响企业长远发展的战略决策等问题。物流系统战略层次的规划在各种规划层级中是最高的，时间也是最长的。战略规划的内容都是在战略层次上的引导，所考虑的是企业的目标、总体服务需求以及管理者通过何种方式来实现这些目标。

（2）策略层次。是在战略规划框架下更为细致的指导性规划，通常是一个中期的计划。它在内容上比战略规划更为具体，可以包括配送策略规划、供给策略规划、国际物流策略、减少物流时间的策略规划、提高资本生产率的物流策略规划等。

（3）运作层次。是在操作层次上的计划，是企业物流规划与设计的最后一层。详细的操作计划是用来指导每时每刻的物流活动的。它所包括的内容比较繁杂，所涉及的领域也极为广泛，比如，建立合理的流程计划、车辆调度方案的确定、简化环节和合理的资源整合以及 IT（信息技术）系统的构建等。

物流系统规划实施过程中，可能会遇到很多影响因素，包括内部因素和外部因素。内部因素包括：组织结构、规章制度、管理流程和项目实施计划等，其中最重要的是人的因素，人的意识和人的积极性将占重要主导作用。外部因素，如环境的变化、市场的波动和技术的发展也会带来影响作用。

1.2.2 物流系统规划的特点、目标及原则

1. 物流系统规划的特点和目标

（1）综合规划。一是物流系统规划的涉及面非常广泛，需要有各方共同遵守的目标与原则；二是物流系统规划的方法涉及数学、运筹学、管理学、经济学以及城市规划、交通规划、工程建设等多个技术领域、

（2）动态规划。物流系统本身以及其所处的环境的复杂多变决定其动态性。从宏观上看，社会经济政策、城市建设和发展、国际政治经济的风云变幻要求物流系统的规划有适应其变化发展的空间和能力；从微观上看，物流企业内部的发展不仅受宏观政策的影响，还受科学技术发展的影响，政策和技术的刺激促使物流企业生产管理、基础设施和科技含量不断变化。因此，物流系统规划要有发展的、动态的眼光。

（3）过程规划。物流业的发展要经过萌芽期、起步期、发展期，再逐步走向成熟期。物流系统规划要注重物流业发展各阶段的发展过程，制订相应的发展目标、发展方案和实施办法。

物流系统规划的核心就是用系统的思想和方法对物流的各个功能进行优化整合，从而保障物流系统的良性、健康、有序发展。物流系统规划设计的目的可以概括为“三大一小”四个方面：最大服务、最大利润、最大竞争优势、最小的资产配置。每个目标战略通常要求独特的物流系统设计。

2. 物流系统规划的原则

物流系统规划设计必须以物流系统整体的目标作为中心。物流系统整体的目标是使人力、物力、财力和人流、物流、信息流得到最合理、最经济、最有效的配置和安排，既要确保物流系统的各方面参与主体功能，又以最小的投入获取最大的效益。

（1）系统性原则。是指在物流系统规划设计时，必须综合考虑、系统分析所有对

规划有影响的因素，以获得优化方案。首先，物流系统在整个社会经济系统中不是独立存在的，它是社会经济系统的一个子系统。物流系统与其他社会经济子系统不但存在相互融合、相互促进的关系，而且它们之间也存在相互制约、相互矛盾的关系。因此，在对物流系统进行规划设计时，必须要考虑各种影响因素，达成整个社会经济系统的整体最优。

（2）可行性原则。是指在物流系统规划设计过程中必须使各规划要素满足既定的资源约束条件，也就是说，物流系统规划设计必须要考虑现有的可支配资源情况，必须符合自身的实际情况，无论从技术上，还是从经济上都可以实现。在进行物流系统规划设计时，要与总体的物流发展水平、社会经济的总体水平及经济规模相适应，既要体现前瞻性和发展性，又不能超越企业本身的整体承受能力，以保证物流系统规划设计的实现。

（3）经济性原则。是指在物流系统的功能和服务水平一定的前提下，追求成本最低，并以此实现系统自身利益的最大化。显然，经济性也是物流系统规划设计追求的一个重要目标。经济性原则包括物流系统的连续性、柔性化、协同性以及资源的高利用率。

（4）社会效益原则。是指物流系统规划设计应该考虑环境污染、可持续发展、社会资源节约等因素。物流的社会效益原则也越来越受到政府和企业的重视，目前我国正在倡导循环经济，绿色物流是其中的重要组成部分。

（5）系统总成本最优原则。从企业供应链物流管理活动常见的一些业务活动及其成本项目可以看出，各种物流活动成本的变化模式常常表现出相互冲突的特征。在进行企业供应链物流规划时，应追求系统总成本最优，而不能是单项成本最优，不能只考虑到某个部门、某项物流活动的效益，而应该追求供应链系统整体的总效益。

（6）客户服务驱动原则。在当今消费者占主导的客户经济时代，企业的一切经济活动必须时刻牢记以市场为中心、以客户为中心。客户服务驱动原则要求企业在进行内部供应链物流规划设计时应以客户为中心，站在客户的立场看问题，而不是以自我为中心，以产品为中心。理想的企业物流系统应该遵循的规划设计思路：识别客户的服务需求→定义客户服务目标→规划设计物流系统。

1.2.3 物流系统规划的思维体系

物流系统的地域、时间及行业跨度大。物流系统是一个动态系统，是具有满足社会需要、适应环境能力的系统。物流系统的这种规模庞大、结构复杂、目标众多的特点给物流系统规划提出了较高的要求，结合国内外研究成果，借鉴已有成熟的系统规划经验，物流规划系统的核心思想是：应用系统分析方法对物流系统进行研究。物流系统规划分析的要点和步骤如表 1－2 和图 1－3 所示。

表 1-2 物流系统规划分析的要点

分析内容	第一次提问	第二次提问	第三次提问
对象	做什么（what）	为什么做这个（why）	对象是否已经清楚
目的	是什么（what is）	为什么是此目的（why）	目的是否已经明确
地点	在何处做（where）	为什么在此处（why）	有无其他更合适的地点
时间	在何时做（when）	为什么在此时（why）	有无其他更合适的时间
人员	由谁做（who）	为什么由此人做（why）	有无其他更合适的人选
方法	怎样做（how）	为什么用此方法（why）	有无其他更合适的方法

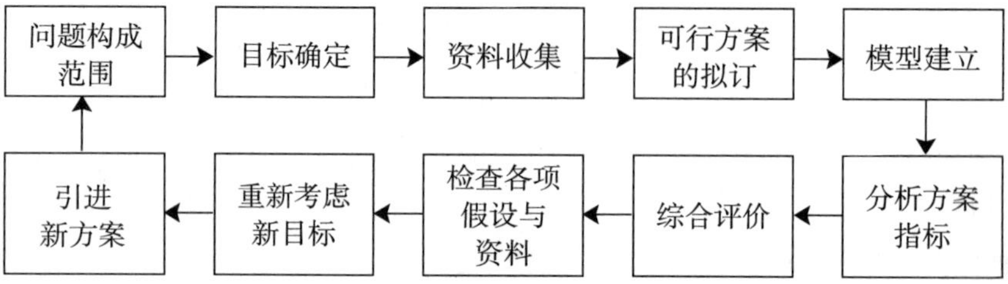

图 1-3 物流系统规划分析步骤

对物流系统规划进行分析，不仅要对现有系统进行分析，还要对新系统进行分析，按照表 1-2 所示，首先从对象、目的、地点、时间、人员和方法角度出发，进行三次提问，也就是 6W1H，即 what、what is、where、when、who、why 和 how，依次按照表格进行分析和归纳总结。其次，图 1-3 给出的物流系统规划分析步骤，依次按照问题构成范围、目标确定、资料收集、可行性方案拟订、模型建立、分析方案指标、综合评价、检查各项假设与资料、重新考虑新目标、引进新方案再到分析新方案的问题构成范围，依次循环往复加以分析。

1.2.4 物流系统规划常见的技术方法

1. 物流设施选址

物流系统规划的一个核心问题就是设施的选址问题。物流设施选址问题需要做出两个决策：一是决定设施的位置、数量、容量；二是确定产品和客户在各设施之间的分派。主要方法如表 1-3 所示。

表 1-3 选址方法表

方法	优势	劣势	适用范围
重心法	模型简单、易于操作	没有考虑服务设施建设的固定费用及经营管理产生的可变费用；计算求得的最佳地点实际上往往很难找到	单个服务设施选址问题和连续选址问题

续表

方法	优势	劣势	适用范围
线性规划法	线性规划法程序简单，算法成熟，易于编程和操作	对一些复杂情况很难建立合适的规划模型，求解复杂且不易得到最优解	适合用于重新分配各物流设施的配送范围以及配送量，又不涉及物流设施的新建的情形
Cluster 法与 CFLP 法	启发式方法，计算简单，求解速度快	不能保证给出的解决方案是最优的	用户的地址和需求量以及设置多个配送中心的数目均已确定
Baumol - Wolfe 法	模型计算比较简单；考虑固定费用和可变费用	逐次逼近，不能保证必然得到最优解	有限的几个可行点中的最优点
混合 0 - 1 整数规划法	他能够把固定费用以最优的方式考虑进去	求解此模型的计算量很大，不易得到最优解	常用于解决物流网络设计中常见的大型、复杂的选址问题
双层规划法	考虑物流规划部门与客户双方的利益，考虑投资约束对模型的影响	不考虑新旧物流设施之间的竞争关系	适用于新建的物流系统中多物流设施选址情况

（1）重心法。是将配送系统的资源点与需求点看成是分布在某一平面范围内的物流系统，各资源点与需求点的物流量可分别看成是物体的重量，物体系统的重心将作为配送中心的最佳设置。具体过程如图 1 -4 所示：①

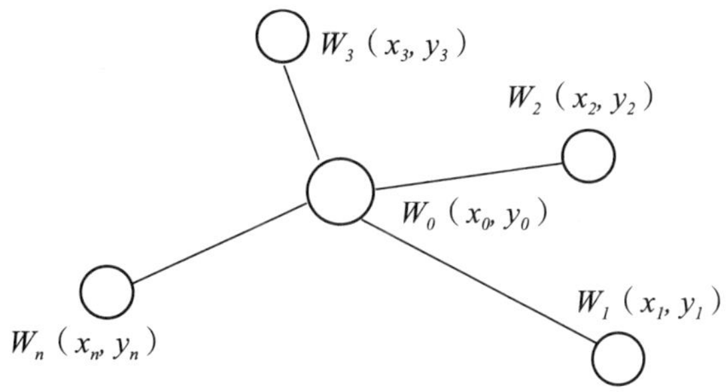

图 1 -4

设在某计划区域内，有 n 个资源点和需求点，各点的资源量或需求量为 W_j （$j=1$，2，$\cdots n$），它们各自的坐标是（X_j，Y_j）（$j=1$，$2\cdots n$）。现计划在该区域内设置一个配送中心，该配送中心的坐标是（X_d，Y_d），配送中心至资源点或需求点的运费率是 α_j，根据求平面中物体重心的方法，可以得到：

① 李玉民．物流中心设施布置设计的方法探讨［J］．物流科技，2005（09）：97 - 100.

$$X = \sum_{j=1}^{n} a_j W_j X_j \Big/ \sum_{j=1}^{n} a_j W_j \qquad (1-1)$$

$$Y = \sum_{j=1}^{n} a_j W_j Y_j \Big/ \sum_{j=1}^{n} a_j W_j \qquad (1-2)$$

式 1－1 代入数值，实际求得的值，即为所求得配送中心位置的坐标（X_d，Y_d）。

（2）线性规划法。对于多个供应点和需求点（仓库、工厂、配送中心和销售点）的问题，通常用线性规划法求解更为方便。可以同时确定多个设施的位置，其目的也是使所有设施的生产运输费用最小。在相应约束条件下令所求目标函数为最小，即约束条件

$$\sum_{i=1}^{m} W_{ij} = b_i \text{，} \sum_{j=1}^{n} W_{ij} = a_i \qquad (1-3)$$

并且全部 $Wij \geqslant 0$，目标函数 $\text{Min} \sum_{i=1}^{m} = \sum_{j=1}^{n} G_{ij} W_{ij}$　　(1－4)

式中 m 为供应点数量；n 为需求点数；a_i 为供应点 i 的生产能力；b_j 为需求点 j 的需求；G_{ij} 为供应点 i 生产一单位产品并运到销售点 j 的生产加运输总费用；W_{ij} 为从供应点 i 运到需求点 j 的产品数量。

（3）启发式方法。是指人在解决问题时所采取的一种根据经验规则进行发现的方法。其特点是在解决问题时，利用过去的经验，选择行之有效的方法，而不是系统地、以确定的步骤去寻求答案。

1.2.5　物流系统规划现状及主要问题

物流业是融合运输、仓储、货运代理、联运、制造、贸易、信息等产业的复合型服务业，是支撑经济社会发展的基础性、战略性产业。随着全球经济一体化的推进，以及电子商务、大数据、物联网等技术手段与物流的深度融合，物流业的发展越来越有活力，在生产制造、贸易流通和资源配置中发挥着重要作用。

1. 我国物流行业发展现状

（1）社会物流需求进入到中高速发展阶段（如图 1－5 所示）

图 1－5　2013－2020 年中国社会物流总额统计及增长情况

资料来源：中国物流与采购联合会前瞻产业研究院。

从社会物流总额结构看，2019 年全年中国工业品物流总额 269.6 万亿元，按可比价格计算，同比增长 5.7%，占社会物流总额的 90.5%；进口货物物流总额 14.3 万亿元，增长 4.7%，占社会物流总额的 4.8%；农产品物流总额 4.2 万亿元，增长 3.1%，占社会物流总额的 1.4%；单位与居民物品物流总额 8.4 万亿元，占社会物流总额的 2.8%；再生资源物流总额 1.4 万亿元，占社会物流总额的 0.5%。

（2）社会物流总费用增加，市场扩大。（如图 1－6 和图 1－7 所示）

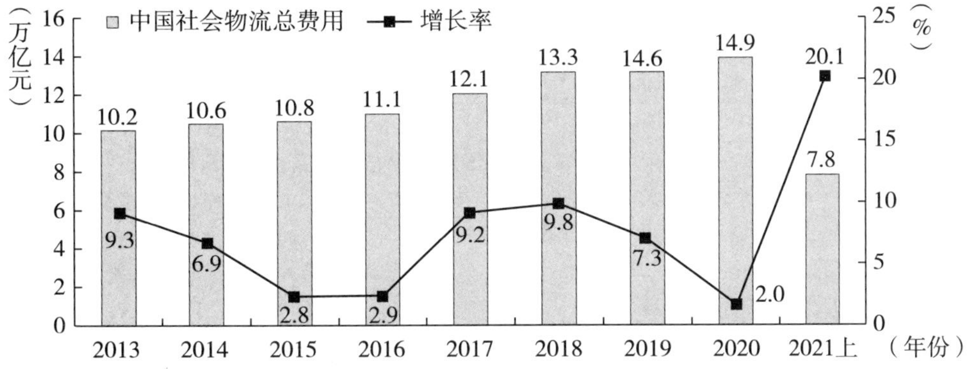

图 1－6　2013－2021 年中国社会物流总费用统计及增长情况

资料来源：中国物流与采购联合会前瞻产业研究院。

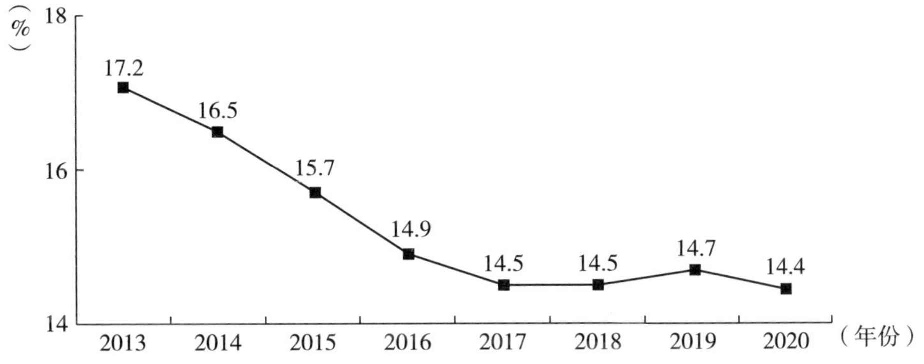

图 1－7　2013－2020 年中国社会物流总费用占 GDP 比率走势图

资料来源：中国物流与采购联合会前瞻产业研究院。

2019 年中国社会物流总费用 14.6 万亿元，同比增长 7.3%，占 GDP（国内生产总值）比重为 14.7%，比 2018 年回落 0.1 个百分点；2020 年前三季度，社会物流总费用为 10.4 万亿元，社会物流总费用占 GDP 比重 14.4%，比 2019 年同期下降 0.3 个百分点。显示在减税降费政策、便利通行、营商环境改善等多方因素影响下，物流运行成本有所回落。

从中国社会物流总费用占 GDP 比重来看，2015－2019 年整体呈现逐年下降趋势，到 2019 年中国社会物流总费用占 GDP 比重为 14.7%，反映出国内物流效率有所改善，但与欧美发达国家 8% 左右的水平相比，仍有较大差距。

（3）物流景气保持活跃（如图 1-8 所示）

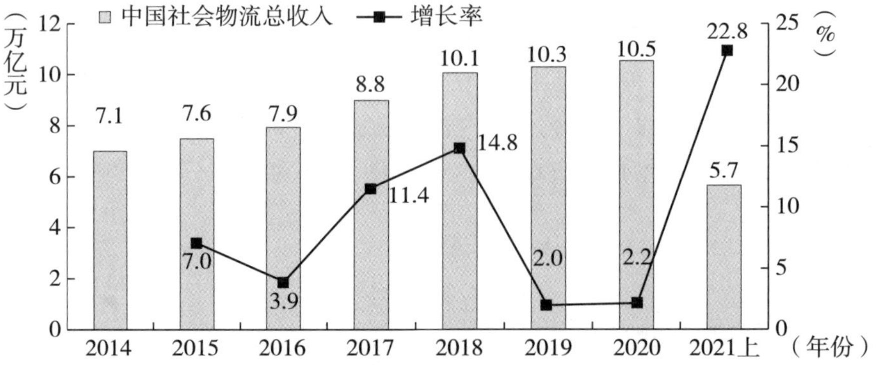

图 1-8　2015-2020 年中国物流业总收入变化情况

资料来源：2011-2020 年前三季度中国社会物流总额及增长情况［EB/OL］. 前瞻物流产业研究院，2020-11-16

从物流业总收入来看，2015-2019 年国内物流行业总收入逐年增长，到 2019 年达到 10.3 万亿元，同比增长 9.0%。2020 年 1—11 月，物流业总收入为 9.5 万亿元，同比增长 1.9%，反映出行业整体经营状态良好。

（4）物流政策更趋完善，营商环境趋好。2019 年物流业政策引领行业发展，顺应行业需求，政策前瞻性、针对性和有效性持续提升，政策体系更趋完善。从政策数量看，2019 年物流相关政策近 60 条，相关政策密集出台对物流高质量发展起到良好的促进作用；从政策分布看，政策聚焦物流领域降本增效、现代供应链创新应用、农村农业物流等一系列重点问题，既与往年相比具有较好的延续性，又突出了高质量发展的重点，有助于行业更好实现转型升级，帮助物流企业健康、良性发展。

2. 物流行业发展趋势

随着我国经济发展进入新常态，物流业作为重要的服务产业，将面临从追求规模速度增长向追求质量效益提升的转变，做优存量、推动行业提质增效的要求，使得信息化、智能化、平台化、一体化、自动化成为现代物流行业发展的必然趋势。

网络信息技术升级带动行业新技术、新业态不断涌现。随着信息技术和供应链管理不断发展并在物流业得到广泛运用，通过物联网、云计算等现代信息技术，实现货物运输过程的自动化运作和高效化管理，提高物流行业的智能化，降低成本、减少自然资源和市场资源的消耗、实现智能物流，成为行业的普遍共识。

物流行业服务不断向供应链两端延伸，逐渐与制造业建立深度合作。物流企业从最初只承担简单的第三方物流，逐步拓展到全面介入企业的生产、销售阶段，并通过整合供应链、上下游信息，优化企业各阶段的产销决策，物流企业专业化服务水平和效益显著提高。在国家政策的鼓励和引导下，更多物流企业向提供供应链服务方向延伸发展。

因此，未来综合物流将结合信息化、智能化、平台化、一体化、自动化的发展趋势，充分利用新兴信息技术、进一步加深综合物流与制造业的良性互动。

知识拓展

江苏出台快递区域总部管理办法：未履责将受处罚

2021 年 9 月，江苏省邮政管理局修订了《快递企业江苏区域总部管理办法》（以下简称《办法》），进一步强化区域总部管理，持续推进快递企业自律管理。《办法》新增强化违法信息通报、区域管理责任等内容，要求快递企业江苏区域总部对本品牌省内企业的服务质量、安全保障、业务流程、行业生态环保、快递员权益保障等方面实行统一管理，不得实施附加不合理的条件、不合理的考核管理措施及无合同约定在委托地域范围内直接经营等行为，妨碍使用其品牌的企业开展正常经营活动。

该专项行动为期 3 个月，主要任务是严厉打击邮政快递企业收寄假冒伪劣烟草制品、收寄超过限量烟草制品及个人、其他组织利用寄递渠道违规收寄烟草制品等违法行为。行动要求：一是强化组织领导，成立专项工作联合行动小组，统一负责辖区内专项行动的实施推进；二是强化协作配合，建立联合研判、联合约谈、联合执法、联合治理的监管模式，实现办案信息即时共享；三是强化线索查找，积极落实举报奖励机制，充分利用邮政业安全监控平台等信息系统进行综合分析研判，拓宽情报线索来源；四是强化监督查处，加强对邮政快递企业、分拨中心、末端网点的专项检查力度，发现违法行为及时立案调查；五是强化总结提升，对专项行动成绩突出、破获重大案件的有功单位和个人给予表彰奖励。

（资料来源：江苏出台快递区域总部管理办法：未履责将受处罚［EB/OL］. 亿豹网，2021 – 09 – 13.）

1.3 物流系统运作

本节将介绍物流系统运作的基本概念、分类、特点以及运作的流程。

1.3.1 物流系统运作的概念、构成与模式

1. 物流系统运作的概念

物流系统运作是指在社会再生产过程中，根据物质资料实体流动的规律，应用系统的管理原理和科学方法，使各项物流活动实现最佳的协调与配合，以降低物流成本，提高物流效率和经济效率。物流系统运作的本质就是求实效，即以最小的消耗，实现最优的服务，达到最佳的企业经济效益。

2. 物流系统运作的构成

物流运作系统由专业人员、任务、设施、设备、信息系统等要素组成，其运作过程涉及物品品种、数量、线路、服务部门和时间等因素，是能够满足客户物流服务要求的具有硬件和软件技术资源构成的有机整体，具有一般系统所具有的特点。

（1）集合性。物流运作是由硬要素和软要素组成的整体，是一个有机整体。

（2）目的性。物流运作流程要提供客户满意的物流服务，并通过一定 KPI（关键绩效指标）表现出来。

（3）关联性。物流运作流程所涉及的信息、软件与硬件（仓库、叉车、托盘、集装箱等）等要素形成良好匹配关系，构成内在以及相互之间的关联关系。

（4）结构性。运作流程及其组织过程应当精简、高效，可将运作系统分为若干层次结构进行组织管理。

（5）环境性。物流运作过程需要根据环境进行组织管理，只有适应环境才能生存与发展。

3. 物流系统运作的模式

（1）根据物流运作主体不同分类可分为综合物流代理模式、第三方物流运作模式和集成物流商运作模式（最有效）。

1）综合物流代理模式。是指不必进行大的固定资产投资，只需低成本经营，将部分或全部物流作业委托他人处理，注重自己的销售队伍与管理网络，实行特许代理，将协作单位纳入自己的经营轨道，公司经营的核心能力就是综合物流代理业务的销售、采购、协调管理和组织的设计与经营，并且注重业务流程的创新和组织机构的创新，使公司经营不断产生新的增长点。

2）第三方物流运作模式。第三方物流是一家专注于生产搞好主业，主要合同物流活动，属于委托给专业物流服务企业，同时与物流企业密切合作，通过信息系统，以达到控制全程物流、管理物流的运作和管理的一种方式。

在当今竞争日趋激烈和社会分工日益细化的大背景下，物流外协具有明显的优越性，具体表现在：企业集中精力于核心业务、灵活运用新技术，实现以信息换库存，降低成本、减少固定资产投资，加速资本周转、提供灵活多样的客户服务，为客户创造更多的价值。当然，与自营物流相比较，第三方物流在为企业提供上述便利的同时，也会给企业带来诸多的不利。主要有：企业不能直接控制物流职能；不能保证供货的准确和及时；不能保证客户服务的质量和维护与客户的长期关系；企业将放弃对物流专业技术的开发等。

3）集成物流商运作模式。是将物流服务供应链上所有节点企业（也称物流供应商或成员企业）看作一个整体，基于共同的目标，通过一定的制度安排，而组成的集成化供应链管理体系。它以计算机网络技术和信息技术为支撑，以全球性物流资源为可选对象，综合各种先进的物流技术和管理技术，将节点企业内部供应链以及节点企业之间的供应链有机地集成起来进行管理，以充分利用人员、流程、技术和绩效标准等共享资源，实现协同运作，从而高质量、低成本、快速、高效地提供市场所需的物流产品或服务。它是一个由起领导作用的专业化资本或要素将物流系统所需要的其他专业化资本或要素，按一定方式进行构造和整合，形成要素紧密联系、协同运作的物流系统。

（2）根据运作方式不同分类

1）基于自营物流的运作模式。是企业自身经营物流业务，通过组建全资或控股子公司完成企业物流配送；是企业自行组建物流配送系统，经营、管理企业的整个物流运作过程。如图 1－9 所示。

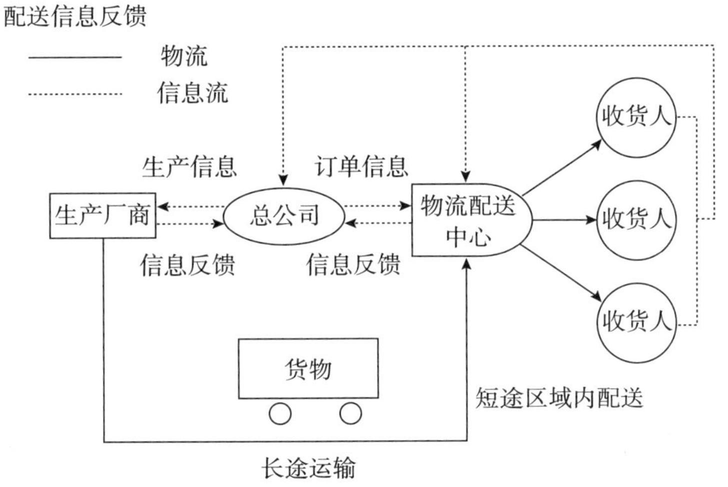

图 1－9　自营物流运作模式

基于自营物流的运作模式的特征是企业拥有自己的物流运行和管理机构，制订物流方案、运作计划和策略。

2）基于第三方物流的运作模式。第三方物流是指生产经营企业为集中精力搞好主业，把原来属于自己处理的物流活动，以合同方式委托给专业物流服务企业，同时通过信息系统与物流企业保持密切联系，以达到对物流全程管理和控制的一种物流运作与管理方式。

基于第三方物流的运作模式的特征是：①企业以签订外包协议或合同的形式，将与物流有关的活动外包给第三方物流公司，由专业化的物流公司对所有物流活动进行全权负责并实施；②企业与第三方物流之间通常会建立战略合作伙伴关系，实现共赢；③第三方物流在提供低成本—高质量物流服务同时，还能对多变市场敏捷反应。

3）基于 1＋3 物流的运作模式。

1＋3 物流中的“1”是指自营物流模式，“3”是指第三方物流模式。基于 1＋3 物流的物流运作模式往往涉及两个主体：有实力的生产企业和该企业建立或控股的物流企业。基于1+3物流的运作方式是指有实力的生产企业为集中精力搞好制造等主业，建立专门从事物流业务的物流企业或控股使得物流公司做本企业的物流业务，及自营物流业务；为了提高物流公司的物流业务效率，该物流公司同时为其他生产企业提供第三方物流服务。

1.3.2 物流系统运作的特点、目标及原则

物流系统运作由专业人员、任务、设施、设备、信息系统等要素组成，其运作过程涉及物品品种、数量、线路、服务部门和时间等因素，是能够满足客户物流服务要求的具有硬件和软件技术资源构成的有机整体。

物流系统运作是社会经济系统的一部分，其目标是获得宏观和微观经济效益。

物流的宏观经济效益是指一个物流系统运作作为一个子系统，对整个社会流通及国民经济效益的影响。物流运作系统的微观经济效益是指该系统本身在运行活动中所获得的企业效益。其直接表现形式是这一物流运作系统通过组织物的流动，实现本身所耗与所得之比。

建立和运行物流系统时，要以两个效益为目的。即5S目标：服务（service）、快速、及时（speed）、低成本（saving）、规模优化（scale optimization）、库存控制（stock control）。

物流系统运作要坚持完整性和可靠性原则。完整性原则是指物流的不同层次通过信息流紧密地结合起来，在物流系统运作中，存在对物流信息进行采集、传输、存储、处理、显示和分析的信息系统。可靠性原则是指系统的准确性和稳定性，准确性依赖于物流信息的精确性和及时性，可靠性是指系统在软、硬件环境发生故障的情况下仍能部分使用和运行。

1.3.3 物流系统运作的流程

物流系统运作流程主要包括货物接收、货物验收、货物入库、库存管理、货物出库以及库存补给。

物流系统运作流程要具备逻辑性、变动性和可分解性。

（1）逻辑性。是指流程包含着很多工作环节和工作步骤的全过程。任何流程都需要按照特定环节、步骤的顺序进行，具有较强的逻辑性。

（2）变动性。是指当企业物流运作目标、战略、组织机构发生变动时，相关的物流运作流程自然要发生变化，否则新的目标与战略就不可能实现。

（3）可分解性。是指任何流程都可以按照工作环节、工作步骤分解开来，如何分解则视专业化要求及技术的可行性而定。当专业化和技术条件不一样时，同样一个企业物流运作流程的分解的方法和分解的结果是不同的。

1.3.4　物流系统运作管理

物流系统运作管理是物流运作活动计划、组织、协调、监督和控制的工作过程。物流系统运作管理所强调的是在物流运作层面对物流活动以及相关活动的业务进行管理。它所追求的目标是在客户满意前提下的质量、效率和成本的最佳组合。

1. 物流组织机构的设计

物流组织机构设计是指确定整个企业物流组织的框架和结构，确定企业中各职能部门、各层次及各个环节的联系和协调方式。这要求从企业的生产技术、经济特点及外部环境条件出发来具体考虑。包括：物流决策组织系统的设计、物流指挥系统的设计、职能参谋系统的设计、组织内部各个局部开展工作的一般要求的确定、组织信息沟通方式的选择等内容。

2. 物流组织规章制度的建立

建立物流组织规章制度要从总体和局部两方面着手，具体明确各层次、各环节管理部门的行为准则、工作要求以及协调、调查和反馈制度，从制度上保证管理工作的整体性、系统性和有效性。

3. 物流组织人力资源配备

物流组织中干部和工作人员的配备，要按照组织中层次的不同，职务、岗位和职责的不同，从工作要求出发，选拔适当人才，这是管理营运组织能够发挥功效的根本性保证。

物流营运管理组织机构的设计、规章制度的建立以及人力资源配备，这三方面紧密结合，是营运管理组织总体正常运营、开展组织行为的前提。

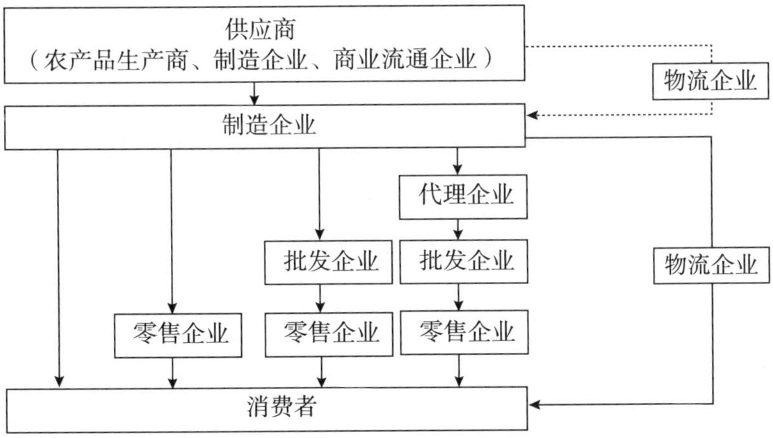

图 1－10　典型的供应链物流运营示意图

图 1－10 是一个典型的供应链物流运营示意图。可以看出，在整个供应链过程中，参与物流运营的基本主体是制造企业与商业流通企业（包括批发企业、零售企业等），

企业与商业流通企业统称为货主企业。通常意义上所说的企业物流，实际上也是指货主企业的物流。同时，货主企业也可以把自身的全部或部分物流业务外包给专业的物流服务企业来完成。因此，可以说，物流运营管理的主体主要包括制造企业、商业流通企业以及物流服务企业三个方面。

学习探索

丰树中国运营模式分析

一、丰树物流地产概况

丰树集团（以下简称丰树）是一家以亚洲为发展腹地的房地产开发、投资和资本管理公司。丰树的战略重点着眼于对具有良好增长潜力的亚洲市场和房地产行业进行投资。结合了作为开发商、投资商和资本管理者的核心优势，集团已经在新加坡开发了一系列成功的项目，并在亚洲地区，在不同的房地产领域获得持续的高回报。中国是丰树最大的海外市场之一，2005 年丰树进入中国物流地产市场。作为领先的房地产公司，丰树之后快速发展，扩大规模，当前丰树在中国拥有近 1600 名员工，布局国内十多个城市，投资物流、工业、零售、住宅等综合房地产项目。

二、丰树物流地产业务模式

丰树的业务模式围绕物流地产展开，以特定资产类型或地理位置为中心设计私募地产基金，包括三个方面：开发建设高价值地产项目、为机构投资者管理资本、通过投资高潜力项目获得回报。

丰树在国内物流地产的主要表现形式为办公楼、工业、住宅、零售以及物流地产（物流地产中涵盖少数办公楼及住宅）场景，全部涵盖有 5 个项目，覆盖 184 万平方米。包括我国香港在内的办公楼共计 6 个项目，运营面积 165 万平方米；工业地产 3 个项目，运营面积 60 万平方米；住宅方面 3 个项目，运营面积 120 万平方米；零售地产 3 个项目，41 万平方米；物流地产 34 个项目，运营面积 280 万平方米。可见，虽然丰树的办公设施面积不是国内最佳，但其涵盖整个业务中一大半的占比。

（资料来源：丰树物流地产什么情况？丰树中国运营模式分析［EB/OL］. 物流云仓，2021－09－10.）

案例分析

蒙牛物流管理：打造快速物流系统

目前，蒙牛产品的运输方式主要有两种：汽车和火车集装箱。蒙牛在保证产品质量的原则下，尽量选择费用较低的运输方式。对于路途较远的低温产品运输，为了保证产品能够快速地送达消费者手中，保证产品的质量，蒙牛往往采用成本较为高昂的汽车运输。例如，北京销往广州等地的低温产品，全部走汽运，虽然成本较铁运高很多，但在时间上能有保证。为了更好地了解汽车运行的状况，蒙牛还在一些运输车上安装了GPS系统，可以跟踪了解车辆的情况，比如是否正常行驶、所处位置、车速、车箱内温度等，蒙牛管理人员在网站上可以查看所有安装此系统的车辆信息。GPS的安装，给物流以及相关人员包括客户带来了方便，避免了有些司机在途中长时间停车而影响货物未及时送达或者产品途中变质等情况的发生。

而像利乐包、利乐砖这种保质期较长的产品，则尽量靠内蒙古的工厂供应，因为这里有最好的奶源。产品远离市场的长途运输问题就依靠火车集装箱来解决。与公路运输相比，更能节省费用。在火车集装箱运输方面，蒙牛与中铁集装箱运输有限责任公司开创了牛奶集装箱五定班列（定点、定线、定时间、定价格、定编组）这一铁路运输的新模式，有效地保证了牛奶运输的及时、准确和安全。

2003年7月20日，首列由呼和浩特至广州的牛奶集装箱五定班列开出，将来自内蒙古的优质牛奶运送到了祖国大江南北，打通了蒙牛的运输瓶颈。目前，蒙牛销往华东华南的牛奶80%依靠铁路运到上海、广州，然后再向周边城市分拨。现在，通过五定班列，上海消费者在70个小时内就能喝上来自草原的鲜奶。

此外，蒙牛的每一次运输活动都经过了严密的计划和安排，运输车辆每次往返都会将运进来的外包装箱、利乐包装等原材料和运出去的产成品做一个基本结合，使车辆的使用率提高了很多。

（资料来源：蒙牛物流管理：打造快速物流系统［EB/OL］. 无忧考网，2008-07-29.）

上海通用的物流信息系统的运行

在上海通用建立之初，其IT（信息技术）系统的关键部分主要是沿用通用全球核心公共系统标准，虽然覆盖从接订单到交货到用户的整个流程，但美中不足的是，由于通用核心公共系统是十多年前开发的，开启语音陈旧、系统庞大，比起目前新兴的技术系统：运营维护成本极高。再加上这套系统是从美国远程支持到上海，由于时间差等问题，上海通用出现问题时很难及时得到解决。

为了解决这些问题，2001年11月6日，上海通用开始进行用更加经济的新IT系统替代旧核心公共系统的可行性研究。经过6个多月的测试之后最终决定，实施SAP的IS-AUTO系统，并选择惠普为IS-AUTO系统提供咨询与实施服务。

在惠普的帮助下，历时两年多的SAPIS-AUTO（汽车行业SAP解决方案）加上APO（高级计划优化器）项目成功在上海金桥南厂上线，其最大的价值就在于对整个供应链业务的整合。

IS-AUTO系统运行以后，销售订单从经销商那里传送到上海通用之后，就会汇总到生产订单系统，然后通过生产系统制订物料需求计划，上线生产。在这个过程中，客户可以随时了解自己所定车辆的生产进度，并可以根据生产进度更改已有定制；而上海通用，车辆还在生产线上时就知道收货方信息，运输计划可以同时跟进，车一下线就可以马上运出。保守些计算，上了 IS - AUTO 系统后，我们的库存平均比以前减少了 1 ~2 天，财务运作效率至少提前了 2 ~3 天，经销商至少可以节约两天的财务成本，因为通过这个系统，经销商可以比以前提前两天获知汽车下线信息，对他们来说大大提高了资金的周转率。

应用了 SAP IS - AUTO 系统的上海通用，成为国内首个、全球屈指可数的成功实现了全价值链整合应用 IT 系统的汽车公司。2020 年，上海通用又逆市扩产，南部厂区投产后，年产能达到 5273 辆。在与其他品牌汽车厂商的竞争中，上海通用采取全线覆盖的产品战略，别克、凯越、君威、凯迪拉克、赛欧等车型丰富，成为市场的领跑者。这一切的取得，不能不说是得力于其先进的 IT 信息系统的应用。与其他产品的制造不一样，汽车制造是一辆就是一个订单，所有的效益都在供应链上。供应链的顺畅与精确，是信息系统肩负的主要任务，而上海通用的老系统并不能胜任这项工作，这一切都要依靠新的 IS - AUTO 系统来实现。

（资料来源：中物联汽车物流分会）

复习思考题

1. 什么是系统?
2. 物流系统的特征是什么?
3. 物流系统的治理结构有哪些? 并举例说明。
4. 物流系统规划与设计的目标与原则是什么?
5. 物流系统运作的流程是什么?
6. 为什么传统的物流系统会落后于新发展时期?

第 2 章

物流系统规划与运作技术

本章主要介绍物流资料收集与数据分析的途径和方法，了解物流需求预测的目的、作用、步骤及数学方法，掌握物流系统优化的目的、原则和数学方法，掌握物流系统的模型与仿真运作及其决策与评价体系。

本章学习目标

1. 了解物流资料收集的途径与方法。
2. 掌握物流需求预测的目的、作用、步骤以及常见的数学方法。
3. 了解物流系统优化的目的、原则和数学方法。
4. 熟悉物流系统的模型和仿真运作。
5. 掌握物流系统的决策与评价。

案例引导

顺丰大数据品牌——数据灯塔面世用科技打通物流商流

作为顺丰在快递服务之外推出的首款大数据增值服务，数据灯塔以“物流 +”和“商业 +”为主旨，为企业更加精准地开拓市场提供更专业的解决方案。其主要产品“灯塔物流 +”，通过批量查询、系统管理等功能，为商家提供更实时、更数字化的物流信息及管理服务。“灯塔商业 +”则通过数据分析为商家寻找商机，开拓新市场。在大数据时代，所有商家都充分意识到了数据信息安全和数据价值的重要性，所有数据都是基于市场模式和消费习惯进行分析，不涉及具体客户信息。

本次数据灯塔品牌的正式发布，意味着顺丰在大数据对外服务方向踏出了里程碑的一步。未来，顺丰还将持续打造数据灯塔大数据品牌，为各行业提供更多数据解决方案服务。在智慧物流渐成趋势的今天，顺丰提供的免费大数据服务将以精准的数据分析能力、全面的使用功能成为中小企业数据服务的首选。

（资料来源：顺丰大数据品牌“数据灯塔”面世 用科技打通物流商流［EB/OL］. 联商网，2017 – 12 – 13.）

问题

1. 数据灯塔为用户提供了哪些服务，是怎样实现的。
2. 在互联网时代还有哪些技术能够在物流系统中实现怎样的应用。

2.1 物流资料收集与数据分析

本节将介绍物流资料收集的途径与方法。

2.1.1 物流数据收集的途径

物流数据采集技术涉及物流客体编码和数据采集两个环节。主要的物流数据采集技术有以下几种：

（1）手工输入。是利用人工输入物流单证的传统方法，材质采用传统的纸面形式，此法最大优点是灵活，最大缺点是速度慢，错误率高，可靠性差。

（2）条码技术涉及编码与识读两个环节。物流数据编码是用条空表示0的方式将既定信息直接转变成计算机语言；识读是通过条空反射率的不同，将光信号转换电信号，实现信息还原。这种方法可以实现数据的自动化识别，最大优点是快捷，错误率低，可靠性高，性价比高。但易受到污损，必须光学可视识读、适应性差。

（3）磁卡。是一种磁记录介质卡片。它由高强度、耐高温的塑料或纸质涂覆塑料制成。磁卡上的磁条是一层薄薄的定向排列的铁性氧化粒子组成的材料，用树脂黏合在一起，并黏在非磁性基片上。磁卡数据可读写，但是随着磁卡应用的不断扩大，磁卡技术特别是其安全技术已难以满足越来越多的对安全性要求较高的应用需求。同时，磁卡本身结构简单、磁条暴露在外、存储容量小、缺乏内部安全保密措施，容易被非法破译。

（4）射频。射频识别技术（Radio Fequency Identification，RFID）是一种非接触的自动识别技术。射频识别系统由信息载体、信息获取装置组成。典型的射频识别系统包括射频标签和读写器。射频标签是装载识别信息的载体，射频读写器是获取信息的装置。射频标签与射频读写器之间利用感应、无线电波或微波能量进行非接触双向通信，实现数据交换，从而达到识别目的。

（5）EPC 系统。EPC 系统是在全球统一标识系统（EAN · UCC 系统）的基础上利用互联网、射频识别技术、无线数据通信等技术。赋予每个实体对象一个全球唯一的数字代码，通过寻址信息查询机制而形成的一个覆盖世界上万事万物的实物互联网络系统。EPC 系统为每一个单品提供全世界唯一的代码，借助射频识别技术和互联网技术，将 RFID 从传统的闭环应用的非物流领域引入物流等开放性物品流通领域，提供了一个有效的解决方案。

2.1.2 物流数据分析的方法

物流数据分析的主要包括：基本统计、相关分析、回归分析、时间序列分析、人工神经网络等方法。不同的分析方法和挖掘工具有其独有的特征和使用范围。

1. 基本统计分析方法

统计学研究的对象是客观事物的数量关系和数量特征。统计方法广泛地运用于各个领域，供各个部门做出决策、执行计划、检查、监督和宏观调控。尤其在物流管理领域，基本统计方法起着信息咨询、监督、辅助决策的作用。

统计分析方法从总体中抽取一定数量的样本并测出有关的数据以及利用数据所提供的关于总体的信息来推断关于总体的结论。目前企业内部的相关海量数据或分散存储，或是异构数据，无法利用基本的统计方法进行归纳推理。

2. 相关分析

是测定经济现象之间相关关系的规律性，并据以进行预测和控制的分析方法。物流管理中的各个要素间存在着相互联系、相互依赖、相互制约的关系：一是函数关系，它反映要素之间严格的依存关系；二是相关关系，就是说变量之间存在着不确定、不严格的依存关系，物流管理中的相关分析要解决以下问题：

（1）确定物流各个要素之间有无相关关系以及相关关系的类型：正相关关系或负相关关系；直线关系还是曲线相关；一元相关还是多元相关。

（2）确定各个要素之间相关关系的密切程度，通常是计算相关系数。

（3）拟合回归方程，如果要素间相关关系密切，就根据其关系的类型，建立数学模型用相应回归方程来反映这种数量关系。

（4）判断回归分析的可靠性，只有通过检验的回归方程才能用于预测和控制。

（5）根据回归方程进行预测和控制。如果变量数量比较多，并且变量之间无法用线性关系表示，那么相关分析就不能很好地反映出各变量之间的关系。

3. 回归分析

考察变量之间的数量变化规律，确定自变量和因变量之间的数学关系式，建立回归方程，对回归方程进行各种统计检验，并能进行预测。回归分析按照涉及的自变量的多少，可分为元回归分析和多元回归分析；按照自变量和因变量之间的关系类型，可分为线性回归分析和非线性回归分析。

在物流管理中回归分析应用的主要内容为：

（1）从一组数据出发确定某些变量之间的定量关系式，并估计其中的未知参数。估计参数的常用方法是最小二乘法。

（2）对这些关系式的可信度进行检验。

（3）在多自变量共同影响一个因变量的关系中，判断并将影响显著的自变量选入模型中，而剔除影响不显著的变量，通常用逐步回归、向前回归和向后回归等方法。

回归分析仅考虑变量之间的数量变化规律，没有考虑变量之间由于时间等因素产生的不确定关系，这使得回归分析，特别是线性分析，对于时间不敏感变量的检验结果是可信的，对于时间敏感的变量的变化规律不能很好地表示。

4. 时间序列分析

对按时间顺序的一组数字序列应用数理统计方法加以处理，以预测未来事物的发展。它的基本原理：一是承认事物发展的延续性，根据过去的变化趋势预测未来的发展，前提是假定过去会同样延续到未来；二是突出时间因素在预测中的作用，因而存在预测误差。当外界发生较大变化，预测往往会有较大偏差，为此要利用加权平均法对历史数据进行处理。时间序列预测法简单易行，便于掌握，中短期预测比长期预测的效果好。①

5. 人工神经网络

人工神经网络（Artificial Neural Network，ANN）是一个由很多节点通过方向性连接组成的一个网络结构，是基于模仿人的大脑的神经网络的结构和功能而建立的一种具有学习能力的信息处理系统。ANN 通过从过去的知识中学习、概括和抽取解决问题的经验知识，可以将这些知识进行运用。

ANN 的优点是：并行处理；非线性映射；自学习功能；高速寻找优化解的能力。由于具有这些优点，ANN 具有高度的非线性和极强的模糊推理能力，这是传统数学分析方法无法比拟的。物流过程涉及的因素比较多，若仅用推理和建立数学模型的方法来解决物流管理中出现的问题是不够的，还需依靠经验和某些难以用公式表达的知识，因此，ANN 比较适合于解决复杂的物流管理问题。

名人故事

汤仲明——木炭汽车发明者

汤仲明为了改变中国交通落后和依赖洋油的被动局面，他决定生产一种不用汽油的汽车。

从 1928 年到 1931 年，他一直实验木炭汽车，但是面临发动机动力不足的问题。有一次，他在小汽车上装上一个木炭炉，汽车刚开出大门，司机不小心，将车碰在大铁门上，将煤气管碰了一个大裂缝，这时发动机竟发出巨大声响，汽车往前一窜，速度突然加快了。由此他受到启发，煤气要再加入部分氢和氧才能助燃，经反复测试，终于成功了，车速可达到汽油车的水平。

汤仲明的做法是：在汽车上加装一个代燃炉，炉里放木炭或木柴，炉上挂一个储水器，木炭点燃以后，储水器里的水滴进炉子里，木炭就会不完全燃烧而产生一氧化

---

① 马百皓．基于动态数据挖掘的物流信息分析模型设计分析［J］．电子设计工程，2019，27（03）：16－19＋25.

碳。炉子侧面钻两个孔，一孔连鼓风机，另一孔把煤气送出去，经过两个过滤罐，滤掉炉渣和粉尘，最后再经过化油器输入汽缸。打火后煤气在汽缸里燃烧起来，发动机即可运转。轿车和客车都把代燃炉等设备放在汽车背后，货车则占据车厢前面一截靠驾驶室的地方。汽车启动前，需要提前二三十分钟生火，司机先到车子背后，添加木炭、点燃并手摇鼓风机助燃，等到木炭烧到适当火候，产生足够的煤气，司机才可以坐到驾驶室上去点火发动发动机。

（资料来源：汽车那些事之木炭汽车发明人——汤仲明 [EB/OL]. 知乎，2018－04－12.）

知识拓展

商务部等 9 部门支持物流企业通过兼并重组等方式优化整合资源

2021 年 8 月 10 日消息，为推进商贸物流高质量发展，商务部、国家发改委等 9 部门联合印发《商贸物流高质量发展专项行动计划（2021－2025 年）》（以下简称《行动计划》）。《行动计划》明确，到 2025 年，初步建立畅通高效、协同共享、标准规范、智能绿色、融合开放的现代商贸物流体系，培育一批有品牌影响力和国际竞争力的商贸物流企业等。

在发展商贸物流新业态新模式上，鼓励批发、零售、电商、餐饮、进出口等商贸服务企业与物流企业深入合作，优化业务流程和渠道管理，促进自营物流与第三方物流协调发展。在提升供应链物流管理水平上，鼓励商贸企业、物流企业通过签订中长期合同、股权投资等方式建立长期合作关系，将物流服务深度嵌入供应链体系，提升市场需求响应能力和供应链协同效率。加快推进冷链物流的发展，加强冷链物流规划，布局建设一批国家骨干冷链物流基地，支持大型农产品批发市场、进出口口岸等建设改造冷冻冷藏仓储设施，推广应用移动冷库、恒温冷藏车、冷藏箱等新型冷链设施设备。在健全绿色物流体系上，鼓励使用可循环利用环保包材，减少物流过程中的二次包装，推动货物包装和物流器具绿色化、减量化、可循环。保障国际物流畅通上，支持优势企业参与国际物流基础设施投资和国际道路运输合作，畅通国际物流通道。推动商贸物流型境外经贸合作区建设，打造国际物流网络支点。

（资料来源：商务部等 9 部门支持物流企业通过兼并重组等方式优化整合资源 [EB/OL]. 北芳集团，2021－08－23.）

2.2 物流系统运作技术

本节将介绍物流资料的收集，物流需求的预测，物流系统的优化，物流系统的模型和仿真运作以及决策与评价。

2.2.1 物流需求预测的目的、作用及步骤

1. 物流需求预测的目的

物流需求预测是根据物流市场过去和现在的需求状况以及影响物流市场需求变化的因素之间的关系，利用一定的经验判断、技术方法和预测模型，应用合适的科学方法对有关反映市场需求指标的变化以及发展的趋势进行预测。精确的需求预测可以促进物流信息系统和生产设施能力的计划和协调。并且通过物流需求预测可以确定产品是如何向配送中心和仓库或者零售商进行分配的。为明确责任，衡量需求预测的效果，开展物流需求预测需要建立一套包括组织、程序、动机以及人事等方面的完善的预测的行政管理体制，以支持预测活动的顺利开展，在此基础上选择预测技术，实施预测过程并对其过程实行有效监控。

物流需求分析的目的在于为社会物流活动提供物流能力供给不断满足物流需求的依据，以保证物流服务的供给与需求之间的相对平衡，使社会物流活动保持较高的效率与效益。在一定时期内，当物流能力供给不能满足这种需求时，将对需求产生抑制作用；当物流能力供给超过这种需求时，不可避免地造成供给的浪费。因此，物流需求是物流能力供给的基础，物流需求分析的社会经济意义亦在于此。借助于定性和定量的分析手段，了解社会经济活动对于物流能力供给的需求强度，进行有效的需求管理，引导社会投资有目的地进入物流服务领域，将有利于合理规划、建设物流基础设施，改进物流供给系统。①

2. 物流需求预测的作用

物流需求预测的作用可归纳为两个方面：

（1）需求预测是计划编制的基础。物流系统的存储、运输等各项业务活动的计划都是以需求预测资料为基础制订的。

（2）需求预测是决策的依据。有些管理学家认为管理就是决策，决策的前提是预测，正确的决策取决于可靠的预测。

3. 物流需求预测的步骤

（1）确定需求性质。经预测的需求可以分为从属需求和独立需求。从属需求具有垂直顺序特征，如采购和制造情况，零部件的采购为了装配成制成品，此时零部件的需求取决于制成品的装配计划。水平从属需求是一种特别情况，需求的项目并非完成制造过程所需要，而有可能是完成营销过程所需要，如在每个装运项目中包括了附属物、促销项目或经营者手册等，那么对附属物的需求预测就取决于装运项目的计划。

---

① 陈荣虎，任利．国内外物流需求预测研究趋势可视化分析［J/OL］．重庆工商大学学报（社会科学版）：1－15［2021－08－08］．

因此，对如零部件等的从属需求的预测可直接通过基本项目的需求估计来确定而无须分别进行预测。

独立需求预测则是两个项目的需求毫无关系，如对洗衣机的需求有可能对洗衣粉的需求无关，洗衣粉的预测对改善洗衣机预测将不起任何作用。这类项目主要包括大多数最终消费品和工业物资，必须单独预测。

（2）确定预测目标。是进行有效预测的前提，有了明确具体的预测目标，才能有的放矢地收集资料。

（3）确定预测内容。预测内容即影响物流需求的因素，包括：某时期的基本需求水平、季节因素、趋势值、周期因素、促销因素以及不规则因素六个方面。预测者必须认识到不同因素对物流需求所具有的潜在影响，并能适当地予以处理，对于特定项目具有重大意义的成分必须予以识别、分析并与适当的预测技术相结合。

某时期的基本需求水平是以整个展延时间内的平均值表示的，是对没有季节因素、周期因素和促销因素等成分的项目的适当预测。

季节因素通常建立在年度基础上，对消费零售层而言，在某几个季度，某物品的需求量较大，而在另几个季度，需求量较小的规律运动。而对批发层次而言，这种季节因素先于消费需求大约一个季度。

趋势值是指在一个展延的时期内，定期销售的长期一般运动。它可以为正、为负或不确定方向，人口或消费类型的变化决定趋势值的增减，销售量随时间而增加是正的趋势值，反之，则为负的趋势值。而通常情况下，由于人们消费习惯的变化，趋势方向会改变许多次。

周期因素如商业周期，一般来说，每隔3～5年就有一次经济从衰退到扩张的波动，许多大宗商品需求就与商业周期联系紧密。

促销因素，在某些行业，厂商的市场营销活动会引发需求波动，对销售量具有很大影响。促销期间销售量增加，此后随着利用促销逐渐售出库存后销售量下降。从预测的角度，有规则的促销因素类似季节因素，而不规则的促销因素则必须对它进行跟踪并结合时期进行分析。

不规则因素，是随机的或无法预测的因素。在展开一项预测的过程中，其目标是要通过跟踪和预计其他因素，使随机因素降低到最小程度。

在了解预测内容的基础上，根据预测目标收集资料进行初步分析，观察资料结构及其性质，并以此作为选择适当预测方法的依据。

（4）选择预测方法。即经验判断和数学模型法。经验判断法由预测者根据所掌握的资料进行数据分析，凭借其专业知识和经验进行预测。数学模型的方法，包括时间序列建模和相关性建模两种方法。这种预测相对经验判断法更准确一些。对于这些方法将在下一节中进行具体介绍。

（5）计算并做出预测。以预测目标为导向，根据选定的预测方法，利用掌握的资料，就可以具体研究，进行定性或定量分析，预测物流的需求状况。

（6）分析预测误差。根据现实的资料对未来进行预测，其中产生误差是难免的。因此对误差进行分析是十分必要的：一方面要分析误差产生的原因；另一方面要检查预测方法的合理性。

2.2.2 物流需求预测的数学方法

1. 判断预测方法

所谓判断预测，即定性预测方法，就是在一种有组织的情况下，收集个人对评价目标做出的判断，然后进行预测的方法。这类预测方法是在数据奇缺，或难于做定量分析时使用。

常用的判断预测方法有以下几种：

（1）部门负责人评判意见法。这种方法既简便又迅速，在企业里经常被采用。至于预测的可信度，则主要取决于企业相关部门负责人与专家平时对情况的了解和掌握程度。

（2）销售人员估计法。这是工业企业中常用的方法。如果要制订明年的计划，则应请这些销售人员根据对地区经济情况的了解、对用户的了解，提出估计值，然后按某一特定的方式相加，作为企业的预测值。

（3）德尔菲法（Delphi）。

即依靠技术专家小组背靠背的判断，来代替面对面的会议，使不同专家意见分歧的幅度和理由都能够表达出来，经过客观的分析，以求达到符合客观规律的一致意见。

这种方法由主持预测的单位在选定与预测主题有关的领域专家后，通过函询与这些专家建立直接的联系，以匿名的方式经过几轮的函询，征求并收集专家们的意见，并对每一轮所收集的意见进行汇总、整理，再作为参考资料匿名反馈给各位专家，供他们重新作出分析、判断，以提出新的意见，这样经过多次反复，逐步使专家的意见趋向一致，并以此作为预测的根据。

（4）历史类比法。即按类似产品、可替代产品的发展规律或国内外同一产品的发展规律，通过比较分析，进行预测。

2. 时间序列预测方法

时间序列又称时间数列，是指观测或记录一组按时间顺序排列的数据，如某时间内某种物资市场可供资源量按时间顺序记录的统计数据：某企业的采购成本的历史统计资料等。由于事物的时间序列展示了事物在一定的时期内的发展变化过程，因而可以从事物的时间序列数据入手，寻找出事物的变化特征及变化趋势，并通过选择适当预测模型，运用惯性原理进行趋势外推预测，这种方法比较适应于市场预测，经常使用移动平均预测法、指数平滑预测法等。

（1）移动平均预测法。是指取预测对象的时间序列中最近一组实际值（或历史数据）的算术平均值，其中的移动是指参与平均的实际值随预测期的推进而不断更新，并且每一个新的实际值参与平均值时，都要除掉已参与平均值计算的最陈旧的一个实际值，以保证每次参与“平均”的实际值都有相同的个数，按照上述办法可以简单地推导出移动平均预测法的计算公式。

已知数据时间序列为：X_0，X_1，X_2，…，X_n，…，以 M_t^1 表示第 t 时刻的时间序列的移动平均值，以 n 表示参与“平均”的实际值个数，也称数据的间距或移动平均步长，有：

第一个移动平均数由 X_0，X_1，X_2，…，X_{n-1}产生：

$$M_{t=n}^{(1)} = \frac{X_{n-1} + X_{n-2} + \cdots + X_0}{n} \tag{2-1}$$

第二个移动平均数由 X_1，X_2，…，X_n产生：

$$M_{t=n+1}^{(1)} = \frac{X_n + X_{n-1} + \cdots + X_1}{n} \tag{2-2}$$

以此类推：

$$M_{t=n+2}^{(1)} = \frac{X_{n+1} + X_n + \cdots + X_2}{n} \tag{2-3}$$

$$M_t^{(1)} = \frac{X_{t-1} + X_{t-2} + \cdots + X_{t-n}}{n} \tag{2-4}$$

由这个通式推导可以看出，在移动平均的过程中每当新的实际值进入平均值就要剔除参与平均值计算的最陈旧的一个实际值，使每一次参与平均的实际值都有相同的个数。这样以一个段为单位，逐步地运动，逐步放弃旧的历史数据，增加新的历史数据，因此能较好反映事物发展变化的趋势。

当移动一次平均法预测还不能分析原始时间序列特征，预测效果不能满足要求时，可以采取二次移动平均法。二次移动平均预测法是在求得一次移动平均数的基础上，再次进行移动平均预测，其预测公式为：

$$M_t^2 = M_{t-1}^1 + M_{t-2}^1 + \cdots + M_{t-n}^1 / \mathrm{n} \tag{2-5}$$

其中，n，t 的含义同前。

移动平均预测法，在市场较稳定，外界环境变化较少的情况下，是一种较有效的预测方法。但在预测计算过程中，需要较多的历史数据，并且计算量较大，因此预测显得不太方便。

（2）指数平滑预测法。是在移动平均预测法的基础上发展起来的一种预测方法。指数平滑预测法的主要特点是只需要较少历史数据，而且将不同时刻的数据不同等对待，可以克服移动平均预测的缺陷①。

① 于博，孙安国，陈丽萍，阮霁阳．基于指数平滑法的云南省物流需求预测［J］．物流工程与管理，2018，40（12）：39－40＋38．

一次指数平滑预测法，是指利用时间序列中本期的实际值与本期的预测值加权平均作为下一期的预测值，其基本公式为：

$$F_{t+1}^{(1)} = \alpha X_1 + (1-\alpha) F_t^{(1)} \tag{2-6}$$

式中，$F_{t+1}^{(1)}$——在 $t+1$ 时刻的一次指数平滑值（t 时刻预测值）；α——平滑系数，$0<\alpha<1$；X_t——在 t 时刻的实际值。

指数平滑法有以下几个方面的内涵：

下期预测值 = 本期实际值的一部分 + 本期预测值的一部分。其中，本期实际值反映着当前的现实，本期预测值是通过历史数据推算而来，所以它反映了发展趋势。

平滑系数越大，现实测定值在预测中的比重就越大，就越能体现预测对象当前的实际波动性。

平滑系数越小，历史数据在预测中占的比重就越大，这就越能反映预测对象的演变趋势。对于波动性大的原始数据预测，应该选择较小的平滑系数。

平滑系数可以看作事物发展的历史总趋势与事物当前变化的现实之间相互权衡的天平砝码。

平滑系数 α 取值大小体现了不同时期数据在预测中所起的作用，α 值越大，对近期数据影响越大，模型灵敏度越高；α 值越小，则对近期数据影响较小，消除了随机波动性，越能反映长期的发展趋势。如何掌握 α 值，是用好指数平滑模型的一个重要技巧，一般采用误差比较方法，从中选出最能反映实际值变化规律的 α 值。

α 的一般取值原则是：

1）初始值 $F_1^{(1)}$ 的准确性小时，α 宜取得大些，以强调重视现实的变化状态。

2）初始数据的时间序列中，只有一部分与预测值拟合较好而大部分不好时，说明历史状态不能较好地反映现实，α 宜取较大的数值。

3）时间序列虽有不规则摆动，但其长期趋势较为平稳时，α 宜取小些，以强调重视总的演变趋势。

4）时间序列摆动的频率和振幅都较大，α 取值要大一些，以强调重视近期实际的变化状态。

5）时间序列摆动的频率和振幅较小，α 取值要小一些，以强调用历史发展趋势预测。

3. 灰色预测方法

灰色预测法是一种对含有不确定因素的系统进行预测的方法。一般地说，社会系统、经济系统、生态系统都是灰色系统。例如，物流系统，导致物流系统变化的因素很多，但已知的却不多，因此对物流这一灰色系统的预测可以用灰色预测方法①。

灰色预测通过鉴别系统因素之间发展趋势的相异程度，即进行关联分析，并对原

---

① 张九萍．基于灰色预测法的山东农产品冷链物流需求预测［J］．中国储运，2021（08）：98－99.

始数据进行生成处理来寻找系统变动的规律，生成有较强规律性的数据序列，然后建立相应的微分方程模型，从而预测事物未来发展趋势的状况。其用等时距观测到的反映预测对象特征的系列数量值构造灰色预测模型，预测未来某一时刻的特征量，或达到某一特征量的时间。灰色预测的类型主要有以下几种。

（1）灰色时间序列预测。即用观察到的反映预测对象特征的时间序列来构造灰色预测模型，预测未来某一时刻的特征量，或达到某一特征量的时间。

（2）畸变预测。即通过灰色模型预测异常值出现的时刻，预测异常值什么时候出现在特定时区内。

（3）系统预测。通过对系统行为特征指标建立一组相互关联的灰色预测模型，预测系统中众多变量间的相互协调关系的变化①。

（4）拓扑预测。将原始数据作曲线，在曲线上按定值寻找该定值发生的所有时点，并以该定值为框架构成时点数列，然后建立模型预测该定值所发生的时点。

目前，使用最广泛的灰色预测模型就是关于数列预测的一个变量、一阶微分的 GM（1，1）模型。GM（1，1）模型是基于随机的原始时间序列。

4. 一元线性回归预测法

一元线性回归预测法是分析一个因变量与一个自变量之间的线性关系的预测方法。根据 x，y 现有数据，寻求合理的 a，b 回归系数，得出一条变动直线，并将线上各点至实际资料上的对应点之间的距离最小。

一元线性回归预测模型一般公式为：$y=a+bx$。 （2－7）

一元线性回归分析预测法，是根据自变量 x 和因交量 y 的相关关系，建立 x 与 y 的线性回归方程进行预测的方法。由于市场现象一般受多种因素的影响，所以应用一元线性回归分析预测法，必须对影响市场现象的多种因素做全面分析。只有当诸多的影响因素中，确实存在一个对因变量影响作用明显高于其他因素的变量，才将它作为自变量，应用一元相关回归分析市场预测法进行预测。

5. 多元回归分析预测法

在市场的经济活动中，经常会遇到某一市场现象的发展和变化取决于几个影响因素的情况，也就是一个因变量和几个自变量有依存关系的情况。而且有时几个影响因素主次难以区分，或者有的因素虽属次要，但也不能略去其作用。例如，某一商品的销售量既与人口增长变化有关，也与商品价格变化有关。这时采用一元回归分析预测法进行预测是难以奏效的，需要采用多元回归分析预测法。

多元回归分析预测法，是指通过对两个或两个以上的自变量与一个因变量的相关分析，建立预测模型进行预测的方法。当自变量与因变量之间存在线性关系时，称为

---

① 冉茂亮，陈彦如，杨新彪．基于 EEMD－LMD－LSTM－LEC 深度学习模型的短时物流需求预测［J/OL］．控制与决策：1－10［2021－08－08］．

多元线性回归分析。

多元线性回归预测模型一般公式为:

$$\hat{Y}_T = a + b_1x_1 + b_2x_2 + \cdots + b_nx_n \tag{2-8}$$

多元线性回归模型中最简单的是只有两个自变量($n=2$)的二元线性回归模型,其一般模式为:

$$\hat{Y}_T = a + b_1x_1 + b_2x_2 \tag{2-9}$$

二元线性回归预测法基本原理和步骤同一元线性回归预测法没有原则的区别,大体相同。

多元回归分析预测法是研究多个变量之间关系的回归分析方法,按因变量和自变量的数量对应关系可划分为一个因变量对多个自变量的回归分析(简称一对多回归分析)及多个因变量对多个自变量的回归分析(简称多对多回归分析),按回归模型类型可划分为线性回归分析和非线性回归分析。

2.2.3 物流系统优化的目的和原则

由于物流系统包含多个约束条件和多重因变量的影响,难以达到最优状态,所以便产生了物流系统的优化问题。一个解决的办法是根据 Dentzin Wlofe 分解原理和分解方法,巧妙地把大问题分解成多个小问题,对各小问题使用现有的优化方法和计算机求解,也可通过 Lagrange 方法求得大系统的动态优化解,物流系统优化问题是物流系统工程的重要组成部分。

物流系统优化的目标即是实现物流系统的目标,如前所述,即为服务性,快捷性,有效的利用面积和空间,规模适当化,库存控制。此外,作为物流企业必须要实现其相应的物流系统效益目标。

1. 物流系统优化的目的

物流系统作为社会经济系统的一部分,其目标便是获得宏观和微观两个效益。物流的宏观经济效益是指物流系统的建立对社会经济效益的影响,直接表现为物流对整个社会流通及全部国民经济效益的影响。微观经济效益是指该系统本身在运行后所获得的效益。其直接表现形式是物流系统本身所耗与所得之比。在市场经济条件下,企业作为独立的经济实体,必须根据价值规律及供求规律,按最大经济效益办事。因此,存在微观经济效益。在建立和运行物流系统时,必须同时考虑物流系统的宏观效益和微观效益。

2. 物流系统优化的原则

物流系统优化不仅有助于降低企业物流系统成本,而且有助于降低整个社会系统成本,从而给社会经济系统带来巨大的经济效益和社会效益。

物流系统优化应遵循如下几项原则。

(1)设定的目标必须具体、可行、可度量。在目标驱动下进行物流系统优化,并依此判定物流系统优化的进程，从而对物流系统优化进程做出科学准确的评估，判定距离目标的情况。

（2）模型必须忠实反映物流系统的运营实际。物流系统运营模型应该来自系统运营实际，能够全面、真实地描述物流系统运营环境、运营要求和约束条件等因素。

（3）数据必须全面、及时、准确。只有全面、及时、准确的数据，才能驱动物流系统优化过程。

（4）系统集成必须支持数据自动采集。以物流配送中心向超市零售店配送路径的优化为例，需要综合考虑各个零售店的订货数量商品类型、需要时间、运输车辆、运输线路、运输距离和道路交通条件等数据。

（5）系统优化方案必须具有可操作性。物流系统优化的目的，在于实现物流系统正常运营、挖掘物流系统效率与效益，所以物流系统优化方案必须以一种便于执行、实施和控制的形式来表述。

（6）算法必须利用独特的问题结构。物流系统优化算法必须利用独特的问题结构，结合具体的物流系统优化问题，进一步开发物流系统优化技术，才能在合理的时间内给出最佳的物流系统优化方案。

（7）计算平台必须具有足够的计算能力。一个现实物流系统问题都会存在大量可能的解决方案，一定规模的问题都需要相当的计算能力支持，从而使优化技术的应用既能找到最佳的物流系统优化方案，也能在合理的、可接受的时间内给出优化方案。

（8）优化人员必须具备专业知识。在物流系统优化过程中，优化人员必须具备支持建模、数据收集和优化方案的专业知识，才能确保数据和模型的正确，以及物流系统按照预先设计的状态运营。

（9）运营过程必须具有持续的改进能力。物流系统运营过程必须支持优化，并且具有持续的改进能力。物流系统目标、运营规则和运营过程的改变是系统的常态，要应对物流系统运营过程中出现的诸多优化问题，不仅要求系统化的数据监测方法、模型结构和算法等能够适应变化，还要求它们能够捕捉机遇并促使物流系统变革。

2.2.4 物流系统优化的数学方法

物流系统数学模型中的目标函数是在一定条件下，达到物流总费用最省、客户服务水平最好、全社会经济效益最高的综合目标。由于物流系统包含多个约束条件和多重变量的影响，难以求优。解决的办法是根据 Dentzin Wlofe 分解原理和分解方法，巧妙地把大问题分解成多个小问题，对各子问题使用现有的优化方法和计算机求解。也可通过 Lagrange 方法求得大系统的动态优化解。

一般认为，运筹最优化方法是物流系统工程方法论中的重要组成部分。

1. 线性规划

线性规划是管理科学最成熟和最有用的分支之一，所探讨的是在一系列约束条件之下，如何把有限的资源在许多竞争性活动之间进行最优分配的问题。这些约束条件可以反映在财务、工艺、市场、组织以及其他方面的要求上。广义地说，线性规划可以定义为一种数学的表示方法，其目的是对于不足的资源进行规划，使其得到最好的可能分配方案。由于该模型的表述只用到线性函数，故称之为线性规划模型。

1947 年乔治・但泽提出线性规则问题，其后美国空军的一个研究小组，研究提出单纯形法，用来求解一般线性规划问题。单纯形法在计算上具有极高的效率，再加上使用高速数字计算机，于是线性规划就成为当前最强有力的优化方法，它在企业中使用最广泛。

此后，研究人员又研究提出许多其他的方法，这些方法放宽了线性规划模型的假定，并且扩大了线性规划的应用范围①。

（1）一般线性规划模型的表达形式。用数学的术语来说，线性规划模型可以表示为：

$$z = C_1x_1 + C_2x_2 + \cdots + C_nx_n \tag{2-10}$$

在一组给定的约束条件下，求目标函数的最大值（或最小值）。具体地说，线性规划问题可以描述为求 n 决策变量 x_1，x_2，. . ，x_n，这些值将使目标函数 z 得到极大值。

约束条件为：

$$a_{11}x_1 + a_{12}x_2 + \cdots + a_1n_xn \leqslant b_1 \tag{2-11}$$

$$a_{21}x_1 + a_{22}x_2 + \cdots + a_2n_xn \leqslant b_2 \tag{2-12}$$

$$\cdots$$

$$a_{m1}x_1 + a_{m2}x_2 + \cdots + a_{mn}x_n \leqslant b_m \tag{2-13}$$

并且通常有：

$$x_1 \geqslant 0,\ x_2 \geqslant 0,\ \cdots,\ xn \geqslant 0 \tag{2-14}$$

其中：c_j，a_{ij}和 b_i都是已知的常数，a_{ij}代表 j 对 i 的需求量，b_i 代表可供使用的要素量；线性规划不局限于求目标函数的最大值，也可以求最小值，大于或等于的约束条件同时并存；某些变量既可以取正值，也可以值负值。

同时满足所有约束条件的决策变量 x_1，x_2，$\cdots x_n$ 的值，叫作线性规划问题的可行解。由约束条件确定的决策变量的所有值的集合，形成问题的可行域。同时又使目标函数最优化的可行解，叫作最优可行解。

（2）线性规划的求解。可能出现三种情况：

1）线性规划可能是非可行的。这就是说，同时满足所有约束条件的决策变量 x_1，x_2，$\cdots x_n$ 的值并不存在。

2）可能只有无界的解。这就是说，如果我们是求最大值，目标函数的值可以无限地增加而不至于破坏约束条件（如果我们是求最小值，则目标函数可以无限减少）。

3）在大多数情况下，线性规划至少有一个有限的最优解，有时它还会有多重的最

① 任晔，顾彬，李玉凯. 物流系统优化问题研究方法概述［J］. 物流科技，2009，32（05）：113－116.

优解。

（3）整数规划。在线性规划的公式中，决策变量可以取任意连续值。例如，像 $x_1=1.5$，$x_2=2.33$ 这样的值，是完全可以接受的，只要它们满足约束条件。这种线性规划模型的重要扩展是要求决策变量的全部或一部分限制为整数。当决策变量全部为整数时，又称为整数规划。

（4）非线性规划。上述模型的另一种十分重要的扩展，是允许目标函数或约束条件或两者是非线性函数。一般非线性规划模型可以叙述如下：求决策变量 x_1，x_2，$\cdots x_n$ 的值，使目标函数 z 的值为最大，这里 $z=f_0(x_1, x_2, \cdots x_n)$ （2-15）

约束条件为：

$$f_1(x_1, x_2, \cdots x_n) \leqslant b_1 \quad (2-16)$$

$$f_2(x_1, x_2, \cdots x_n) \leqslant b_2 \quad (2-17)$$

$$\cdots$$

$$f_m(x_1, x_2, \cdots x_n) \leqslant b_m \quad (2-18)$$

而且有时：

$$x_1 \geqslant 0, x_2 \geqslant 0, \cdots, x_n \geqslant 0 \quad (2-19)$$

（5）线性规划的性质。根据预定的目的或目标函数，找出一个或一组决策的最优解，以便最好地应用有限的资源，有助于研究该问题的三个重要方面如下：

1）对于现实生活中的问题必须把其中基本部分抽出来构成数学模型，从而找出与决策目标相关的解答，这就需要从整个系统的全貌出发来观察问题。

2）为了得到解答就必须研究解的结构和系统化的求解程序。

3）它产生了所期望的系统的最优解，或者至少得到通过对客观需要的评价，经过比较的行动方针。

（6）线性规划方法在物流系统优化中的应用。比如运输问题的表上作业法，它是直接由单纯形法规则中派生出来的；仓库（物流设施）建设地点的选择问题分析等。

2. 网络与图论法

网络模型虽然与线性规划有许多关联之处，其求解方式的基本思路也颇为类同，但在求解的方法上更多地源自图论领域，因而形成了新的一类求解优化方法群体，本书中所介绍的网络模型求解方法有，如最短路分析、决策树模型、运输问题中的图上作业法等，它们与线性规划分析的完全标准化的表达形式、规范化作业过程有一定的差别。

3. 库存论

库存的目的是为生产经营活动正常进行而采取的一种保障性措施，生产经营部门不会因为库存一时短缺，而损失掉可以期待的收益。但库存同时也是一种投资，自然也就存在风险。如过量的库存，就会使投入的资金不仅不能收到应有的回报，还可能背上沉重的负担。

4. 排队论

排队论也称为随机服务理论，是一种用于解决有大量服务过程的随机问题的理论方法。在社会、经济生活的许多领域，已经获得了较为广泛的应用。它主要用于协调和解决请求服务和提供服务双方之间所存在相互约束的关系，前者希望能尽快地得到比较满意的服务需求，而后者则希望在提供服务的过程中，能使服务机构得到比较充分的利用，以提高自身的经济效益。双方的追求原本就存在着某种程度的冲突，排队论为协调二者之间的利益冲突，提供了一种思路和方法。

2.2.5 物流系统的模型与仿真运作

物流系统模型是对物流系统的特征要素、相关信息和变化规律的一种抽象表述，用于反映物流系统的某些本质属性，描述物流系统各要素之间的相互关系、系统与环境之间的相互作用，反映所要研究的系统的主要特征。

物流系统模型具有三个特征：①实体的抽象或模仿；②由与分析问题有关的因素所组成；③用来表明这些因素之间的关系。

物流系统模型化的意义：①通过建立易于操作的模型，帮助人们加深对复杂的物流系统的认识和理解，加强对系统的认识，了解系统问题的本质和规律；②通过对模型的分析，明确系统的内部构成、系统特性和形式，针对系统的规律和目标，用数学表达式说明系统的结构关系和动态情况；③对复杂系统的内部和外部关系进行恰当的抽象、加工、逻辑处理，使其变成可以进行准确分析和处理的形式，从而获得所需要的结论。

1. 物流系统模型构建和模拟过程

物流系统模型的构建过程如图2－1所示，整个过程分为6个主要环节；模型假设、模型构成、模型运行、模型分析、模型检验及模型应用。

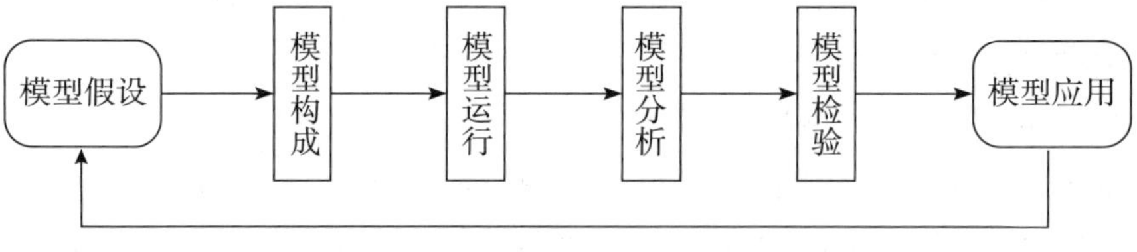

图2－1 物流系统模型的构建过程

（1）模型假设。为了利用数学方法，通常要对问题做出必要的、合理的假设，使问题的主要特征凸显出来，忽略问题的次要方面。在物流的过程中，包括仓储、运输、包装、装卸等环节，如果对于各个部分都进行细致的研究，主要特征就会淹没在大量的琐碎特征中，这不利于我们对于物流系统的特征的抽象和物流基本规律的总结，这也不利于对于物流系统的规划和实施。

（2）模型构成。根据所做的假设以及事物之间的联系，构造各种量之间的关系把问题化为数学问题，注意要尽量采用简单的数学工具。

（3）模型求解。由于计算机技术和工程技术的不断发展，数学模型可以越来越方便地进行计算机的模拟，而且在这个过程中，可以根据实际情况的变化和研究要求对模型进行不断地调整。

（4）模型分析。模型模拟的目的是预见和解决实际的问题，这个目的的前提首先是模型可以较好地分析目前的实际情况，可以输入不同的变量模拟不同的环境，观察在数据变化甚至极限情况下模拟的结果是否稳定。

（5）模型检验。分析所得结果的实际意义是与实际情况进行比较，如果不够理想，则要修改、补充假设或重新建模。当模型在试验情况下，可以得到比较稳定的结果输出，这些都是为模型的实际应用打下良好的基础，将运行的结果和实际情况进行比较，模型应该较好地反映实际情况，如果与实际的情况相去甚远，就需要对模型进行修改，包括对模型结构、假设条件、模型参数的调节。

（6）模型应用。模型和科学研究可以对发生的事情进行合理的解释，而这一切的目的，更多地是为了对未来发生的事情进行预期和改进，是为了对实际的生产或者商业活动有一定的指导，了解历史是为了开创未来，因此，在建模的过程中，把模型的出发点和落脚点都应该定位在实用上面。

运筹学中的规划论方法，包括线性规划和非线性规划、整数规划等是物流系统数学模型的常见形式。作为转化后的一个优化设计问题包含设计变量、目标函数、约束条件等，其中设计变量是指在设计过程中进行选择并最终必须确定的各项独立参数；目标函数是指在设计中预期要达到的目标，而约束条件则是指设计变量取值时的各种限制条件。

2. 物流系统的仿真运行

在应用计算机程序模型进行物流系统分析时，通常采用数学方法建立数学模型进行物流系统仿真。

（1）物流系统仿真的发展。计算机仿真是现代数学方法、数理逻辑、语言形式化、人工智能与计算机技术相结合的产物，是软技术（soft technology）的主要方法与手段。计算机仿真可将难以应用数学模型描述的规则、思维方法、逻辑判断与分析，转换成计算机程序模型，并利用控制论中的信息调节和反馈技术，进行功能的、动态的描述。通过计算机进行数学与逻辑运算，给出所需要的信息。

（2）物流系统仿真的特点

1）动态性。物流系统中的物流、信息流和资金流，增添了物流系统的动态性，应采用动态仿真方法描述物流系统运营过程的产生、流动、消失、积累和转换等动态性活动。

2）离散性。在物流系统中，船由锚地靠泊码头泊位及车辆运营的仿真等都属于排队仿真，它是由一个或多个服务台和一些等待服务的客户组成的离散系统，通常采用离散型仿真方法。

3）智能性。物流系统中的仿真对象具有智能性，如物流组织中人的仿真物流组织是通过人的参与实现的，即使在同样的规划下，不同的人、不同的组织，物流服务质量和运行效率仍有较大差异。通过物流仿真描述人的思维过程，有助于给出较优的物流组织方案。

（3）物流系统仿真方法。从总体上来看，常采用的物流系统仿真方法可分为连续型仿真方法和离散型仿真方法两种类型。

1）连续型仿真方法。是指系统的状态在时间上平滑地变化。为了反映连续系统的特征，仿真模型建立了一组由状态变量组成的状态方程，如代数方程、微分方程、函数方程、差分方程等。这些方程描述了各项状态变量与主要自变量—仿真时间的关系。在此基础上，按一定的规则将仿真时间一步一步地向前推移，对方程组进行求解与评价，计算和记录各个状态变量在各个时间点的具体数值。通过连续系统仿真模型，对系统状态在整个时间序列中的连续性变化进行动态描述。连续型仿真方法主要用于物流系统的发展战略研究、运量预测等与时间密切相关的连续系统，多采用系统动力学（system dynamics）方法进行研究。

2）离散型仿真方法。离散系统的状态变量仅在离散时间点上有跳跃变化。为了描述离散型仿真方法，需对一些概念的内涵进行解释。事件使系统状态发生瞬时变化的现象（如排队系统中的客户到达）；活动确定长度的延迟时间（如服务时间或到达间隔时间）；过程由事件的时间序列及若干活动组成。

2.2.6 物流系统评价与决策

物流系统评价与决策是指在物流系统分析综合之后，对提出的技术上可行、财务上有利的多种方案进行评价，并根据物流系统功能评价标准以及环境对物流系统的要求，在优劣评价的基础上进行决策的过程。

1. 物流系统的评价

在物流系统分析体系中，物流系统评价是物流系统决策的基础和依据，它在一定的指标体系的引导下，遵循一定的原则和步骤实施。

2. 物流系统评价的步骤

物流系统评价的步骤一般应包括以下各项（如图 2－2 所示）。

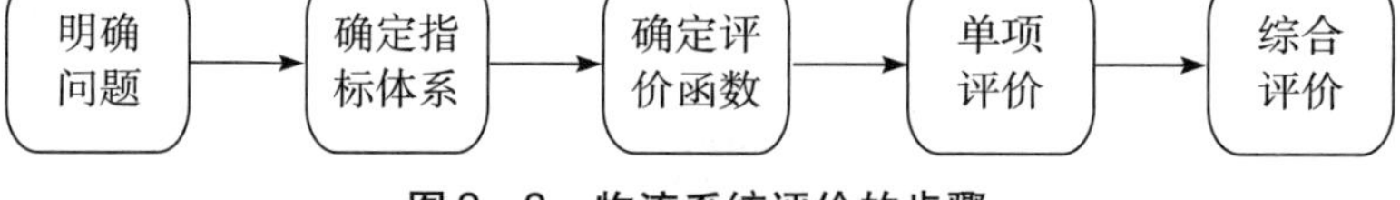

图 2－2 物流系统评价的步骤

（1）对各个评价方案做出简要说明，明确评价的问题，并对评价系统进行分析。

（2）确定由所有单项和大类指标组成的评价指标体系。

（3）确定各评价指标的权重和评价函数，并从整体上调整。

（4）进行单项评价，查明各项评价指标的实现程度。

（5）进行综合评价，评价各大类指标的价值和物流系统整体价值。

3. 物流系统的决策

物流系统决策就是在充分掌握资料的基础上，根据物流系统的客观环境，借助经验、科学的理论方法，在提出的若干物流系统可行方案中，选择一个相对合理的、满意的可行方案的决断行为。物流系统决策问题包括物流系统建设决策和物流系统运营过程决策两方面内容。

在物流系统决策过程中，要实现科学决策，必须遵循以下原则：

（1）在全面考虑物流系统决策问题的基础上，抓住关键点、关键环节，并制定明确的目标和衡量标准。

（2）物流系统决策时必须关注社会经济系统的影响，注重经济合理性、技术可行性、资源可得性和政策许可性，量力而行。

（3）物流系统决策更多地体现了“管理就是决策”的思想内涵，综合考虑决策的弹性、鲁棒性和柔性，具有一定的应变能力。

（4）物流系统决策需要借助先进的决策技术和方法，并符合规范化、制度化和法律化的要求。

4. 物流系统决策程序

决策程序应是一个科学的系统，不仅每一个步骤都具有科学的含义，而且每一个步骤之间都具有有机的联系。为了实现决策的科学化，必须有一套科学的方法和规范的程序予以保证。物流系统决策程序大致可以分为如下 8 个阶段（如图 2－3 所示）。

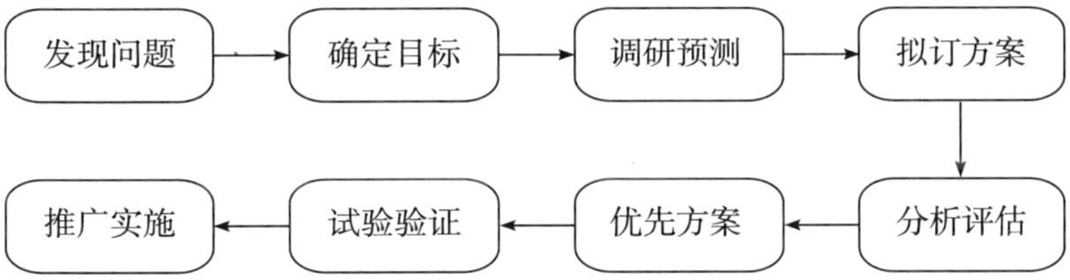

图 2－3　物流系统决策程序

（1）发现问题。物流系统决策的出发点在于发现问题。在物流系统建设和运营过程中，一旦遇到影响物流系统既定目标的问题，就应该确定具体的问题和产生问题的具体原因，从而启动物流系统决策程序。

（2）确定目标。物流系统决策的目标就是解决问题。所谓确定目标，是指依据环境条件的约束，在充分调研的基础上进行分析预测，对拟订的达到目标的各种方法和方案的可行性进行分析，从而依据衡量标准选择可以获得最好方案的目标。

（3）调研预测。物流系统决策建立在调研和预测的基础上，可以将这一阶段细分为四个步骤：①有针对性地开展调研。②面对物流系统，广泛查阅、搜集与决策有关的国内外文献资料。③为了实现科学决策，必须系统观察物流系统运营状况和演化规律，采集、输入、处理和输出有关的信息，供物流管理信息系统使用。④科学的预测是决策的前提。

（4）拟订方案。拟订物流系统决策方案，就是为达到物流系统决策的目标而寻找有效的途径，即制订比较方案。

（5）分析评估。物流系统决策分析评估，就是选择一个最能实现目标的方案。

（6）优选方案。物流系统决策方案选择是决策程序中一个最关键的环节。选择就是要比较可供选择方案的利弊，运用绩效理论进行总体权衡、合理判断，然后选取其一或综合成一体出决策。

（7）试验验证。物流系统决策方案选定后需要进行局部试验，以验证方案运行的可靠性。

（8）推广实施。为了确保物流系统决策的推广实施，必须建立科学有效的控制制度和报告制度。

5. 物流系统评价与决策的关系

评价是决策的基础和依据，决策是评价的延伸。物流系统评价的目的是进行正确的物流系统决策，物流系统评价是物流系统决策的前提条件，物流系统评价的质量影响着物流系统决策的水平。从这个意义上讲，物流系统的评价过程就是物流系统的决策过程。但是，物流系统评价和物流系统决策仍然是有区别的，主要体现在以下几点：

（1）物流系统评价是一项面向管理的技术性工作，可由分析者承担，而物流系统决策则是一项依托技术的管理工作，是管理者的权力与责任。

（2）物流系统评价是物流系统决策的依据，但是重大的物流系统决策问题中往往有一些无形因素在起作用，这些因素往往难以纳入物流系统评价之中。

（3）物流系统评价往往是一个多目标的综合管理问题，而物流系统决策往往是从多目标集合中提炼出来的一个单目标问题。

学习探索

物流地产盈利模式有哪些？不仅仅是收租金！

1. 租金收入

租金收入是物流地产主流的收入方式，主要包括仓库租赁费用、设备租赁费用、办公楼租赁费用以及停车场等配套设施收费等，其中，仓库的租赁费用是租金的主要来源。

租金收入的持续增长也使其成为现代物流园区最为稳定的收入来源。根据普洛斯年报披露，2012－2017 中国区物流物业年均增长率在4%左右。物流园区租金收入虽然稳定但投资回报期偏长，需要较长时间的投入开发周期和较大规模，以维持盈利。

2. 增值服务：信息培训+融资服务

根据平安证券一份针对国内物流地产收入来源的调研显示，有66%左右的物流园区的主要收入包括了各种增值服务如信息培训、融资中介、管理费等。

3. 土地增值

对于国内大部分物流园区，土地增值收入属于次要收入来源。从收入结构上看仅有27%的物流园区将土地增值收入作为收入来源。由于物流用地属于国有建设工业用地，其溢价率和增值空间相对较小，故大部分物流地产公司并未将这部分收入计入核算。

但部分运营成熟，资本化程度较高的物流地产如普洛斯，则从选址立项时就将土地未来溢价率纳入收入考量。由于普洛斯资本化程度成熟，并将不动产以及租金收益与REITs高度绑定后获得持续融资能力，故而普洛斯旗下的物流土地投资回报率较其他企业更客观。在我国工业用地供应从紧的情况下，将土地这类重资产注入ABS产品或能助力物流地产企业巧妙地盘活存量获得稳定宽裕的现金流。

（资料来源：物流地产盈利模式有哪些？不仅仅是收租金！［EB/OL］．腾讯网，2021-09-24.）

案例分析

生鲜配送系统优化应用

宁夏新华百货现代物流有限公司是银川新华百货商业集团股份有限公司（股票代码：600785）的全资子公司。旗下运作的新百物流园，拥有完善的配送体系；全程车辆智能调度系统，GPS监控系统，实时掌控商品运行状态，确保商品安全准点到达。很好地承担起了物流的重要角色。新百现代物流生鲜配送目前采用SAP扩展仓储管理解决方案即EWM仓储配送管理系统，有效地解决了商品流与信息流不同步问题；优化内控环节，解决各环节内控不严密，排除运作风险；解决门店下单问题，提高商品准确性及运作效率等。

系统优化后，推进营采配各环节效率提升，提供灵活的模块化仓储和流程控制，库存及过程高度透明，优化库存计划和操作执行，支持仓库的现代增值服务，无缝的技术集成，有效改善仓库生产效率和库存精准度。

新百现代物流生鲜配送系统优化为生鲜配送库规划奠定了基础，提出了进一步的改进优化目标方案：①配合生鲜商品销售增长需进行系统及设备全面升级；②继续系统优化生鲜库其他环节的流程；③实现SAP-EWM系统托盘码与商品追溯系统对接功能；④GPS覆盖及热点追踪分析。

公司立志构建果蔬农产品24小时供应链。创新组织架构，实现供应链管理的集成：大大提高供应链的组织效率，使连锁系统从上到下的供应链管理的专业性更强，效率更高，使创新运营技术实现配送中心的作业高效和系统集成：以高度信息化、充分机械化、适度自动化指导配送中心作业模式构建，使配送成本不断下降，作业效率不断提改善，并为连锁企业物流建设提供成功经验和典型示范。配送中心经营的系统集成：高效服务供应商，经济效益不断提升，使配送中心从成本中心转型到利润中心。

（资料来源：宁夏新华百货现代物流有限公司：生鲜配送系统优化应用案例．[EB/OL]．中国物流与采购联合会，2015－10－08）

复习思考题

1. 物流数据收集的途径和方法有哪些？
2. 简述物流需求预测的目的、作用和方法。
3. 物流系统优化的目的是什么？
4. 物流系统的模型有哪些？

第 3 章

物流系统战略规划与运作

我国物流业的快速发展和全球物流信息服务系统市场竞争日趋激烈，战略（strategy）竞争是企业健康生存和持续发展的重要保证，如何通过更合理的架构、规划新的物流系统来提高企业竞争力，已逐渐成为我国物流业中各大企业各级战略管理层必须认真思考的一个现实问题。企业管理需要牢固树立正确的物流流程战略规划理念，客观地分析一个企业的内外部竞争环境，从而对一个企业的长期物流业务发展战略作出正确的战略决策，通过一套综合和高效集成的企业物流流程计划管理过程可以提高企业流程管理价值和提升客户物流服务水平。本章从我国物流系统发展规划的战略角度考虑出发，重点阐述了我国物流系统战略的基本概念、意义以及战略框架等，并就我国物流系统战略的大环境分析提出方法、物流战略整体运作过程进行了论述。

本章学习目标

1. 掌握物流战略的概念、原则及基本内容。
2. 掌握物流系统战略规划的结构及主要领域。
3. 熟悉物流系统战略环境分析的几种方法。
4. 了解物流系统战略运作的管理流程。

案例引导

京东物流核心战略升级：打造世界领先的供应链物流企业

2020 年 1 月 11 日，京东物流集团召开 2019 评优颁奖会暨 2020 年展望会议。京东集团 CSO 廖建文教授致辞，廖教授用三个角色对京东物流进行了描述：交付者、攀登者、长跑者。今天京东战略转型步入深水区，深度的体验、深度的数据、深度的链接、深度的技术、深度的影响与深度的目的，都是京东未来战略关注的地方。京东物流绝对有可能是京东国际化走得最快、最远的一支生力军。

2020 年，京东物流将聚焦能力夯实、技术驱动、敢闯新路三大方向，打牢基础，补齐短板，为持续高质增长积蓄能量。通过全供应链服务和供应链技术的优势能力，助力产业效率提升，以供应链决胜经济拐点，凭硬科技驱动产业革命。扎硬寨、打狠仗！京东物流同时将进行核心战略与关键组织升级，核心战略正式升级为体验为本效率制胜技术驱动，技术将作为底层驱动力成为京东物流核心发展战略的一部分。在组织升级上，京东物流将形成“6118”组织架构，前中后台做好配合协同，全面提升战斗力；还将在团队、产品及技术三个方面全面打造京东物流简单信赖、进取有为的气质。

（资料来源：京东物流核心战略升级和新组织架构曝光，“终极梦想”是要打造成世界领先的供应链物流企业［EB/OL］. 搜狐网 . 2020 - 01 - 12. ）

问题

1. 京东物流推进核心战略升级是出于怎样的原因？
2. 请从物流战略的层次角度思考京东物流全新核心战略的三大方向。

3.1 物流系统战略规划概述

3.1.1 物流战略的概念

根据国家标准［GB/T 18354 - 2021］，将物流战略定义为：为寻求物流的可持续发展，就物流发展目标及达成目标的途径与手段而制订的长远性、全局性的规划与谋略。

1. 物流战略的基本内容

（1）物流系统的基本宗旨是指中国物流在推动社会主义经济持续发展中所需要承担的基本责任或主要服务目的。

（2）物流系统战略目标研究是指由国家物流系统战略宗旨驱动引导，表现为完成物流系统战略目的，并使其可在一定时期内得以实现的一种量化研究成果或战略期望值。

（3）物流战略导向是指物流系统生存、成长与发展的主导方向。

（4）物流战略优势是指物流系统能在战略上形成的有利形势和地位。

（5）物流战略类型是指物流战略的种类，由于标准不同，可以划分很多种。例如，根据物流战略对象的范围，可以划分为国家物流战略、区域物流战略、企业物流战略；从目的和功能角度来讲，可以划分为时效性战略、资产生产力战略、技术战略和关系战略。

（6）物流战略态势是指物流系统的服务能力、营销能力、市场规模在当前的有效方位以及随着战略逻辑过程不断演变的过程和推进趋势。

（7）物流战略措施是指物流战略的实施与控制以及附带的有关技术手段。在战略实施过程中，战略规划制订与其进入实施阶段的措施是密切相关的。

（8）物流战略步骤是指阶段性目标的制订和实施。

2. 物流战略规划的原则

一是科学评价。在进行物流战略规划时，要综合考虑影响整个物流系统的外部条件和内部要素，并决定其取舍。二是全局意识。是指持续性、长远性、前瞻性。在进行物流战略规划时，必须考虑各方面的制约因素，把重点放在可持续发展这个侧重点上。三是柔性可行。在制订物流战略时，要充分考虑环境和内部要素的可能变化，使物流战略规划具备一定的柔性，从而减少适应成本。

3.1.2 物流系统战略规划的重要意义

1. 物流系统战略规划的重要性

（1）整个物流系统战略规划必须要与一个整体国家经济社会发展战略规划紧密衔接，必须在一个总体目标下研究制定整个现代工业物流系统的总体规划。

（2）各种物流运输功能的具体实现，是由一系列的各种物流运输活动和各种物流运输作业流程来组织完成的。

（3）新的供应链、智慧物流等物流组织管理形式的不断出现，要求物流企业在合理规划，组织好企业生产物流的基础上，处理好企业整个物流。

2. 制订物流系统战略的意义

（1）社会物流系统战略规划的意义

1）有利于促进社会物流经济的健康可持续发展，对促进物流业的健康持续发展、物流企业设备的合理配置、物流企业用地的合理布局、物流制造行业的综合经营与生产管理模式的确定，以及物流制造业的安全生产管理与结构优化都将具有十分重要的指导意义。

2）有利于完善区域规划和推进城市交通建设，能有效降低社会物流系统发展建设过程中可能出现的物流设施工程重复性和建设不足现象，能进一步有效优化合理协调城市社会区域物流设施需求与城市物流资源供应，将不仅有利于有效改善社会区域城市交通运输、城市交通运行状况、促进社会城市用地分配模式的科学合理化；同时有利于科学设计合理的物流投资和城市建设解决方案，减少物流资源利用浪费，提高物流资源综合利用率，是促进社会物流发展与推进城市交通建设的迫切需要。

3）有利于我国社会商业物流服务行业的健康和可持续发展，实现社会商业物流服务用地规划的合理布局和社会物流基础设施的资源合理配置，从国家宏观政策层面对社会物流服务企业发展进行政策指导和监督管理。

（2）企业物流系统战略规划的意义

1）有利于提高我国企业物流生产管理效率与产品质量、降低生产成本、节约使用土地、保护环境、节约能源和提高经济效益等均对此有着重要实际影响。

2）有利于充分利用现有大型城市、企业的发展潜力和占地规模，节约现有城市、企业的占用土地；有利于进行有效的产业布局综合规划和充分运用生产设备、设施和生产工位机等器具，使整个物流企业的各种生产物流情况相互协调适应，增加生产能力，使整个企业生产物流系统能够实现高效率的运转，大量利用节约能源。

3）有利于物流企业尽快适应现代市场、生产、消费的深刻变化，并且能够增加物流企业的经营灵活性。

4）有利于有效改善企业生态环境，物流系统规划优先考虑环保，并为防止各类职业病、工伤重大事故发生提供了可靠保证。

3.1.3 物流战略规划的框架

1. 物流系统战略结构

物流本身是由一系列活动构成的网状结构的系统，目的是使各种资源在某个组织或企业充分流动和运用，进而使物流活动在战略方面的潜在价值得以实现。物流系统战略结构通常指企业层面的。企业物流战略划分为以下四个层次。如图 3－1 所示。

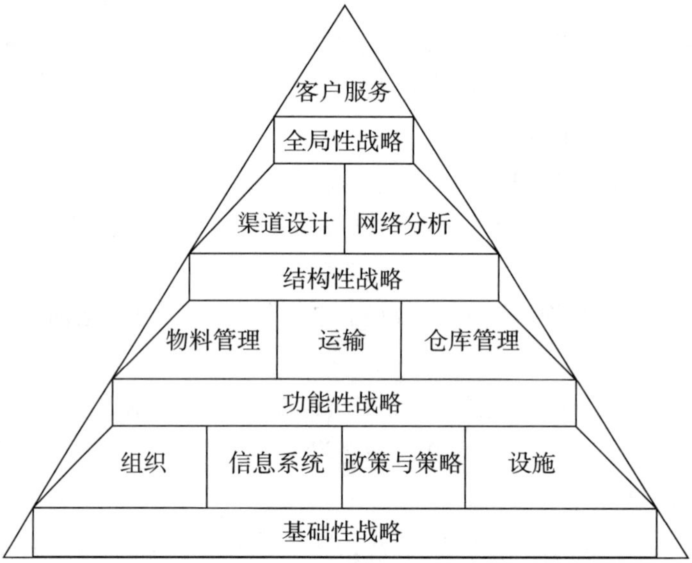

图 3－1 企业物流战略框架

（1）全局性战略。物流战略的最终目标是满足用户需求，因此，客户服务应成为物流管理的目的，即全局性的战略目标。通过良好的用户服务，可以提高企业信誉，获得第一手市场销售信息和客户需求信息，增加企业的亲和力并留住客户，使企业获得更大的利润。

（2）结构性战略。包括物流渠道结构设计和物流网络分析。渠道工程设计管理是企业物流管理系统工程设计的一个重要技术内容，包括如何优化企业物流管理渠道，提高企业物流系统的敏捷性和现场响应性，使企业物流管理系统能够获得最低的实际物流管理成本。

（3）功能性战略。也称为商品功能性服务战略，包括商品物料服务管理、仓库服务管理、运输服务管理等三方面。

（4）基础性战略。为企业物流系统的正常经营运行发展提供一个基础性的管理保障，包括组织系统经营管理、政策与经营策略、信息技术系统管理和物流基础配套设施系统管理等四方面。

2. 物流系统战略规划层次

企业战略物流管理系统的企业战略服务规划是在企业内外竞争环境下，为实现企业长期既定目标所需要制订的不同知识层次的战略规划，物流信息系统企业战略发展规划主要分为三个层次，如表 3－1 所示。

表 3－1　企业物流系统战略规划层次

策略层次 / 决策类型	战略层次	战术层次	运作层次
选址	设施的数量、规模和位置	库存定位	线路选择、发货、派车
运输	选择运输方式	服务的内容	确定补货数量和时间表
订单处理	选择和设计订单入系统	确定处理客户订单先后顺序	发出订单
客户服务	设定标准	服务程序	沟通、反馈
仓储	布局、地点选择	存储空间选择	订单履行
采购	制订采购政策	洽谈合同，选择供应商	发出订单

（1）战略规划的设计周期一般为五年，用来研究确定一个存货点位的设置、运输、存货业务管理、客户咨询服务和企业信息管理系统以及它们之间的各种联系方式，其设计目的主要是使企业投资的预期回报得到最大化。

（2）战术规划的时间一般为 1～2 年，其基本工作目的也就是对如何实现一个战略规划制定目标的几个基本步骤做出预先性的规划，从而设立一个阶段性的战略目标，具体内容包括：企业仓库设施建造、库存管理规划、运输路线规划、压缩仓库成本、提高仓库生产率以及仓库信息系统的设计改进等。①

（3）操作规划一般分为日计划、周计划和月度计划。其目标是在物流系统的框架内实现所选择的战术规划和程序，并满足企业的战略目标。

各不同层次的职业规划都会有不同的思考角度。战略规划由于实施时间跨度长，所需要使用的质量数据通常是不完整、不准确的，数据一般只要在合理质量范围内不

① 董千里．基于供应链管理的第三方物流战略研究［J］．中国软科学，2000（10）：34－37.

能接近最优，就可以认为战略规划不能达到一定质量要求。而运作管理计划则必须要做到使用非常准确的管理数据，计划的运作方法原则应该既能准确处理大量统计数据，又应该能准确得出合理的运作计划。

3. 物流系统战略规划的主要领域

物流战略规划主要解决四个方面问题：客户服务目标、设施选址战略、库存战略和运输战略，如图 3 –2 所示。其中客户服务目标取决于其他三个方面的战略设计，四个方面互相联系又存在悖反关系，企业在进行规划时应整体考虑，同时考虑各个细分领域的进一步规划，每个领域对系统设计都具有重要影响。

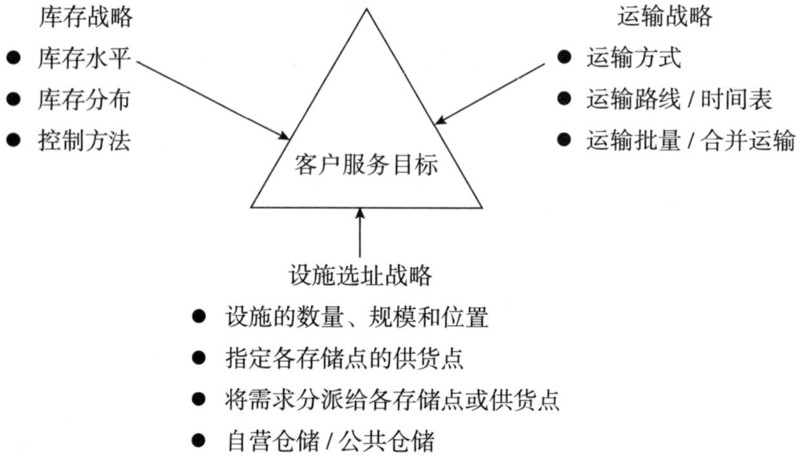

图 3 –2　物流战略规划领域的决策

（1）客户服务目标。企业需要提供的物流客户管理服务水平，比任何其他经济因素对系统产品设计的成本影响都可能要大，物流强国战略目标的一个首要任务也就是首先确定适当的中国客户物流服务水平。

（2）设施选址战略。储存点及供货点的地理分布构成物流规划的基本框架。其内容主要包括：确定设施的数量、地理位置、规模，并分配各设施所服务的市场范围，寻求成本最低的需求分配方案或利润最高的需求分配方案是选址战略的核心所在。

（3）库存战略。是指企业管理市场库存的战略方式，包括将市场库存资源分配集中到产品储存的节点与产品通过及时补货自发供应拉动市场库存这两种管理战略。

（4）运输战略。包括运输方式、运输批量和运输时间以及路线的选择。这些决策受仓库与客户以及仓库与工厂之间距离的影响，反过来又会影响仓库选址决策，库存水平也会通过影响运输批量影响运输决策。

客户服务目标、设施选址战略、库存战略和运输战略是物流系统战略规划的主要领域，每个领域的决策都将影响企业的盈利能力、现金流和投资回报率。每个领域彼此相互影响，规划时应考虑各个领域之间存在的悖反关系。

4. 物流系统战略规划制订的原则

（1）总成本战略。即整个物流管理系统本身的应用范畴和整个物流管理系统整体设计的基本核心，是关于成本效益互相悖反的成本分析。

（2）服务主导战略。注重满足客户需求的条件下更好地加快服务的速度，要求企业物流做到又好又快，企业需要对不同或变换的环境迅速做出反应，然后向客户提供高品质的服务。

（3）合作与联盟战略。通常发生在产品供应商与产品制造商或产品制造商与产品经销商之间，在一段时期内的协同共享合作信息、共同承担合作风险、共同合作获利的高度战略协调合作关系，有利于物流供应链各方面的成员长期保持共享各种信息管理技术服务平台和信息技术，最终共享长期合作的成果，达到双赢的目的①。

（4）推迟战略。是指把进程中运输的时间和终极产品的加工时间推迟至收到客户订单之后。这一思想避免了企业依据猜测在需求没有实际发生时运输产品（时间推迟），以及依据终极产品形式的猜测来生产不同形式的产品（形式推迟）。推迟战略极大地增强了企业资源的应用柔性，降低了企业生产风险，从而全面提升了企业效益。

（5）多样化分拨战略。企业不需要同时分拨多种产品，面对各种系列产品不同的市场客户产品服务功能要求，要结合不同的客户产品服务特征、不同的市场销售服务水平，在同一系列产品或多个系列中需要采用多种产品分拨营销战略。

（6）批量化原则。物流系统战略规划中，将小运输批量合并成大批量（合并运输）的经济效果非常明显，在现行的物流运输成本费率计算结构中存在大量的小规模合并经济，管理人员可以利用这个全新概念改进公司战略。

（7）标准化原则。是指在包装、装卸、运输、储存、保管、流通加工、资源回收及信息管理等环节中，对重复性事物和概念通过制订发布和实施各类标准，达到协调统一，以获得最佳秩序和社会效益的目的，物流标准化包含：基础编码标准；物流基础模数尺寸标准；物流建筑基础模数尺寸；集装模数尺寸；物流专业名词标准；物流单据、票证的标准；标志、图示和识别标准等。标准化和推迟概念的综合运用既可以解决为市场提供多样化的产品服务以满足客户需求的同时，又不使物流成本显著增加。

名人故事

中国汽车之父——饶斌

饶斌是中国汽车工业的奠基人，享有“中国汽车之父”的盛誉。

---

① 张文君．马士基搭建全程物流的战略变化与管理举措［J］．青岛远洋船员职业学院学报，2019，40（3）：19－25.

20 世纪 50 年代初，我国筹建第一家汽车制造厂——位于吉林长春的第一汽车制造厂。时年 40 岁的饶斌毛遂自荐，成为第一汽车制造厂的厂长。

1953 年 7 月 15 日，饶斌在第一汽车制造厂奠基仪式上铲下第一锹黑土，启动了中国汽车工业建设。

在这之前，饶斌从来没有接触过汽车工业，是一个门外汉。他虚心向技术人员和有经验的老工人求教，从最简单的汽车知识入手，一步步成长为汽车工业的行家里手。

1956 年 7 月 14 日，中国人自己制造的第一批解放牌载货汽车下线，奔驰在中国辽阔的大地上。

在制造出第一辆解放汽车后，饶斌又在 1958 年接到了生产一种高级轿车的任务。这种高级轿车将用于 1959 年的中华人民共和国成立十周年的庆典上。经过不懈的努力与研究，第一汽车制造厂终于制造出了高级轿车。当时，这款轿车取名东风，后来改了一个家喻户晓的名字：红旗。如今，红旗轿车已经成为国产高级轿车中最响亮的品牌之一。

（资料来源：他是中国汽车之父 解放汽车和红旗轿车都是他造出来的［EB/OL］. 百家号，2019 - 9 - 24.）

3.2 物流系统战略规划环境分析

3.2.1 物流系统战略环境分析的内涵

物流战略环境分析是指对某些影响企业物流发展的某些关键性因素进行评价分析，作为物流战略规划决策的参考依据。物流战略环境旨在使企业的发展时刻与变换的环境相适应。物流战略环境分析是企业制定整体物流战略规划的基础，是物流战略管理过程的第一步。

3.2.2 物流系统战略环境分析的内容

物流战略环境分析包括企业外部环境分析和内部环境分析两方面。外部环境分析要了解企业所处的环境正在发生哪些变化，这些变化给企业将带来更多的机会还是更多的威胁。内部条件分析则要了解企业自身所处的相对地位，具有哪些资源以及战略能力，还需要了解与企业有关的利益相关者的利益期望，在战略制定、评价和实施过程中，这些战略相关者会有哪些反应，这些反应又会对组织行为产生怎样的影响和制约。同时，物流战略环境具有复杂性、动态性、可预见性与差异性等特征。物流战略环境的构成如图 3 - 3 所示。

1. 企业外部环境分析

物流企业的外部环境，是指同时存在于物流企业之外，对整个物流服务企业经营活动的成功开展与否产生重要影响的各种因素的数量总和。物流服务企业的外部环境

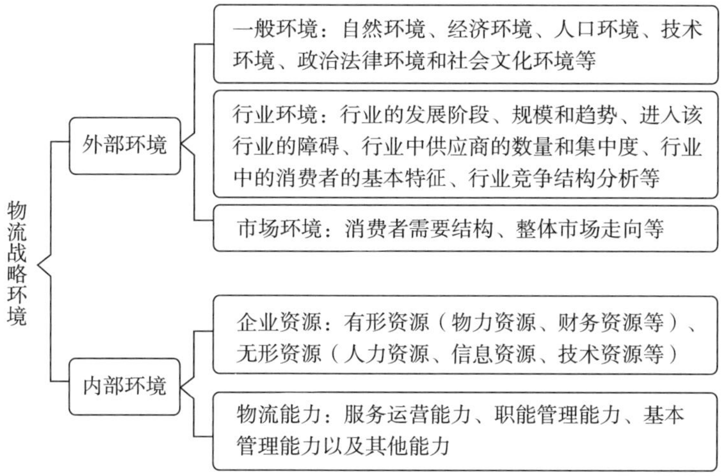

图 3－3　物流战略环境分析

主要由一般环境、行业环境与市场环境构成。物流企业通过对企业外部环境的深入分析，寻找企业发展现代物流的市场机遇和发展空间，从而确定自己的现代物流产业发展经营战略。

（1）一般环境（宏观环境）。是指以国家宏观社会经济要素为基础，结合企业的行业特点而制定的环境影响因素指标，它由社会约束力量构成。主要包括自然环境（原料资源、能源、污染等）、经济环境（社会经济结构、消费支出模式、生产力布局等）、人口环境（人口的规模及其构成、教育程度、地区间流动等）、技术环境（社会科学技术的发展水平和发展趋势等）、政治法律环境（政治体制、法令法规等）和社会文化环境（社会结构、风俗习惯、价值观念等）。

（2）行业环境。企业行业环境分析，亦称运营环境分析，是直接影响企业物流发展的外部力量。与物流一般环境因素相比，物流行业环境因素对企业物流发展的影响更为明显和直接。行业环境因素包括行业的发展阶段、规模和趋势、进入该行业的障碍、行业中供应商的数量和集中度、行业中消费者的基本特征、行业竞争结构分析等。商业生态系统视角下，动态不确定环境迫使企业将经营视野扩大到企业外部。①

（3）市场环境。随着社会时代的快速变迁，市场经济环境中广大消费者的核心价值观需求发生了显著的变化，消费者新的需求群体结构普遍向高中层次需求发展。企业对新的物流产品服务、成本、柔性和服务准时性等的要求更高，客户的企业物流服务需求将不再仅仅局限在铁路运输等交通基础设施物流行业服务需求方面，精准效益化、差异化、专业化、供应链化等一体化的企业物流服务需求将有机会以新的速度增

① 王慧颖，许哲毓．基于商业生态系统视角的第三方物流企业发展战略研究——以 F 国际物流公司为例［J］．物流科技，2020，43（9）：15－22.

长[1]。多样化的市场物流服务需求也已经让很多物流服务企业需要面临更多的市场变化。

2. 企业内部环境分析

内部环境是指物流企业发展的内部因素。相对于企业外部环境来说，企业内部环境因素是可控因素，是物流企业发展的基础。企业内部从事物流运输活动的经济能力，取决于企业内部经济条件中诸因素之间的相互联系和企业比例间的关系。同时，企业内部竞争条件也是一个动态的科学概念，并不是一成不变的。通过对直接影响物流企业开展物流生产经营的各种内外影响因素和环境作用的准确评估、平衡以及用辩证、系统的政策观点适时性地采取相应对策，做出适应环境的各种动态政策抉择，有效维持物流企业健康生存，进而促进物流企业持续发展。

企业内部环境分析包括：企业资源和物流能力两方面。

3. 物流环境新变化

近几年物流行业呈现出显著的时代特征，物流环境的新变化包括：①消费者行为发生显著变化，所服务的客户需求日益个性化，物流总体需求呈现高度化特征；②企业生产经营方式发生变化，多品种、小批量生产的转变和零售形式的多样化，以及多数企业倾向无库存经营；③信息技术不断革新，强调将人工智能、大数据、数据挖掘融入物流管理中去，从而实现物流智慧化；④对应急物流的要求不断提升，用以应对大型突发事件等情况。

3.2.3 物流系统战略环境分析的方法

1. PEST 分析

PEST 分析是指宏观环境的分析，会通过以下四个因素分析企业集团所面临的状况。

（1）政治法律环境。政治环境包括政治制度与体制，政治形势，政府的态度等；法律环境包括政府制定的法律法规。

（2）经济环境。关键要素：GDP、利率水平、财政货币政策、通货膨胀、失业率水平、居民可支配收入水平、汇率、能源供给成本、市场机制、市场需求等。

（3）社会文化环境。影响最大的是人口环境和文化背景。人口环境主要包括人口规模、年龄结构、人口分布、种族结构以及收入分布等因素。

（4）技术环境。不仅包括发明，而且还包括与企业市场有关的新技术、新工艺、新材料的出现和发展趋势以及应用背景。

PEST 分析法是战略外部环境分析的基本工具，它通过以上四个方面的因素分析从总体上把握宏观环境，并评价这些因素对企业战略目标和战略制定的影响。如某物流

---

① 罗骁．供给侧改革下物流企业战略发展路径与策略创新［J］．中小企业管理与科技，2021（21）：76－77.

企业利用 PEST 分析模型分析目前企业绿色物流的发展前景，对企业目前所处的宏观环境进行分析，来洞察企业所处环境的利弊以制定灵活的应对策略①。如表 3－2 所示。

表 3－2　企业物流系统战略规划层次

政治环境（Politics）	经济环境（Economic）
有利环境 （1）国家发改委、司法部印发《关于加快建立绿色生产和消费法规政策体系的意见》 （2）国家邮政局发布《推进快递业绿色包装工作实施方案》 （3）《绿色包装评价方法与准则》（GB/T 37422－2019）发布 不利环境 （1）监管力度不够 （2）政策法规落实不到位，缺乏整体指导方针和具体实施细则 （3）绿色物流包装缺乏统一的标准体系	有利环境 （1）我国整体经济环境良好，物流产业迅猛扩张，社会物流总费用稳步增长 （2）发展绿色物流是全球一体化的需要，已成为国际主流趋势，同时也成为我国迈向世界的契机 （3）加入 WTO 之后，很多世界著名物流企业入驻中国，带来了绿色生产、流通等先进理念，促进了我国绿色物流的发展 不利环境 （1）加入 WTO 后，国外具有先进管理水平的物流企业纷至沓来，例如联邦快递、TNT 等，一定程度上对我国物流行业产生了冲击，削弱了其生存空间 （2）经济效益虽然促使企业研发新型运输方式、包装材料等，但由于新产品研发周期长，高额的研发费用造成短期内企业成本居高不下，研发资金紧张。
社会文化环境（Society）	技术环境（Technology）
有利环境 （1）五位一体总布局的推进使生态文明建设逐渐被重视，绿色物流成为其建设重点 （2）其他企业具体措施：苏宁推行生鲜冷链保温箱现场回收、京东的青流计划计划、菜鸟推行 ACE 绿色智慧物流汽车计划等，这些都体现快递企业和平台为绿色物流的深入推进提供了良好社会氛围 不利环境 （1）绿色物流宣传力度仍不够 （2）部分消费者绿色物流意识仍较为淡薄，整体社会素质有待提升	有利环境 （1）绿色物流科技发展迅速，体现在运输、包装等多环节 （2）互联网＋使物流与互联网融合，GIS、GPS 等技术取得突破，减少了资源浪费 （3）各企业研发了新型绿色物流设施等。 不利环境 （1）绿色物流人才稀缺 （2）国内院校对于绿色物流的研究匮乏 （3）绿色物流比传统物流技术要求高，陈旧的理念难以与时俱进等

2. SWOT 分析

SWOT 是一种分析方法，用来确定企业本身的竞争优势（strength）、竞争劣势（weakness）、机会（opportunity）以及威胁（threat），从而将公司的战略与公司内部资

---

① 王卉. 新发展格局下海南航空物流发展战略环境与对策研究［J］. 物流技术与应用，2021，26（5）：164－167.

源、外部环境有机结合。从而确定公司的资源优势和缺陷，了解公司所面临的机会和挑战，对于制订公司未来的发展战略有着至关重要的作用①。SWOT 战略分析框架如图 3－4 所示。

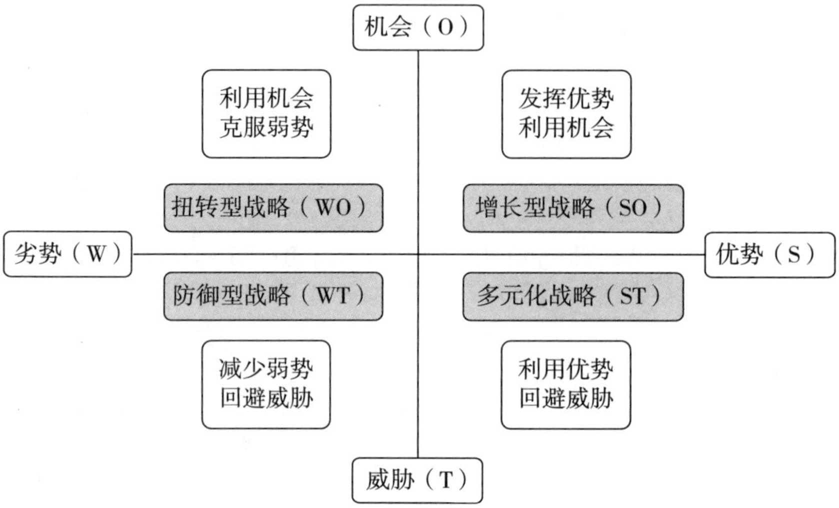

图 3－4　SWOT 战略分析框架

基于 SWOT 分析方法，可以得到四组策略，即 SO 策略、WO 策略、ST 策略和 WT 策略。SO 策略就是依靠内部优势去抓住外部机遇、寻求快速发展的战略。WO 策略是利用外部机遇来改进内部弱点、提高综合实力的战略。ST 策略是利用优势避免或减轻外部威胁的打击。WT 策略是以克服内在弱点来避免或应对外部威胁的战略。建立 SWOT 矩阵的步骤如下：

（1）分析内外竞争环境因素，列出企业关键外部竞争机会、关键外部竞争威胁、关键内部竞争优势和其在关键内部的劣势。运用各种环境调查法和研究法，分析学生所处的各种内外部的环境因素。外部环境影响因素主要包括就业机会和其他威胁，一般来说可以细分为市场经济的、政治的、法律的、社会的、技术的等不同因素范畴；内部经济环境因素主要包括企业优势和其他劣势，一般来说可以细分为经营管理、组织、财务、人力资源等不同因素范畴。

（2）构建 SWOT 排列矩阵，将内部优势与外部机会优势相匹配，从而把两个 SO 优势策略综合填入记录相应的一个空格中，内部劣势与外部机会相匹配并综合填写记录得出一个 WO 优势策略，将内部优势与外部威胁相匹配并填写记录得出 ST 优势策略，将内部所有劣势与外部所有威胁相匹配并填写记录得出 WT 战略策略。

SWOT 分析法经过提炼发展已不仅仅局限在分析单个项目的规划发展，评判事物是

---

① 万晶．基于 SWOT 分析物流企业的发展战略—以顺丰为例［J］．物流工程与管理，2019，41（8）：54－56.

否具有强大的生命力、是否有发展前景，成为当前市场分析研究和策略学的主要分析理论之一，是重在研究解决现实问题的方法，目前在众多行业、地区经济分析中被广泛应用。对于分析现实的物流问题、寻求解决方案，它同样十分有效。

3. 波特五力模型

波特五力模型由迈克尔·波特（Michael Porter）于20世纪80年代初提出，认为整个行业中仍然存在直接决定行业竞争市场规模和变化程度的五种竞争力量，这五种竞争力量如果综合运用起来直接影响整个产业的核心吸引力。图3－5为波特五力场的模型结构图解。

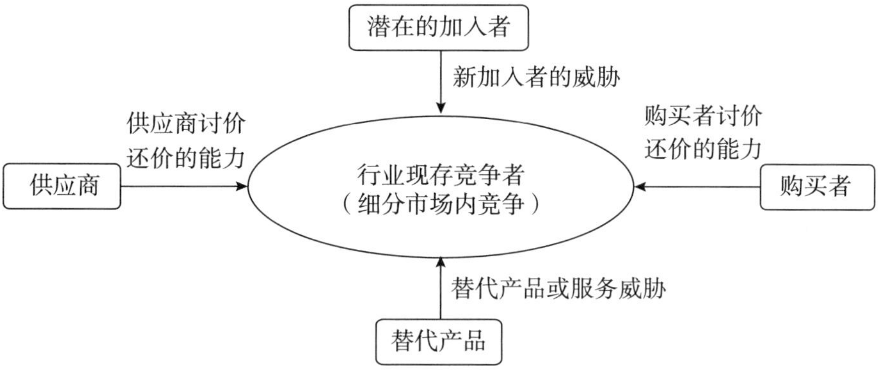

图3－5　波特五力模型图解

波特五力模型将大量不同的因素汇集在一个简便的模型中，以此分析一个行业的基本竞争态势，这五种竞争力量决定着具体企业的竞争激烈程度。

（1）现有竞争者。现有行业内部市场竞争强，以企业产权转让关系与经营管理模式为主要划分标准依据，当前一年S物流行业面临的市场竞争者主要以各类自营企业模式或其他加盟经营模式企业作为物流经营主要业态。在与其他自营加盟系低端快递以及物流加盟品牌间的竞争中，S物流的品牌竞争优劣势在于可通过短期内不断强化品牌投资与加大建设品牌力度直接予以弥补，或快速巩固其增长板以趋利避害；相较其他加盟自营系快递竞争者，S物流的中低端快递业务战略布局乏善可陈，竞争者的劣势尤为突显。

（2）潜在竞争者。S物流的发展壮大可溯源于其旗下最具知名度的服务品牌——S快递。S快递是提供S商品配送服务的主要供应商，在一定意义上，S快递物流是传统电商服务跨界的产物。根据公开资料整理数据显示，S物流则以16.3%市场占有率居于第二。阿里巴巴拥有淘宝网和天猫两大顶级电商流量入口，是S物流威胁最大的潜在竞争者。

（3）替代产品竞争者。在传统业务上，快递物流运输现呈三足鼎立态势：顺丰速运、S物流和三通一达各有所长，其不同品牌公司定位结构差异化显著，各自业务边界较明晰，整体市场结构较稳定，S物流被替代的威胁性较小。近两年，直播购物、社交购物兴起，电子商务平台的物流入库、在库、出库及配送能力备受考验。S 物流为满足京东及其他第三方网购平台的配送需求，领先部署仓配一体。

（4）供应者的竞争力量。对物流行业而言，供应商可分为运输类、仓储类、设备类、金融类、人力资源、软件技术类和维护类等主要类别。在供应商中，运输类供应商的讨价还价能力更为显著，主要体现在两个方面：首先，运输是物流企业的基本活动，运输费和通行费是固定费用。其次，对使用传统能源的 S 物流配送车而言，其燃料供应商亦不外乎为中国石油、中国石化或中国海油等国有企业，S 物流的议价能力同样极低。石油价格还易受世界政局影响，波动较为频繁，易对物流行业的运输成本产生不良影响。

（5）购买者的竞争力量。买方议价能力弱。S 物流自 2007 布局以来，致力于为企业客户服务，直至 2018 年才开放个人客户业务，目前企业客户的比重仍独占鳌头。因此，普通消费者议价能力的强弱，暂不会对 S 物流的盈利能力产生显著影响。相较之下，企业用户则更具讨价还价能力。

4. 通用矩阵分析法

通用矩阵是改进的波士顿矩阵。9 个区域的划分更好地反映了企业处于不同地位的业务经营状态，如图 3 –6 所示。

产业吸引力	高	中	低
强	成长——渗透	发展性投资	选择性投资或剥离
中	选择性收货或投资	细分市场或选择性投资	有控制的投资或剥离
弱	收获现金	有控制的收获	快速推出或作为攻击性业务

图 3 –6　通用矩阵区域划分

矩阵的纵轴用多个指标反映产业的吸引力，即企业业务所在产业的整体情况；矩阵的横轴用多个指标反映企业的竞争地位，即企业业务自身表现情况。

矩阵中不同颜色标识应采用不同的策略，具体如下。

（1）浅灰色标识业务（图 3 –6 中表格第一行第一、第二格和第二行第一格）：最适于采取增长与发展战略，企业应优先分配资源。

（2）中灰色标识业务（图 3 –6 中表格第一行第三格、第二行第二格、第三行第一格）：一般采取停止、转移、撤退战略。

（3）深灰色标识业务（图 3 –6 中表格中第二行第三格、第三行第二格、第三格）：一般应采取维持或有选择地反战的战略，保护原有的发展规模，同时调整其发展方向。

5. 内部要素评价（IFE）矩阵

内部因素评价矩阵（Internal Factor Evaluation Matrix，IFE），是一种对内部因素进行分析的工具，其做法是从优势和劣势两个方面找出影响企业未来发展的关键因素，根据各个因素影响程度的大小确定权数，再按企业对各关键因素的有效反应程度进行评分，最后算出企业的总加权分数。通过IFE，企业就可以把自己所面临的优势与劣势汇总，企业得以对自身有更深入的了解。内部要素评价矩阵如图3－7所示。

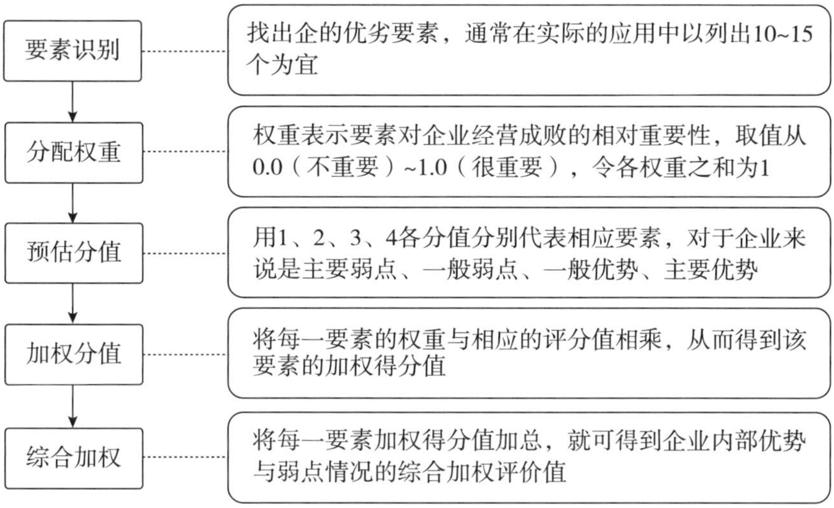

图3－7　IFE矩阵

知识拓展

新基建＋区块链风口

第一，区块链＋数字经济

截至2018年，我国数字经济规模达到31.3万亿元。由于区块链技术数字价值传递的特性，使得区块链技术改造成为数字经济建设的必由之路，只有区块链技术才能建设真正的数字经济。无论是通证经济建设、法定数字货币、传统金融改造，区块链技术都是不可或缺的基础设施。

第二，区块链＋人工智能

区块链技术能实现数据的存储、认证，执行准确可靠，人工智能则基于数据基础，做出决策，完成应用交互。区块链技术能够帮助各机构打破数据孤岛格局，促进跨机构间数据的流动、共享及定价，形成一个自由开放的数据市场，实现全面智能。

第三，区块链＋工业互联网

2020年，中国信息通信研究院工业互联网与北京大学物联网研究所原所长金键说过：基于区块链的工业互联网基础设施，将能构建多方共治、公平可信、智能运作的

数字经济新空间。区块链技术为工业领域高效协同和创新管理提供了供给侧改革的解决思路。区块链技术特性将引领全球新一轮产业变革，推动信息互联网向价值互联网的变迁。

第四，区块链+物联网

物联网设备产生的海量数据，如果物联网数据长期汇总到单一的中心控制系统，很容易出现数据安全隐患，且不同主体数据协同，产生协调问题。区块链技术与物联网的结合，能够直接为多方联系搭建沟通的桥梁。同时，基于区块链去中心化的共识机制，也能确保物联网数据安全私密性，便于真实信息的传递。

（资料来源：区块链+物联网：实现万物互联［EB/OL］，百家号，2020-06-17.）

3.3 物流系统战略运作的管理流程

物流系统战略运作的管理流程主要涉及方面：战略目标的确定和分析（物流系统战略的形成过程）、物流系统战略的选择、物流系统战略的实施和物流系统战略的控制。物流系统战略运作过程如图3-8所示。

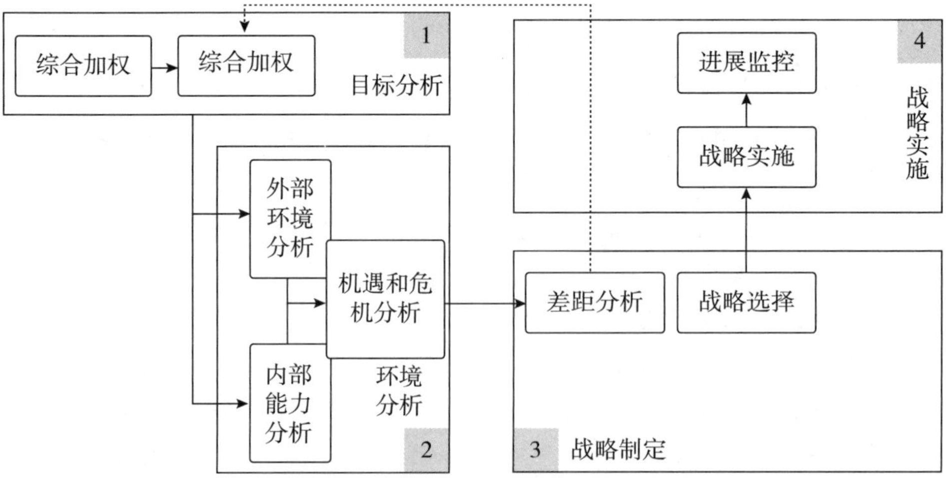

图3-8 物流系统战略运作过程

3.3.1 物流系统战略的形成

1. 调查阶段

企业物流调查包括以下几方面。

（1）企业物流资源和需求调查。是指对企业物流战略发展所拥有的资源，以及所处环境的需求调查。

（2）企业物流资源和需求分析包括：①对企业物流的人力、财力等方面的分析；②对自身的客户量、物流量、营业收入等数据进行统计分析；③企业要力保自身的独具能力，充分体现市场链、供应链和价值链的统一能力；④确定同行业内不同竞争对手及不同地域的服务竞争情况；⑤对影响物流的因素进行分析，即政策、法律、重要事件、技术进展、改革发展、市场潜力等。

2. 确定物流战略目标

物流系统战略目标制订是由整个国际物流系统的战略使命所直接引导的，可在一定时期内快速实现的和可量化的战略目标。它为整个我国物流信息系统发展设置了一个肉眼可见和可以预期达到的未来，为我国物流基本技术要点的总体设计和要点选择指明了努力的新方向，是我国物流行业战略规划体系中的各项物流策略规划制定的基本理论依据。

企业开展物流服务战略与物流企业服务战略的最终目标基本是一致的，即在能够保证整个物流企业服务水平的基本前提下实现企业物流服务成本的最低化。具体而言，可以通过几个目标的具体实现方式来加以达到：始终维持推动企业长期使用物流产品供应的安全稳定性、低成本、高效率；以推动企业以整体物流战略行动为最终目标，并追求企业生产、销售物流系统良好的互动协调；对市场环境的适应变化为推动企业进行整体物流战略行动提供趋势预警和其在功能适用范围内的主动应变力，最终为推动企业长期产品发展赢得良好的市场竞争力和优势。企业实现物流发展战略目标主要包括：降低运作成本；减少资本投入；改进服务质量。

3. 物流战略的形成

企业的战略目标确定之后，下一步就是制订企业的战略方案。

（1）自上而下的方法。由企业总部的高层管理人员制订企业的总体战略，然后由下属各部门将企业的总体战略具体化，形成系统的战略方案。

这一方法的优点：企业的高层管理人员能够把握企业的经营方向，并对下属各部门的执行实施有效的控制。它要求企业的高层管理人员制定战略时必须深思熟虑，战略方案务必完善，并且还要对下属各部门提供详尽的指导。

这一方法的缺点：它束缚了各部门的手脚，难以发挥中低层管理人员的积极性和创造性。

（2）自下而上的方法。企业最高管理层要求各部门积极提交战略方案，最高领导层在此基础上加以协调和平衡，对各部门的战略方案再进行必要的修改后加以确认。

这一方法的优点：能充分发挥各个部门和各级管理人员的积极性和创造性，集思广益。同时，由于制定出的战略方案有着广泛的群众基础，在战略的实施过程中也容易贯彻和落实。

这一方法的缺点：各个部门的战略方案难以协调，影响企业整个战略计划的系统性和完整性。

（3）上下结合的方法。企业最高领导层和下属各部门的管理人员共同参与，通过上下各层管理人员的沟通和磋商，制订战略。

这一方法的优点：可以产生较为良好的协调效果，制订出的战略更具有操作性。

（4）战略小组方法。是指企业的负责人与其他的高层管理人员组成战略制订小组，共同处理企业所面临的问题。在人员构成中，一般由 CEO 任组长，其他的人员构成由相关岗位的相关人员参加。

3.3.2 物流系统战略的选择

1. 物流战略选择的依据

企业如何选择适合自己的物流战略，需要对物流战略进行评价。第一项内容是确定评价标准，即明确企业在选择物流战略方案时需要考虑的主要问题。这些问题可以概括为三个方面，即物流战略的适宜性、物流战略的可行性和物流战略的可接受性。其中物流战略的适宜性评价是战略分析的延伸，即从经验逻辑和历史数据中对可选战略进行评价。物流战略方案适宜性、可行性、可接受性评价方面形成了一些程序化的技术，从而使我们在评价时有章可循，便于操作。

（1）适宜性。即衡量一种物流战略是否与企业自身条件相适应。例如，某种物流战略是否有效地利用了企业的现有实力，克服或避开了企业的弱点，并能抵御环境的威胁。

评价一个战略优劣的重要方面之一就是衡量这种物流战略能否与战略分析中所得到的企业内外部条件相适应，适应的程度如何。有时也把这种适宜性称为一致性。

（2）可行性。即评价一种物流战略具体实现的可行程度。如现有资源条件是否满足战略实施的要求。可行性评价主要是围绕着物流战略目标能否实现的问题。例如，战略实施将引起有计划的内部调整，其规模是否在企业各方面资源（人力、物力等）允许的范围内。事实上，关于战略可行性的问题，在选择战略的过程中就应予以考虑。

在实际进行可行性评价的时候，并不只局限于以上列出的这些方面，应该根据企业实际情况做具体分析。另外，在回答这些问题的同时，还必须考虑到战略调整时之间的影响。

（3）可接受性。即评价一种物流战略实施的结果是否接受或令人满意。例如，战略实施所带来的效益或对企业发展速度的推进是否达到了高层管理者、持股人或其他相关人员的期望值。另外，可接受性还包括评价物流战略实施中所包含的风险。

关于可接受性的评价有一定的困难，因为它在很大程度上与人的主观期望密切相关。所以必须明确是相对于“谁”的可接受性，这需要仔细地进行分析。

当然，一个物流战略的实施不可能使方方面面都能满意，所以需要权衡利弊，有重点地加以考虑。

2. 企业物流的发展战略选择

一个企业的物流战略一旦确定并付诸实施，就成为指导这个企业发展的方针，但是也会因为各方面因素的影响，而调整规模。从这个角度来讲，可以根据企业物流系统的具体情况、优势劣势而变化，分为四个选择方向：维持战略、紧缩战略、优化战略和扩张战略。

（1）维持战略。是指企业管理者通过对企业发展面临的各种环境及企业物流的竞争战略的分析研究，发现现有物流系统提供的服务可以比较高水平地满足客户的需要，相对其他竞争企业处于优势的情况下所采取的战略方案。在这种情况下，企业只需要维持原有物流系统的正常运作，也可以对局部不合理的环节进行微调，而不需要增加物流系统中设备、设施和人员的投入。

（2）紧缩战略。是指物流系统在满足企业物流要求的基础上减少人力、物力和财力投入的战略。企业对自有物流系统中低效率的部分采取放弃措施，但是并不意味着企业要退出现有的市场。若企业部分地放弃对物流系统的控制可以表现为企业物流设备和技术的出售，物流管理、操作的相关人员削减，物流投入比率减少甚至为零等。如果企业物流系统上的紧缩并不是总体经营范围紧缩造成的，那么企业可能存在物流活动外包的倾向，也就是企业具有与专业物流企业或拥有更高工作效率物流系统的供应商进行合作的倾向。

（3）优化战略。是指企业对现有物流系统进行改建，提高整个系统运作效率和服务水平的战略。企业物流系统提供的物流服务水平不足以满足客户对物流的要求，但是这种不足并不是由于物流系统设施、技术等硬件条件造成的。在这种情况下，企业可以采取优化战略，通过改进物流系统的运作流程，局部提高物流环节的工作效率、对物流业务操作人员和管理人员进行专业培训等方式提高整个系统的协调性和效率，从而满足客户对企业物流运作的要求。

（4）扩张战略。是指企业通过增加对现有物流系统的投入，改善物流系统的运作，扩大物流系统服务范围的战略。企业的物流系统不能满足客户对物流的要求是由于物流系统的硬件设施不足造成的，在这种情况下，企业只有采取扩张战略，通过增加物流系统固定资产的投资和对外开展战略性物流合作等手段来改善物流服务水平。企业建立高效的物流系统的扩张方式有并购、合资经营、战略联盟、技术共享、采购与营销协议和内部新建。

3. 物流战略的选择方法

战略选择的前提是要先进行战略评价，进行战略方案评价的理由是要选出那个最有可能使企业完成战略目标的方法，以下为三种比较流行的评价战略方案的方法。

（1）波士顿矩阵。通过系统分析企业的全部产品或业务组合，解决企业经营的相关业务之间现金流量的平衡问题。市场增长率与相对市场占有率关系如图3－9所示，坐标轴含义及计算公式如表3－3所示，各业务特征及应对战略如表3－4所示。

（2）SPACE矩阵。战略地位与行动评价矩阵（Strategic Position and Action Evaluation Matrix，SPACE矩阵）主要是用以分析企业应该采用何种合适的战略组合。这个矩阵的两个数轴分别代表了企业的两个内部因素：财务优势（*FS*）和竞争优势（*CA*）；两个外部因素：环境稳定性（*ES*）和产业优势（*IS*）。这四个因素对于企业的总体战略地位是最为重要的。如图3－10所示。

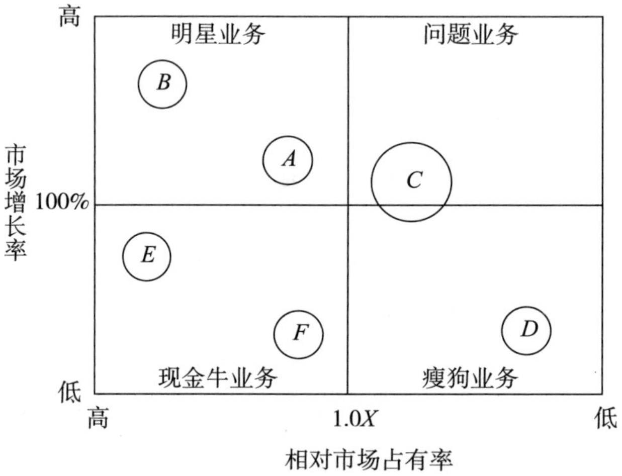

图3－9　波士顿矩阵图

表3－3　坐标轴含义及计算公式

坐标轴	指标名称	计算公式
纵轴	市场的增长率	$\frac{本期销售额-上期销售额}{上期销售额}$ （高低分界点没有绝对的标准，以10%为例）
横轴	企业在产业中的相对市场占有率	$\frac{本企业某产品的市场占有率}{该业务最大竞争对手的市场占有率}$ （以0.5～1.5为高低分界点，一般取1）
	圆圈的面积	$\frac{某产品收益}{企业全部收益}$

表3-4 企业物流系统战略规划层次

业务名称	特征	适宜采用的战略	组织要求
问题业务	通常处于最差的现金流量状态：一方面，所在产业的市场增长率高，企业需要大量的投资支持其生产经营活动；另一方面，其相对市场占有率低，能够生成的资金很小	对问题业务应采取选择性投资战略。对于问题业务的进一步投资需要进行分析，判断使其转移到明星业务所需要的投资量。分析其未来盈利，研究是否值得投资等问题	对于问题业务的改进与扶持方案，一般均列入企业长期计划中。管理组织最好利用智囊团或项目组织等形式，选拔有规划能力、敢于冒风险、有才干的人负责
明星业务	处于迅速增长的市场，具有很大的市场份额。明星业务的增长和获利有着极好的长期机会，但它们是企业资源的主要消费者，需要大量的投资	在短期内有下次供给它们所需的资源，支持它们继续发展，积极扩大经济规模和抓住市场机会，以长远利益为目标，提高市场占有率，加强竞争地位。	明星业务的管理组织最好采用事业部形式，由对生产技术和销售两方面都内行的经营者负责
现金牛业务	处于成熟的低速增长的市场中，市场地位有利，盈利率高，本身不需要投资，反而能为企业提供大量资金，用以支持其他业务的发展	采用收获战略，即所投入资源以达到短期收益最大化为限。①把设备投资和其他投资尽量压缩；②采用榨油式方法，争取在短时间内获取更多利润，为其他产品提供资金。对于这一象限内的市场增长率仍有所增长的业务，应进一步进行市场细分，维持现存市场增长率或延缓其下降速度	适合于用事业部制进行管理，其经营者最好是市场营销型人员
瘦狗业务	处于饱和的市场当中，竞争激烈，可获利润极低，不能成为企业资金的来源	采用撤退战略：首先应减少批量，逐渐撤退，对那些还能自我维持的业务，应缩小经营范围，加强内部管理；而对那些市场增长率和企业市场占有率均极低的业务则应立即淘汰。其次是将剩余资源向其他产品转移	整顿产品系列，最好将瘦狗业务与其他事业部合并，统一管理

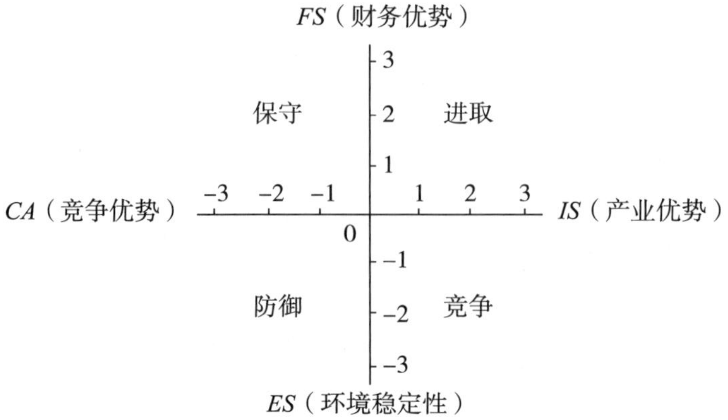

图 3－10　SPACE 矩阵象限图

SPACE 矩阵的四个象限分别表示企业采取的进取、保守、防御和竞争四种战略模式：

1）进取型。产业吸引力强、环境不确定因素极小，企业有一定竞争优势，并可以用财务实力加以保护。此时，企业可采取发展战略，即可以利用自己的内部优势和外部机会选择自己的战略模式。如市场渗透、市场开发、产品开发、后向一体化、前向一体化、横向一体化、混合式多元化经营等。

2）保守型。企业处于稳定而缓慢发展的状态，竞争优势不足，但财务实力较强。此时，企业应该削减其产品系列，争取进入利润更高的市场。如市场渗透、市场开发、产品开发和集中多元化经营等。

3）防御型。企业处于日趋衰退且不稳定的环境，缺乏竞争性产品且财务能力不强，此时，企业应该考虑退出该市场，集中精力克服内部弱点并回避外部威胁，如紧缩、剥离、结业清算和集中多元化经营等。

4）竞争型。产业吸引力强，但环境相对不稳定，公司占有竞争优势，但缺乏财务实力，此时，企业应该采取竞争性战略，包括后向一体化战略、前向一体化战略、市场渗透战略、市场开发战略、产品开发战略及组建合资企业等。

（3）政策导向矩阵。进行战略评价的另种方法是由荷兰皇家壳牌石油公司发展的政策导向矩阵。和前面提到过的一些方法一样，这种政策矩阵用于考察业务单位由其前景和竞争能力所决定的业务发展状况。盈利能力、市场增长率、市场质量和政府管理措施等因素用来确定业务单位前的优劣等级；最有吸引力的、一般的或无吸引力的。市场地位、生产能力和产品研究与开发等因素则决定业务单位的竞争地位的强弱。

战略决策的制定者常常对未来进行再评估，随着事态的发展和不断发现的新情况，及时对企业的资源进行调整求得新的平衡。决策过程总的来说是动态的，没有真正的开始或结束。

3.3.3 物流系统战略的实施

1. 物流战略实施的原则

（1）开放性。是指在边界上与环境有信息、物资交互作用的系统。而物流系统不断从外界获得商品、服务和信息，同时又向外界传递商品、服务和信息，以维持物流体系内系统与物流体系外系统之间的相互联系。

（2）关联性。体现在物流打破了运输环节独立于生产环节之外的行业界展。通过供应链的概念建立起对企业供产销全过程的计划和控制，从整体上保证最优化的生产体系设计和运营。

（3）评估性。物流战略实施时要对有关组织或企业全体员工，包括高层领导在内的业绩进行不断地评估监控，只有通过定期的评估才能把握整个战略实施的情况和进度，而不至于被账面数字所迷惑。

（4）标准化和规范化。国际标准化组织已制定了200多项与物流设施、运作模式和管理、基础模数、物流标识、物流数据信息交换等的相关标准，许多发达国家在此基础上也相继制定了与国际标准化相兼容的系列标准。

（5）信息化。是促使商品生产向个性化发展的有利途径。以现代电子网络为平台的信息流，极大地加快了物流信息的传递速度，提高了物流系统的运营效率。

（6）和谐化。系统有自然系统和人造系统之分，物流交通系统属于人造系统。人造系统对自然系统的不良影响已日益成为人们关注的重要问题。

2. 物流战略实施的内容

物流战略实施的核心内容主要概括如下。

（1）总体集成方案。从整体功能和流程的角度完成物流系统的设计，确定系统原则和主要解决方案，包括不同层次和不同部分之间及与系统外部的连接方案。

（2）设备层的集成。从设备操作和货物处理层考虑解决方案，确定货物品种、规格、性质等，从而确定系统承载、速度、坡度、温度等技术规格，同时确定不同功能设备之间货物的缓冲、传递和意外处理等环节。

（3）控制层的集成。不同的功能设备组成包括控制分组、控制信息网络形式、控制信息交换内容和协议、控制系统层次划分、系统冗余和备份、不同系统之间的信息交换等。

（4）管理层的集成。包括管理信息流的组织与控制，不同层次和功能区之间仓库管理系统的交换内容和通信协议、网络形式、信息输入/输出、信息加工、存储、备份、仓储管理层与企业ERP系统之间的集成、操作规则的确定、业务数据流的内容和交换协议、系统安全和备份。

3. 物流战略实施的要素和模式

（1）要素。物流战略实施的要素如图3－11所示。

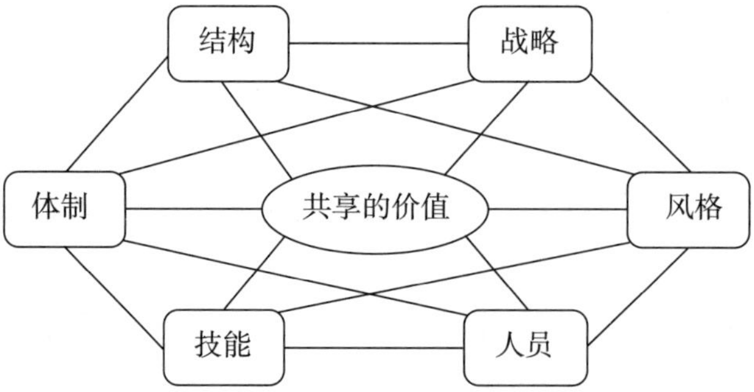

图3－11　物流战略实施的要素

1）战略。获得超过竞争对手的持续优势的一组紧密联系的活动。

2）结构。组织结构图及其相应的部分，它表明报告的传递者及接受者、任务的分工及整合。

3）体制。表明使日常工作完成的过程及流程，包括信息系统、资本预算系统、制造过程、质量控制系统、绩效度量系统。

4）风格。集体管理人员所花费时间和精力的方式，以及他们所采用的代表性的行为方式所表现出的例证。

5）人员。是指企业中的人员分布状况。

6）共享的价值。是指使企业保持团结和一体的那些具有指导性的观念、价值和愿望等，即公司的哲学或文化。

7）技能。企业作为一个整体所具有的能力。

（2）模式

1）指令型模式。是企业高层管理人员或者其委托者制定战略，而下属的主要任务是实施，高层往往不参与具体实施。

2）转化型模式。也称为变革型模式。是由高层管理人员重点研究如何在企业内实施战略，并且为有效地实施战略而设计适当的行政管理系统。

3）合作型模式。是由战略制订者充分调动各方面的积极性，并充分发表自己的意见和方案，战略制订者实际上是一个协调员的角色。

4）文化型模式。这种模式扩大了合作型合作的范围，包括企业基层的职工。企业的战略制订者主要倡导企业使命、价值观并引导员工建立正确的价值、态度取向，然后鼓励企业职工根据企业使命去设计自己的工作活动，甚至让个人做决策。

5）增长型模式。集中来自实践第一线的管理人员的经验与智慧，而高层管理人员只是在这些战略中做出自己的判断，并不将自己的意见强加于下级。

4. 物流战略资源的配置

企业战略资源的配置是指按战略资源配置的原则方案，对企业所属战略资源进行的具体分配。企业在推进战略过程中所需要的战略转换往往就是通过资源分配的变化来实现的。企业战略资源的分配一般可以分为人力资源和资金的分配两种。

（1）人力资源的分配。包括：为各个战略岗位配备管理和技术人才，特别是关键岗位上关键人物的选择；为战略实施建立人才及技能的储备，不断为战略实施输送有效的人才；在战略实施过程中，注意整个队伍综合力量的搭配和权衡。

（2）资金的分配。企业中一般采取预算的方法来分配资金资源，而预算是一种通过财务指标或数量指标来显示企业目标的方法。

5. 物流战略实施计划的制定程序

（1）收集资料。收集制订计划所需的相关资料，包括企业内部和外部的相关资料。

（2）确定计划执行需要的前提条件。可以分为内部和外部的前提条件、可控和不可控前提条件、关键性和一般性前提条件等。

（3）任务与目标分解。根据企业经营战略，提出企业的总目标和总任务，再将目标和任务分解到各个部门和岗位，分解到责任点上，保证目标一致，形成目标结构和目标体系。

（4）综合平衡。包括各环节、各部门的协调和衔接，时间和空间的平衡，组织活动和组织资源的平衡等。

（5）编制并下达计划。

3.3.4 物流系统战略的控制

1. 战略控制的类型

（1）回避控制问题。管理人员可以采取适当的手段，避免不良的情况发生，从而达到避免控制的目的。具体的手段有高效自动化、管理集中化、风险共担、转移或放弃某些经营活动等。

（2）具体活动的控制。是保证企业职工能够按照企业的预期进行活动的一种控制手段，其具体做法主要有以下三种方式。

1）行为限制。一是利用物质性的器械或设施来限制员工的行为；二是利用行政管理上的限制，使员工必须按照各自的职责进行工作。

2）工作责任制。确定企业允许的行为界限，让职工按照一定的规章制度工作。

3）事前审查。是指在职工完成工作前所做的审查，可以纠正潜在的有害行为，达到有效的控制。

（3）绩效控制。以企业的绩效为中心，通过绩效责任制来达到有效的控制。绩效控制系统一般要求确定预期绩效的范围；根据绩效范围衡量效益；根据效益对那些实现绩效的人员给予奖励，对没有完成绩效的人给予惩罚。

（4）人员控制。最重要的是建立具有内在凝聚力的目标和高效协作的工作团队，促成同事间的互相控制。

2. 战略控制与评价的过程

物流战略控制是指按照物流战略目标对物流系统在状态空间中的各种可能状态进

行选择：使物流系统运行达到或趋近这些被选择的状态，对不断变化的环境监控的过程，预见到可能需要采取某些修正措施使实施情况与战略计划实施情况相吻合的一种管理过程。如图 3－12 所示。

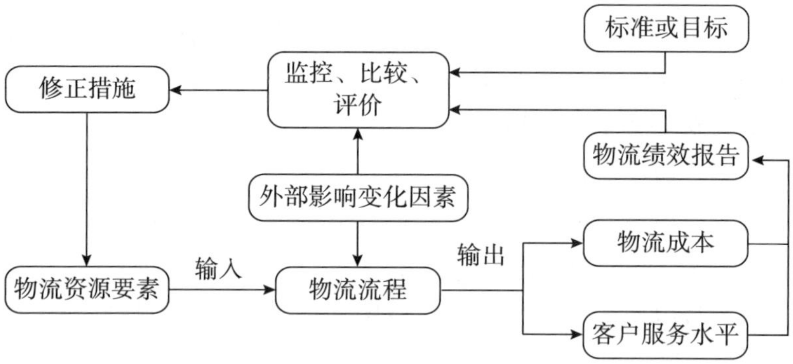

图 3－12　物流战略控制过程

物流战略控制的基本过程包括以下四个步骤：

（1）确定评估标准。制订评价计划和评估标准。可以根据预期的目标或者计划制定出应当实现的绩效目标。

（2）监测绩效。判断和评估实现绩效的实际条件。需要收集和处理数据，进行具体的职能控制，并对环境变化的信息做出反应。

（3）评估实际绩效。需要用实际绩效和指标与计划绩效和指标进行比对，确定差距，并尽量分析出形成差距的原因。

（4）纠正措施和应变。考虑纠正措施或者制订应变计划。

学习探索

人工智能在物流领域的六大应用

第一，车货匹配系统。物流企业可以利用人工智能技术，结合自身资源打造全新的货运匹配平台，基于自身货源建立数字化货运平台，低价获取社会运力。

第二，无人驾驶体系。使用机器深度学习打造无人物流驾驶体系。商用车无人驾驶技术会在港口等特殊场景率先使用，在高速公路干线得到普及，并与车联网车路协同等技术结合，推动整个公路运输体系智能化。

第三，图像、视频识别。结合 GIS、多媒体压缩和数据库技术，有效地建立可视化的仓储管理、订单管理、车辆管理系统。在智能仓库管理系统中，基于图像、视频识别分析技术的监控设备将视频、图像等数据信息汇集于主控中心，便于各级决策人获得前端仓库异常状况，从而实现即时决策、指挥调度、调查取证。

第四，语音识别技术。在物流领域，语音识别已成为电话信道上最为重要的应用之一。基于语音识别技术的客服座席，可实现客户语音的可视化和智能分析，辅助人工迅速完成词条和关键字识别，并进行关键知识库与知识点的搜索匹配，从而提高物流行业客服座席的工作效率、服务质量与电话接通率。

第五，智能化场站管理。为实现垛口、车辆、物理格口的自动协同，进场车辆调度引导、智能停靠，可通过对运输车辆进行智能扫描、装卸垛口加装智能传感器等手段。在智能仓库作业环境中，对搬运机器人、分拣机器人与机架进行有序操作与协作，能够极大提升仓库操作的处理速度、拣取精度和存储密度。

第六，物流运营管理。人工智能结合大数据分析，在物流转运中心、仓库选址上能够结合运输线路、客户分布、地理状况等信息进行精准匹配，从而优化选址、提升效率。

（资料来源：人工智能在物流领域的6大应用方向［EB/OL］. 哔哩哔哩，2020－08－17.）

案例分析

迎接大数据时代　中通快递发布五新战略

“科技创新是中通未来一定要走的路。到2020年，中通的部分分拨中心，已经做到无人化操作。”在中通上海总部，一场主题为智网·链物的数字活动，揭秘了大数据时代，数字中通的最新成果——大数据平台可以支撑百亿级数据量的实时分析；路由仿真系统通过海量快件数据的模拟仿真，找到综合成本更优的班车线路计划；通过预测中转中心每天进出港的单量和分布时间，智能安排人员及班次，降低人工成本；快件时效预测提前告知客户包裹的预计到达时间，让消费者获得快递时效安全感……

“让科技帮助中通发现问题、解决问题，未来甚至可以预防问题。”中通董事长说，中国快递市场潜力大、前景好，快递业还将保持中高速增长，中通对于科技创新的投入，不是选择题而是必答题。科技创新一定是中通未来必走之路，公司对科技创新的投入只增不减，上不封顶。

2019年第一季度，中通的快递业务量居行业之首，市场占有率达到18.6%，调整后净利润同比增幅达27.6%。优异的业绩背后是一群IT精英利用科技的力量，一分一分地降本增效。中通副总裁、科技信息中心负责人表示，中通对科技的态度已经转变，智慧、洞见、创新＋自我意识是中通科技3＋1的战略，未来的中通一定是科技的世界。

中通新阶段的发展管理五新战略。

第一，新机制。中通产业生态业务板块均采用新体制的合伙人模式，所有参与管理的人都是股东。生态圈的新机制不仅能够激励、激发内生动力，更能创造市场活力。

第二，新活力。2018 年起，中通开始启动百优千人计划，每年从基层员工中选拔100 位储备干部进入管理体系。

第三，新赛道。“中通不仅是一家快递公司，更是一家平台公司。今天新赛道的竞争已经不单单是快递竞争，而是全链路综合服务的竞争，是生态链的竞争。”中通董事长表示，中通将采用同建共享的理念，把资源效应最大化，从单点突破向从点到线、到面的迈进。

第四，新科技。中通会继续加大对信息化、数字化、智能化的投入。目前，中通快递的电子面单使用率高达 99.9%，基本实现全覆盖。当整条链上的数据实现数字化，智能分拣效率将大幅度提升，信息科技将不仅仅是发现问题、解决问题，未来甚至能够帮助管理，预防问题。

第五，新担当。有社会担当的企业才能走得更远。“解决社会问题，承担社会责任、降低物流成本、实现用户价值……今天，中通更多的责任是社会担当。”中通董事长表示，这样才能实现成为世界一流综合服务商的目标。

（资料来源：迎接大数据时代 中通发布“5 新”战略［EB/OL］. 中国物流与采购联合会，2019 - 06 - 06. ）

复习思考题

1. 简述物流战略的概念及其基本内容。
2. 简述制订物流战略的重要性及其意义。
3. 物流战略在制订时包括哪些目标?
4. 简述物流战略规划的框架。
5. 列举几种常用的战略制订方法。
6. 战略控制的类型和步骤有哪些?
7. 简述中通制订“五新”战略的思路是怎样的。
8. 在移动互联网与大数据时代，物流企业应该怎样管理自身的发展战略?

第 4 章

物流系统网络规划与运作

现代物流体系就像人体的血液循环体系一样，必须有一个完善的通道平台做支撑方能实现其流动的功能。可以说物流网络化是现代物流的主要特征，而物流网络结构的完善程度是企业物流运行能力的体现。因此，物流网络体系规划建设对企业物流系统构建来说就显得尤为重要。本章主要阐述物流网络结构的构成，分析其规划过程，重点介绍构成物流网络节点的设施场址选择与评价。

本章学习目标

1. 掌握物流网络的概念、特征及构成。
2. 熟悉物流网络系统的多种结构模式。
3. 熟悉物流网络系统规划的原则、内容及影响因素。
4. 了解物流网络系统规划的几种方法。

案例引导

美团配送品牌发布全球领先的分钟级配送网络宣布开放

2019 年美团在北京召开发布会，正式推出新品牌美团配送，并宣布开放配送平台。据悉，美团配送将在技术平台、运力网络、产业链上下游等方面向生态伙伴开放多项能力，帮助商流提升经营效率，推动社会物流成本降低，助力实体经济发展。

在技术平台方面，美团配送依托于美团超脑即时配送系统，实现全系统派单，大大提升了配送效率。美团超脑即时配送系统，在高峰期每小时路径规划高达 29 亿次，平均 0.55 毫秒为骑手规划 1 次路线，平均配送时长目前已经缩短至 30 分钟以内。

在运力网络方面，美团配送针对便利店、传统商超、近场零售、写字楼等不同场景，已经形成了 4 种运力网络模式：点对点网络的巡游模式，星型网络的星系模式，前置小仓 + 配送的仓配一体模式，配送 + 智能末端的智能末端模式。不同的运力网络模式，结合超脑即时配送系统以及无人配送车等智能装备，可以满足不同的配送场景和不同商家的需求，提升配送效率，降低物流成本。

（资料来源："美团配送"品牌发布 全球领先的分钟级配送网络宣布开放 [EB/OL]. 亿欧网，2019-05-06.）

问题

1. 美团配送为了实现配送网络优化采取了哪些措施？

2. 深入理解美团所采取的网络配送，在大数据时代还可以运用哪些方法来实现物流系统网络优化？

4.1 物流网络系统概述

4.1.1 物流网络的概念

物流网络系统简称物流网络，它是物流系统的空间网络结构，是物流活动的载体。它是指货物从供应地到需求地的整个流通渠道的结构。从图论的角度，可以把物流网络系统的结构抽象成由点与线及它们之间相互关系所构成的网络。网络中的链代表不同库存储存点之间货物的移动。这些储存点（零售店、仓库、工厂或者供应商）就是节点。任意一对节点之间可能有多条链相连，代表不同的运输形式、不同的路线。节点也代表那些库存流动过程中的临时经停点，如货物运达零售店或最终消费者之前短暂停留的仓库。

和物流网络相配合的还有信息网络，其中包含关于销售收入、产品成本、库存水平、仓库利用率、预测、运输费率及其他方面的信息。

4.1.2 物流网络的特征

1. 物流网络的整体性

物流网络系统的节点和线路是相互依赖和相互联系的，它们共同构成一个有机整体，实现物流运作的综合功能，发挥着 1+1>2 的整体效应。物流网络系统不是各节点和线路组成的简单集合，节点和线路的连接有一定的规律性和随机性，这种连接是以实现物流网络系统的整体效果为目标的。

2. 物流网络的层次性

组成物流网络系统的节点和线路在规模、地理区位和功能等方面都存在着差异，这种差异使物流网络系统对外体现出一定的层次性，如区域和城市的物流网络系统。

3. 物流网络的环境适应性

物流网络系统规模、物流节点规模及线路规模等会随着区域的经济、交通、区位环境的改变而改变，从而带来物流系统服务能力的增强或减弱。

4. 物流网络的复杂性

物流网络系统的复杂性体现在组成物流网络系统要素的复杂性，有时构成物流网络系统的要素本身就是一个复杂的集合体，如物流园区、物流中心中就含有许多典型的物流基础设施和物流功能。

5. 物流网络的服务性

物流网络运作的最终目标是将主流物品以最低的成本在有效率的时间内完好地从业务供给方输送到需求方，逐步形成实现按需送达、零库存，短在途时间、无间歇传送的理想状态，使传统物流运作并行于业务信息流、资金管理流而最终能够以低廉的物流成本及时地完成。

6. 物流网络的开放性

物流网络节点信息网络的实际经营运作及其实际应用管理是完全建立在开放的企业物流节点网络运营管理理念基础上，每个开放物流网络节点之间甚至可以与其他任何一个物流节点随时随地发生相互信息联系，快速方便相互交换各个物流节点信息，协同物流协作高效处理各个物流节点业务。

7. 物流网络信息的先导性

信息化交流在我国物流企业网络建设运作发展过程中起着引导和推动整合性的作用。通过推进物流业务信息网络的有效构建，真正做到实现每个物流节点及时回答其他各个节点的业务询问，向其他各个节点及时发出物流业务处理请求，根据其他各个节点的业务请求和节点反馈情况提前完成安排各项物流业务作业。信息化交流在企业物流管理过程中已经起到了事前自动测算物料流通路径，即时自动监控物料输送流通过程，事后及时反馈数据分析的重要作用，引导并有效整合企业的物流管理过程。

8. 物流网络的外部性和规模效应

网络经济的一个基本特征也是一个特定网络的用户价值取决于已经成功连接到网络其他人的数量，称为网络经济效应或者是网络的外部性。网络将各个分散的网络节点之间连接为一个有机网络整体，系统不再以单个分散节点作为网络中心，系统网络功能也被分散聚集到多个节点上并进行综合处理，各分散节点间交叉进行联系整合形成一个网状网络结构，大规模节点联合网络作业大大降低了系统的一个整体网络运行管理成本，提高了系统工作效率，也大大降低了系统对单个分散节点的网络依赖性，抗网络风险防御能力明显得到增强。

4.1.3 物流网络的构成

1. 物流网络的构成要素

物流过程如果按其运动的程度即相对位移的大小来观察，又可看作由多次的运动—停顿—运动—停顿所组成，与这种运动形式相对应，物流网络系统结构也是由执行运动使命的各种运输方式和执行停顿的节点两种基本要素组成。各种运输方式与节点相互联系、相互匹配，通过不同的连接方式与结构组成，形成不同的物流网络系统。物流网络系统辐射能力的大小、功能的强弱、结构的合理与否直接取决于网络中这两个基本元素的匹配程度与方式。

按照网络的一般定义，可以将物流网络系统定义为由物流节点集和物流通道集组成的集合，集合体中的构成元素之间相互制约、相互联系，可用下面的数学表达式抽象地表示物流网络系统：

$$LSN = (N, L, R)$$

式中，LSN 为物流网络系统；N 为物流网络系统内的节点元素的集合；L 为物流网络系统内的物流通道元素的集合；R 为元素间各种关系的集合。

按照这一定义，物流网络系统由物流节点和物流通道两个基本要素组成。物流网络系统服务水平高低、功能强弱取决于网络中两个基本要素的配置和两个基本要素本身。除此以外，物流网络系统的构成要素还包括厂商、客户、信息系统、物流网络组织等。物流网络系统的组成要素如图 4－1 所示。

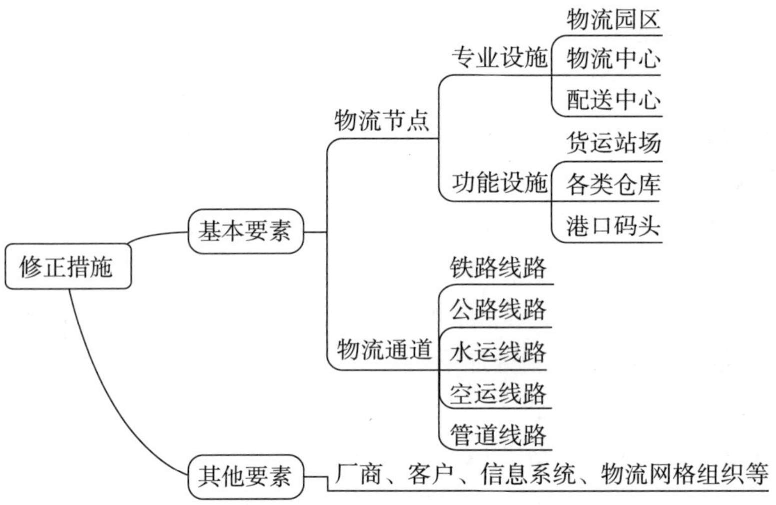

图 4－1　物流网络系统的组成要素

（1）基本要素

1）物流通道。广义上是指所有可以行驶和航行的陆上、水上、空中路线。狭义上仅指已经开辟的，可以按规定进行物流经营的路线和航线。物流线路有铁路线路、公路线路、水运线路、空运线路、管道线路等类型。

2）物流节点。根据不同物流节点的功能和规模，确定合适的物流节点配置，为物流网络功能的实施提供支撑，物流中心和配送中心是物流网络系统的重要节点。

（2）其他要素

2. 物流网络系统的结构

（1）物流网络系统结构的内涵。物流要素相互联系的整体形态就表现为网络的结构，即各要素在时间和空间上的排列顺序构成了物流网络系统的结构。图 4 -2 为供应链上一种典型的物流网络结构，而实际中的物流网络往往比这种结构还要复杂①。

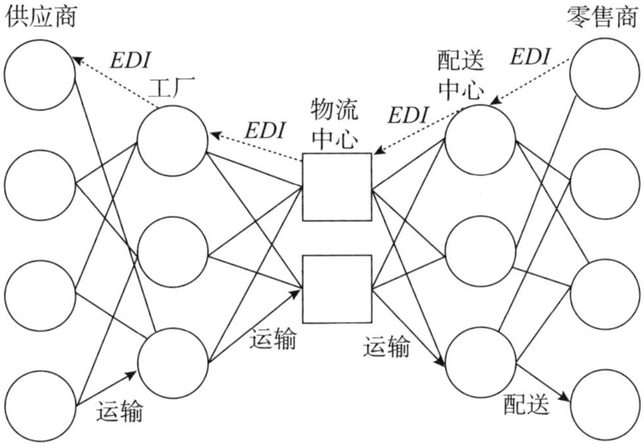

图 4 -2　供应链上一种典型的物流网络结构

（2）物流网络系统的结构类型

1）按照结构复杂程度分类。根据物流网络系统点线联系之间的结构复杂程度划分，物流网络系统可以分为五类，如图 4 -3 所示。

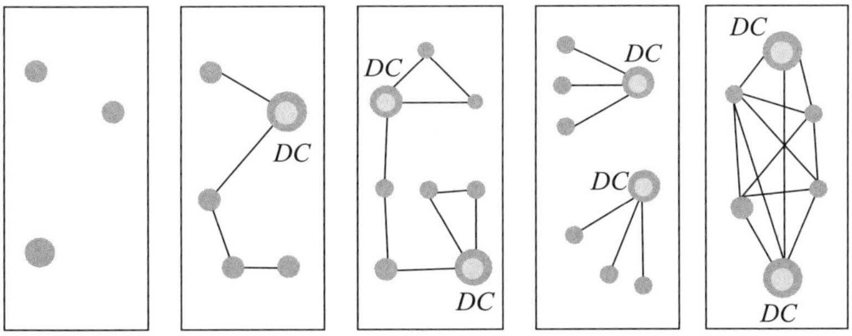

图 4 -3　物流网络系统的基本结构

①点状结构。由孤立的点组成的物流网络，这是物流网络系统结构的一种极端情况，如图 4 -3（1）所示。

②线状结构。由点和连接这些点的线组成且满足以下两个条件：两点之间只有一条线，线没有连成圈，如图 4 -3（2）所示。农副产品供应链可能是这样的，在产地建立配送中心先将农副产品搜集起来，然后卖给公路线上的各个销售点。

---

① 吴桐雨，王健. 基于多层复杂网络的物流枢纽城市多尺度分析及发育评价［J］. 交通运输系统工程与信息，2019，19（1）：33 -39.

③圈状结构。由至少包含一个连接成圈的线组成的物流网络，这是一种物流效率比较高的物流网络结构，如图4－3（3）所示。

④树状结构。无圈但能够连通的网络，如图4－3（4）所示。

⑤网状结构。由点点相连的线组成的网络，是一种非常复杂的网络结构，如图4－3（5）所示。

2）按照货物从供应地到需求地的连接形式分类。不同的物流网络系统因功能目标不同需要有不同的物流网络系统结构模式。如图4－4所示。

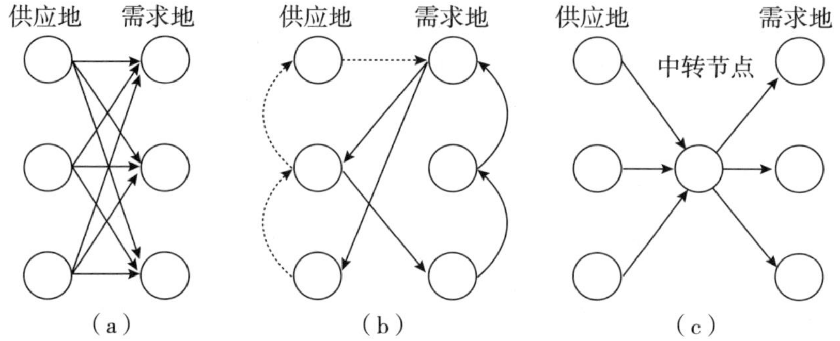

图4－4　物流网络系统的典型结构模式

图4－4中，（a）为物流直送模式示意图，即一个或多个供应地直送到一个或多个需求地。（b）为回路运输模式示意图，即从一个供应地提取的货物连续运送到多个需求地，或者从多个供应地连续搜集货物后送至一个需求地。这种运送的线路是一种旅行商问题（TSP）的线路结构，也称为送奶路线（Milk Run）网络结构。（c）是多个供应地通过物流枢纽节点处理后配送到多个需求地的示意图。多个供应地可以用直送方式运到物流枢纽节点，也可用送奶路线方式集货到物流枢纽节点。

3）按物流核心层次与物流流向分类

①单层核心节点结构。其物流网络的物流核心活动都发生在核心节点上，厂商与客户的物流活动会依赖核心节点来完成，如图4－5所示。物流活动的完成大致过程是：厂商—物流中心—客户。

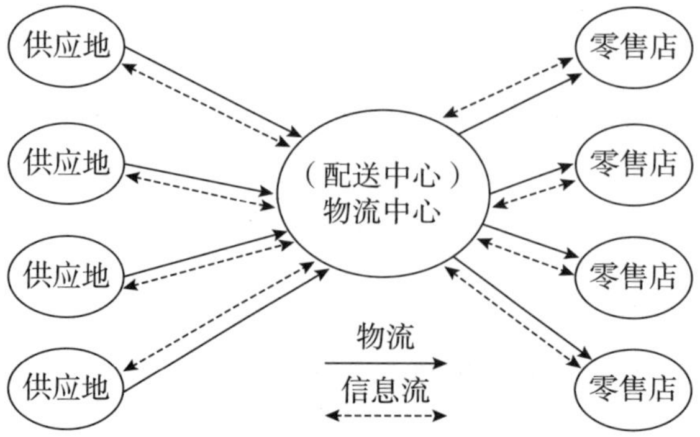

图4－5　单层核心节点结构

根据单层核心节点结构的特点，这种物流网络结构模式适合在小的经济区域内采用。

②双层核心节点单向结构。其物流网络的主体物流活动发生在两层核心节点上，如图 4－6 所示。物流活动通过如下过程实现：厂商—物流中心—配送中心—客户。这种物流网络结构模式广泛存在于一些范围较大的经济区域内。

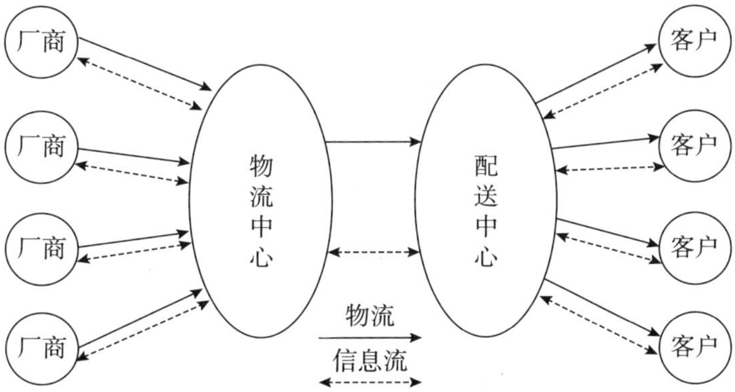

图 4－6　双层核心节点单项结构

③双层核心节点双向结构。在该模式下，物流服务网络的主体物流活动仍发生在两层核心节点上，其双向性体现在：随着环境与厂商和客户需求的变化，物流中心与配送中心功能会对调，或者说物流中心和配送中心都同时具备双重功能，如图 4－7 所示。其物流活动的实现过程如下：厂商—物流中心—配送中心—客户。

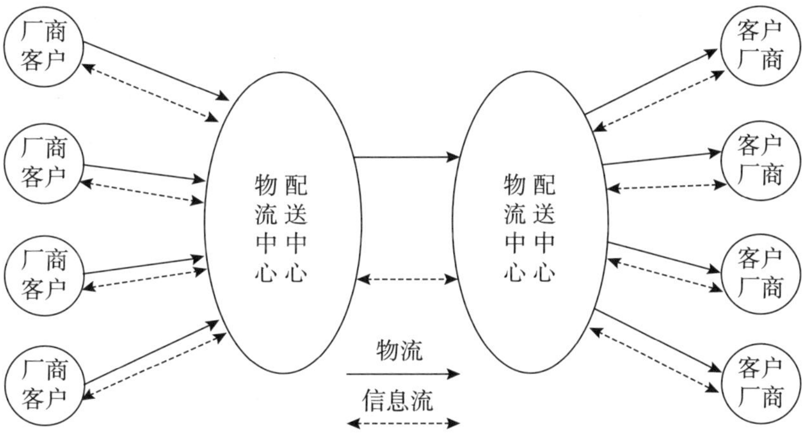

图 4－7　双层核心节点双项结构

4）按网络节点空间关系分类。根据网络节点的空间关系，物流服务网络的结构类型主要有一对多网络结构、多对一网络结构、多中心多层次网络结构、点轴网络结构和复合型网络结构等。

①一对多网络结构。该结构是以一点为核心，呈放射状分布，如图 4－8 所示。典

型的一对多网络结构有星形网络和扇形网络。一对多网络结构在工厂—配送中心或者单个配送中心—客户的关系中最为常见。该结构的特点是货物从中央配送中心分发配送到多个下一级配送中心（如区域配送中心），货物的流经层数可以有多层。

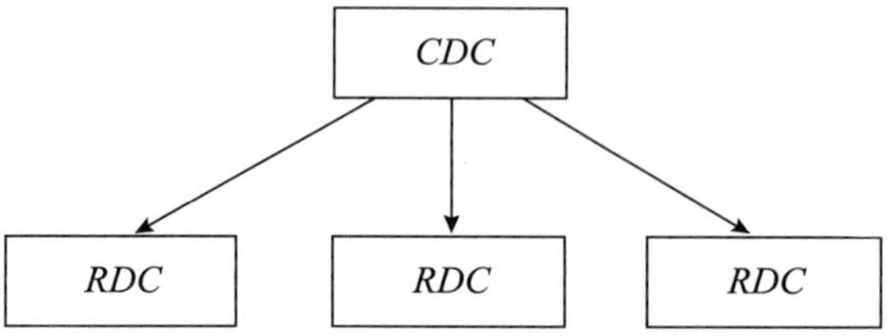

图 4 -8　一对多网络结构

注：CDC—中央配送中心 RDC—区域配送中心，相当于 CDC 的下一级单位

②多对一网络结构。如图 4 -9 所示，也是扇形网络结构的一种。多对一网络结构多应用于生产企业的原材料供应，或者多个分厂同时为一个总装厂提供部件等情况。

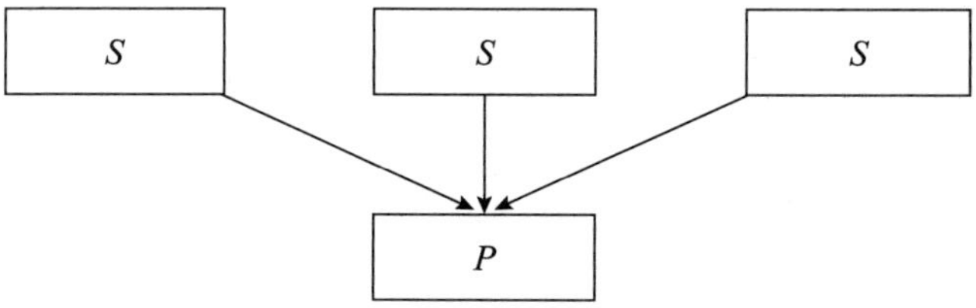

图 4 -9　多对一网络结构

注：S—上一级供应商或分厂 P—下一级生产企业或总装厂

③多中心多层次网络结构。也称为多对多网络结构，如图 4 -10 所示，是不同地域之间相互联系、密切合作所形成的一种物流服务网络。它是生产社会化和社会分工协作发展到一定阶段的产物，也是物流服务网络发展的必然趋势，其典型形式为网格形的网络。该网络结构还可以细分成一级物流网络结构、二级物流网络结构和多级物流网络结构。大批量的生产和销售多采用这种物流服务网络结构，它可以避免中间不必要的库存，从而大大降低物流费用。

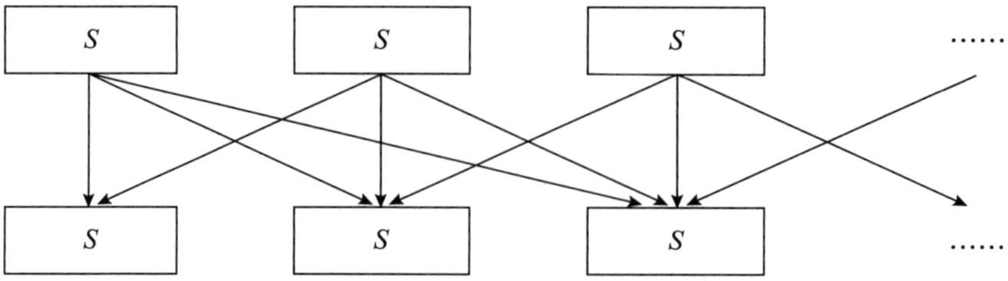

图 4 -10　多中心多层次网络结构

注：S—上一级供应商或分厂 P—下一级生产企业或总装厂

④点轴网络结构。是消费者大多产生和集聚在一点，形成大小不等的市场，而相

邻节点间的相互作用力并不是平衡辐射，而是沿交通线、资源供应线进行。以点轴为核心的社会经济系统呈现沿干线以带状分布为主，物流服务网络在沿线重要交通站点及枢纽呈放射状分布，带形网络结构和环形网络结构是两种典型的点轴网络结构形式①。

⑤复合型网络结构。是指由两种及以上网络结构组合而成的一种新型网络结构，它更能适应社会经济发展的特殊需要。各种物流服务网络结构的简化图如图 4－11 所示。

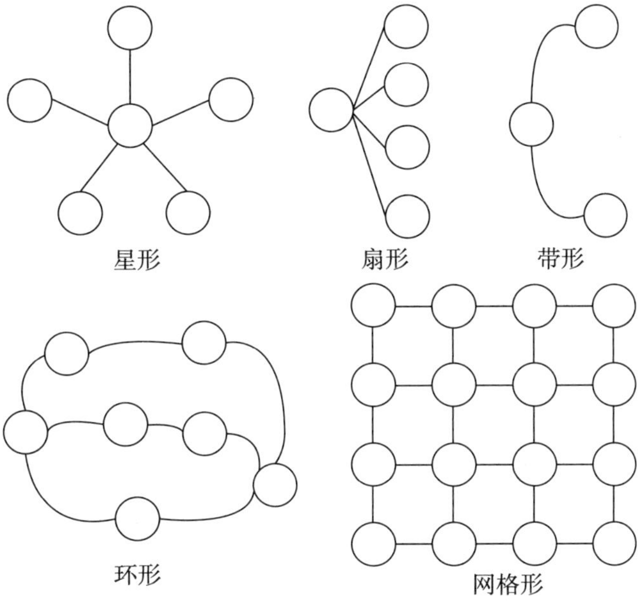

图 4－11　物流网络的结构类型

名人故事

“中国集装箱之父”李克麟自述

20 世纪 70 年代，我在当船长的时候，看到国外航运业发展很快。1960 年年初，国外就在搞集装箱航运了，当时中国还是老式的杂货装卸，一包一包货物扛上码头，再吊上船去，速度很慢。到了 1970 年，日本的集装箱航运已经发展很快了，进出日本港口的船都是 2500～3000 箱的船，我当时看这些船都觉得很大。

当时跟公司合作的日本代理公司跟我商量，能不能在我们装杂货的船上也装一些集装箱。当时试的还不是标准的 20 寸集装箱，是小的集装箱，因为担心上海的码头设

① 朱小林，李敏．考虑碳排放的冷链物流轴幅式网络多目标优化［J］．计算机应用与软件，2021，38（3）：256－263.

备吊不起来大的集装箱。我记得是1973年，我们在船甲板上试装了二三十个集装箱，运到日本。1977年，我当盐城号船长时，也试过装集装箱，装的是标准20寸的。上海港当时比较落后，没有集装箱的桥吊，就是用一般的桥吊吊的，装卸速度很慢。尽管这样，但也算是开创了杂货船捎带集装箱运输的先河。

后来，上海公司、北京总公司都有发展集装箱航运，向国外学习先进技术的想法，于是，公司就和丹麦的宝隆洋行合作。宝隆洋行下面的公司有2000多箱的船，由他们来对我们进行培训，我们从集装箱最基本的概念开始学习。上海公司也派了一些船长和大副去丹麦跟船学习。1978年9月，上海远洋公司第一条半集装箱船、也是中国第一艘半集装箱船——平乡城号，装了100多个集装箱首航澳大利亚，中远集团以上海远洋公司为代表开始了集装箱运输。

（资料来源：中国快递教父：他差点收购顺丰，却最终败走快递江湖！[EB/OL]. 百家号，2017－12－31.）

4.2 物流网络系统规划

4.2.1 物流网络系统规划的原则

物流服务网络是以多个物流节点统一布局、合理分工、相互衔接，形成覆盖一定区域范围的网络。构建物流服务网络，关键是确定各物流节点，特别是物流中心和配送中心的区域布局，以及据此确定具体物流中心和配送中心的任务和规模。为了达到物流网络系统节约社会资源、提高物流效率的目标，在构建物流服务网络时应遵循以下原则。

1. 按经济区域建立网络

在一个经济区域内，各个地区或企业之间经济上的关联性和互补性往往会比较大，经济活动比较频繁，物流规模总量较大，物流成本占整个经济成本的比重大，物流改善潜力巨大。因此，在经济关联性较大的经济区域建立物流网络非常必要，要从整个经济区域的发展来考虑构建区域物流网络。

2. 以城市为中心布局网络

作为厂商和客户的集聚点，其基础节点建设和相关配套支持比较完备，作为物流网络布局的重点，可有效地发挥节省投资和提高效益的作用。因此，在宏观上进行物流网络布局时，要考虑物流网络覆盖经济区域的城市，把它们作为重要的物流节点；在微观上进行物流网络布局时，要考虑把中心城市作为依托，充分发挥中心城市现有的物流功能。

3. 以厂商集聚形成网络

聚集经济是现代经济发展的重要特征，厂房集聚不仅降低运营成本，而且将形成巨大的物流市场。物流作为一种实体经济活动，显然与商流存在明显区别，物流活动对地域、基础节点等依赖性很强，因此，很多企业把其生产基地设立在物流网络的中心。

4. 建设信息化的物流网络

物流信息系统作为物流网络的一个重要组成部分，发挥着非常重要的作用。物流信息系统通过搭建物流网络信息平台，通过物流信息的及时共享和对物流活动的实时控制，能够大大提高物流网络的整体效率。

4.2.2 物流网络系统规划的内容及影响因素

1. 物流网络系统规划的内容

物流网络系统规划要确定产品从供应地到需求地流动的结构，包括使用何种节点、节点的数量、节点的位置、节点之间采用的运输方式及如何进行服务等，所以在进行规划时，应重点关注以下几方面内容。

（1）物流节点的规划。根据不同物流节点的功能和规模，确定合适的物流节点配置，为物流网络功能的实施提供支撑。物流园区、物流中心和配送中心是物流网络的重要节点。

（2）物流线路的规划。也称为物流通道规划。从宏观层面来说，就是对各种运输方式的网络配置。从微观层面来说，就是充分利用企业已形成的网络，制订满足一定物流服务需求的物流线路方案。

（3）信息网络的规划。物流信息的及时传递、共享及信息的处理都会对整个物流网络的效率产生重要影响，所以在物流网络系统规划时，既要考虑有形的节点硬件建设，更要考虑无形的信息网络体系建设。

（4）物流网络组织的规划。物流网络的运行离不开组织管理，因此在进行物流网络系统规划时不仅要考虑节点等的配置，还要考虑人力资源的配置及对整个物流网络的组织管理。

2. 物流网络系统规划的影响因素

（1）物流量的大小与流向。进行物流网络系统规划需要综合考虑物流量的大小和流向，这样才能保证物流线路和物流节点的容量、位置、规模等设计的合理性，保证物流设施运行的高效率。

（2）物流服务对象的分布。物流网络系统规划必须考虑物流服务的客户分布，从而进行物流节点位置和规模的设计，如果物流的服务客户主要是流通的零售店，大部分分布在人口密集的地方，那么物流节点的选址应该在客户分布地区的附近。

（3）交通条件。是影响物流的运输成本及效率的重要因素之一，在选择物流节点位置时必须特别考虑道路交通的条件，一般物流网络节点应尽量选择在交通方便的高速公路、国道及快速道路附近的地方。

（4）人力资源条件。是物流网络系统规划尤其是物流节点选址所必须考虑的主要内素之一。人力资源条件包括人口、上班交通条件、薪资水准等几项。

（5）城市的扩张与发展。既要考虑城市扩张的速度和方向，又要考虑节省分拨费用和减少装卸次数。一般道路通达之后，立即就有住宅和工商企业兴起，城市实际上沿着道路发展和迁徙，物流节点的选择也不是固守一地的。

（6）土地因素。可分为工业区、住宅区、商业区、农业区、仓储区或物流专业园区等几种用地性质，而大部分的物流节点是在工业区设置，也有一部分是在住宅区、商业区及农业区设置。

（7）自然环境因素。事先了解自然环境条件有助于降低物流网络系统建构的风险，自然环境因素一般包括地理因素和气候因素。

（8）政策环境因素。是影响物流网络系统规划的主要因素之一，如果有政府政策的支持，则更有助于物流业者的发展。政策环境因素包括企业优惠措施（土地提供、减税）、城市规划（土地开发、道路建设计划）、地区产业政策等。

4.2.3 物流网络系统规划的方法

规划设计的问题可以抽象地表述为物流网络节点与节点之间的连接链的问题。以下介绍几种常用的定性、定量方法。

1. 德尔菲法

德尔菲法的实质是利用专家的知识和经验，对那些带有很大模糊性、较复杂且无法直接进行定量分析的问题，通过多次填写征询意见表的调查形式取得测定结论的方法。

2. 解析方法

解析方法是通过数学模型进行物流网络系统规划设计的方法，是对许多定量的数学方法的一个统称。概括来说，使用解析方法首先要根据问题的特征、外部条件和内在联系建立起数学模型或图解模型，然后对模型求解，以获得最佳的规划设计布局方案。

3. 模拟方法

模拟方法是指实际问题以数学方程和逻辑语言做出对物流系统的数学表述。在计算机的帮助下，人们可以通过模拟计算和逻辑推理确定最佳设计方案。如果经济关系或统计关系的现实表述已定，就可以使用模拟模型来评估不同设计方法的效果。

4. 启发式方法

启发式方法是一种逐次逼近最优解的方法，是相对模拟方法而言的。这种方法要求对所求得的解进行反复判断、实践修正，直至满意。使用启发式方法有助于将问题缩减至可以管理的规模，进行方案组合的个数少，并且能够在各种方案中进行自动搜索，以发现更好的解决方案。虽然启发式方法不能保证一定能得到最优解，但只要进行适当处理，这种方法还是可以获得令决策者满意的近似最优解的。

4.2.4 物流网络系统规划的构建与拓展

1. 构建物流网络的意义

物流网络构建是建立供应链中各物流节点和各种物流线路的过程，通过设立最优的物流节点类型和规模及优化节点间的物流线路，达到原材料和商品在供应链中有效流动的目的。

（1）有利于规模经济效益的实现

在生产经营活动中，利用网络规模性的特点，将物流需求进行集约化处理和整体调配，从而使得整体物流成本下降、工作效率提高。

（2）有利于实现高质量、高柔性、高性价比的物流服务。我国正处于由传统运输模式向现代物流模式转型的阶段。越来越多的企业产生了个性化物流需求，单一的运输组织模式逐渐弱化，取而代之的是现代物流模式。

（3）有利于保证整体网络布局最优。网络的整体性决定了物流服务网络中各子网络及子网络中的各个节点、要素不是简单地堆积，而是要有机地组成一个整体。各基本元素的建立、合并、撤销活动的目标都是保证整体最优，也只有遵循这一目标才能使这些活动的总体效果形成网络的有机活动，才能使网络的整体功能大于各元素或子网络功能的简单叠加。

2. 构建物流网络的步骤

构建物流服务网络是一项复杂的系统工程，涉及大量的数据和复杂的建模过程。在构建过程中，常常需要加入设计者个人的主观判断或经验积累。即使如此，物流网络规划设计者也应该坚持使用科学的方法，避免完全依照主观经验进行设计。物流网络的构建一般包括以下几方面。

（1）定义阶段

1）定义问题。首先要定义物流网络构建的目标，将所服务的对象和要达到的服务水平予以量化描述，并针对节点和线路及作业层次或数量予以定义。然后指定为达成目标所要执行的主要作业与支持性作业，以及要满足的要求。支持性作业的目的是使基本作业能在最少干扰与延迟的情况下进行运作。如图 4 – 12 所示。

2）分析问题。包括收集资料；建立节点之间的联系；

（2）设计阶段

1）设计方案。物流服务网络规划设计包括发展规划、布局规划、工程设计和信息规划。设计的方案可能有多个，它们具有不同的特点并能满足不同的需求。

2）评价方案。包括设定评价标准；确定评价标准的权重；方案排序。

3）选择方案。此时要考虑物流服务网络构建的战略目标，以最能满足这一战略目标的设计方案为最佳备选方案，兼顾其他的评价指标。

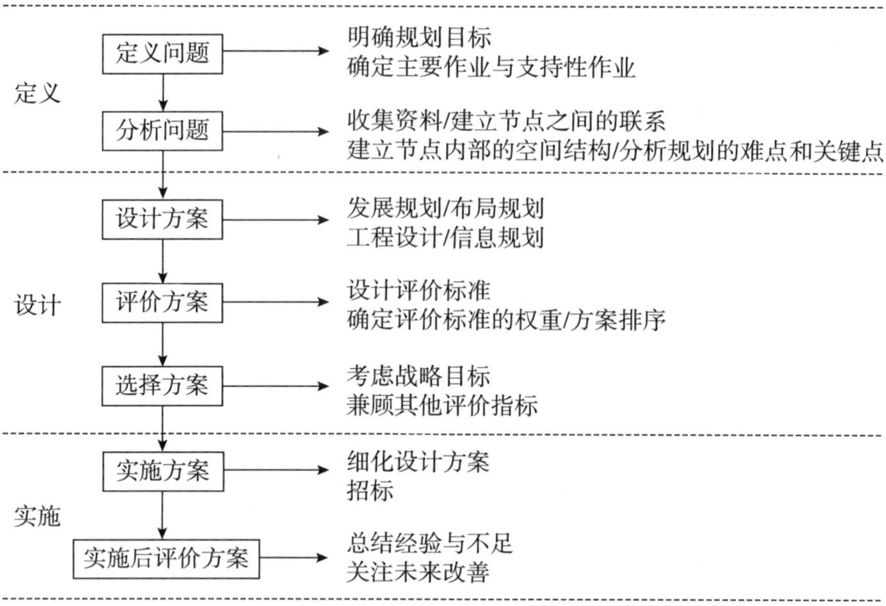

图4－12 构建物流网络的一般步骤

（3）实施阶段

1）实施方案。首先进行设计方案细化，提供具体设计要求。然后进行招标，招标的关键是选择一家系统集成商，所有相关建筑、设施及设备的功能、性能和要求等都由系统集成商在业主监督下统一考虑解决方案。在方案实施过程中，最好有独立的第三方监督，以保证项目在可控的范围内开展。

2）实施后评价方案。一方面要对设计方案进行总结，另一方面是对未来的改善提供方向。

3. 物流网络的拓展

（1）物流企业拓展物流网络的方式

1）通过收购快速拓展物流网络。一方面快速占有资源、进入新的市场区域或业务领域；另一方面实现打击竞争对手、减少竞争者的目的。

2）通过授权代理方式快速拓展物流网络。其优点是可以实现物流服务网络的低成本快速扩张、快速占领市场。缺点是整体控制能力较差，服务质量、服务水平难以快速提升并保持较高水平。

3）通过自营（直营）方式稳妥拓展物流网络。多数知名跨国物流企业及部分国内物流企业采用这种方式拓展物流服务网络，如UPS（美国联合包裹运送服务公司）、FedEx（联邦快递）、顺丰速运公司等。

（2）分支机构的设立与管理模式

1）设立分公司、营业部的非法人分支机构模式。其优点是管理上可控性强，便于统一进行资源配置。缺点是分支机构作为非独立经营主体，责、权、利难以有效统一。

2）设立独立法人机构模式。优点是经营责任主体明确。缺点是管理成本偏高，不利于资源统一调配。

3）混合设置模式。企业根据行政管理及自身经营实际，在不同地区采取不同的分支机构设置方式。

知识拓展

海外仓的基本原理

海外仓的基本原理有三部分：前端物流、海外仓储和后端交货。

（1）前端物流。主要负责将产品从中国运输到国外仓，包括产品的报关和清关，产品到达我国香港后运送到仓库。

（2）海外仓储。海外仓库内工作人员会检查交付的产品，确认无误后，将产品入库。

（3）后端交货。主要根据卖方的要求。产品可以打包送到 FBA 仓库，也可以直接从仓库送到买家手中。产品转运将涉及当地物流。以英国海外仓库为例，常见的物流包括皇家邮政、DPD（德普达快运有限责任公司）、UPSl、爱马仕等。卖家可以根据自己的要求选择。

（资料来源：一文看懂海外仓［EB/OL］. 百家号，2020－10－22.）

4.3 物流网络系统运作

在物流网络系统运作中，物流节点的选址是一个重要的决策问题，它决定了整个物流网络的模式、结构和形状。物流节点的选址决策就是确定整个物流系统中所需的定点数量、地理位置以及服务对象分配方案。

4.3.1 物流网络节点的分类与功能

如前所述，物流由节点与线路构成，节点离不开网络。所谓物流节点，又称物流据点，是具有一定规模和综合服务功能的物流集节点，不仅承担着货物的中转运输作业功能，还承担着物流的组织、衔接、调节和管理活动的功能。

1. 物流节点的分类

按物流节点的主要作用可分成以下几类。

（1）物流园区。往往位于重要的生产基地、交通枢纽附近，或者位于集中消费地，主要功能包括进口商品的分拨、中转、仓储和区域配送以及出口商品的集货、中转、拼装箱、仓储、包装、进出口报关等，还应具备集装箱货运站的功能。

（2）物流集货中心。这类中心所进的货物多是包装程度低，甚至完全不包装的小批量货物，而且进货距离短，运输方式简单，进货成本低。这些货物经中心简单加工或较复杂的加工，然后按不同加工要求组合成较大的包装或进行储存。

（3）物流分货中心。是指专门或主要从事分货业务的物流节点。主要功能是将大批量运到的货物分成批量较小的货物。这种中心运进的货物大多是大规模包装、集装或散装的，采用大批量低成本运输方式（如轮船、铁路整列或整车方式）运送的货物。

（4）配送中心。是指专门从事配送业务的物流节点。这是物流中心中数量较多的一种。主要包括集货、储存、分货及配货与配装送货等。

（5）物流转运中心。是指承担货物中转运输的物流中心，也称转运中心或转运终端、货运站。可以承担不同运输方式之间的转运任务，也是某种运输方式的起点，所以也称终端。

（6）物流储调中心。是指主要从事储存的物流中心，目的在于保持对生产、销售、供给等活动进行调节。这类仓库同样具备集货、储存、分货、送货的功能，但以储存功能为主。

（7）物流加工中心。是指以流通加工为主要功能的物流节点。有两种形式：①设在靠近生产区，以实现物流为主要目的的加工中心；②设在靠近消费区以促进销售、强化服务为主要目的的加工中心。

2. 物流节点的功能

（1）衔接功能。物流节点将各个物流线路连接成一个系统，使各个线路通过节点变得更为贯通而不是互不相干，这种作用称为衔接作用。

（2）信息功能。

在现代物流系统中，每一个节点都是物流信息的一个点，若干个这种类型的信息点和物流系统的信息中心结合起来，便成了指挥、管理、调度整个物流系统的信息网络，这是一个物流系统建立的前提条件。

（3）管理功能。物流系统的管理设施和指挥机构往往集中设置于物流节点的中心，整个物流系统运转的有序化和正常化、整个物流系统的效率和水平取决于物流节点的管理职能实现的情况。

物流节点对优化整个物流网络起着重要作用，从发展来看，它不仅执行一般的物流职能，而且越来越多地执行指挥调度、信息等神经中枢的职能，是整个物流网络的灵魂所在，因而更加受到人们的重视。所以，在有的场合物流节点也称为物流据点，对于特别执行中枢功能的物流又称为物流中枢或物流枢纽。

4.3.2 物流网络节点的选址与方法

1. 物流网络节点选址概述

（1）物流节点选址的意义和任务。物流网络选址是指在一个具有若干供应点及若干需求点的经济区域内选择一个地址设置物流节点的规划过程。一方面，物流节点的选址决策影响整个企业物流系统的结构和系统中其他要素的决策，如库存、运输等；另一方面，系统中其他要素的决策也会影响物流节点的选址决策。

物流网络选址使物流资源整合，提高物流系统运作效率。同时，加强物流节点功能的综合协调。使不同层次的物流节点间的整合更多地考虑技术水平、信息网络的协调整合与共享，以及物流服务的一体化等。

（2）物流节点选址的目标。包括①成本最小化；②物流量最大化；③服务最优化；④发展潜力最大化；⑤综合评价目标。

（3）物流节点的选址原则。应遵从以下原则：①充分考虑服务对象的分布；②经济发展中心地区或城市；③各种交通方式重叠和交汇地区；④物流资源较优地区；⑤土地开发资源较好地区；⑥符合区域物流特点；⑦有利于整个物流网络的优化；⑧有利于各类节点的合理分工、协调配合；⑨地区管理和人才资源较好地区。

2. 物流网络节点选址的方法

物流节点选址的方法大体上有以下几类。

（1）专家评估法。是以专家为索取信息的对象，运用专家的知识和经验，考虑选址对象的社会环境和客观背景，直观地对选址对象进行综合分析研究，寻求其特性和发展规律并进行评估选择的一类选址方法。

专家评估法中最常用的方法包括：因素评分法、德尔菲法、模糊综合评价法与层次分析法等。

（2）模拟计算法。是将实际问题用数学方法和逻辑关系表示出来，然后通过模拟计算及逻辑推理确定最佳布局方案。这种方法的优点是比较简单，缺点是选用这种方法进行选址时，分析者必须提供预定的各种网点组合方案以供分析评价，从中找出最佳组合。因此，决策的效果依赖于分析者预定的组合方案是否接近最佳方案①。

该方法是针对模型求解而言的，是一种逐次逼近的方法。对这种方法进行反复判断、实践修正，直到满意为止。该方法的优点是模型简单，需要进行方案组合的个数少，因而，容易寻求最佳的答案。缺点是这种方法得出的答案很难保证是最优化的，一般情况下只能得到满意的近似解。

（3）精确法。首先根据问题的特征、已知条件以及内在的联系建立数学模型或者是图论模型，然后对模型求解，获得最佳布局方案。采用这种方法的优点是能够得到较为精确的最优解，缺点是对一些复杂问题建立恰当的模型比较困难，因而在实际应用中受到很大的限制。精确法中最常用的有重心法和线性规划法。

此外，还有模拟计算法、启发法等，前面章节已经介绍，此处不再赘述。

4.3.3 物流网络系统运作评价的目的、作用及步骤

1. 物流网络系统运作评价的目的与作用

物流网络系统运作评价的主要目的：一是判定各个规划运作方案能否达到预定的各项性能指标，能否在各种制约条件下实现物流网络系统需要达到的预定目的。二是按照定义好的规划评价指标体系对方案进行评价，为决策者选择方案提供依据，引导决策者做出正确决策，保障物流网络规划的顺利实施。

物流网络系统运作评价的作用主要体现在以下几个方面：①确定备选方案的价值以及每一个方案的优缺点和可取性；②为系统规划人员对规划方案做出修正改进提供重要帮助；③为方案决策者提供决策依据，帮助其选取最合适的方案；④通过项目中的跟踪评价以及项目实施后的评价，确保方案在实施过程中不断得以改进、完善。

2. 物流网络系统运作评价的步骤与内容

物流网络系统运作评价是由评价目的、被评价对象、评价主体、评价指标、评价方法、评价结果等要素构成的一个综合评价体系，属于系统工程范畴的一部分，评价的过程需要遵循一定的步骤。

物流网络系统运作评价的具体方法有很多种，各种方法的总体思路是一致的，大致可以按照图 4 – 13 所示的步骤逐步展开。

（1）明确评价目的。首先要明确物流网络评价的目的，这是评价工作的根本。要知道为什么要进行物流网络评价；被评价网络涉及的范围有多大；物流网络规划评价处于哪个时期，等等。

（2）建立评价指标体系。评价指标是指根据所评价的对象，能够确定地反映评价对象某一方面情况的特征依据。评价指标体系就是各种不同评价指标的集合，通常具

① 王珂，杨艳，周建. 基于在险价值的物流网络规划模糊两阶段模型与精确求解方法 [J]. 运筹与管理，2020，29（2）：88 – 96.

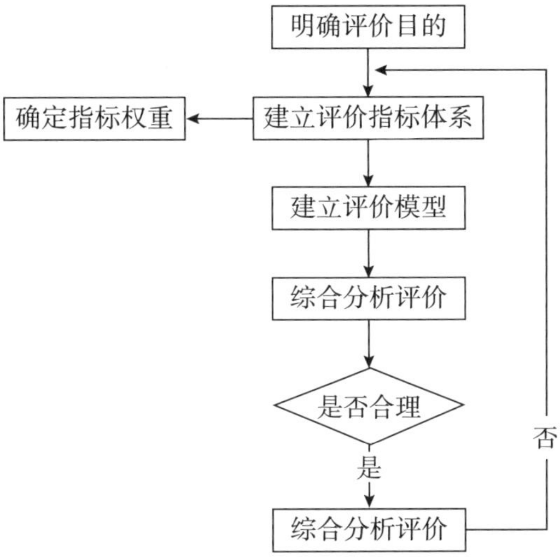

图 4－13　物流网络系统运作评价步骤

有递阶结构。对于一些复杂的物流网络而言，描述这类网络的评价指标体系一般会呈现多目标多层次结构，因此需要明确指标之间的隶属关系，综合反映出评价对象各个方面的情况。在建立评价指标体系时尤其要注意该体系的全面性和合理性，同时应注意尽量减少评价主体价值观念对评价指标选取的影响。

（3）确定指标权重。指标权重是刻画各评价指标之间相对重要性的标度。指标权重的确定是否合理，直接影响到综合评价结果的可信度，因此对于指标权重的确定必须慎重。

（4）建立评价模型。在确定了评价指标体系之后，就要通过建立物流网络的评价模型来计算或测定待评价对象的评价指标值。模型的建立需要用到各种综合评价方法。评价方法有定性、定量的，也有定性定量相结合的，具体应根据实际网络的评价目的和特点来合理选取。

（5）综合分析评价。通过物流网络评价模型的执行，获取评价对象各个评价指标的计算值，并且通过之前确定好的指标权重，将各个指标值进行综合得到所需要的综合评价值。得到评价值后，评价主体对评价值进行分析判断，如果不合理，则反馈至建立评价指标体系之前进行修正。权重的改变会影响综合评价的结果，定性评价指标的评判主要依赖评价主体的主观感受，因此综合评价的结论也存在着局限性。评价方法的科学性与客观性显得尤为重要。

（6）提供决策依据。当评价者获取合理的综合评价值以后，评价者负责输出评价结果，撰写评价报告交给决策者，为其提供决策依据。决策者作出决策并实施网络规划之后，应当分阶段提取实施过程中的反馈信息，进行过程中评价，以便及时修正规划。在规划项目完成后，物流网络运作方也有必要在经过一段时期的网络运作后进行事后评价，以总结经验教训，为今后物流网络的进一步优化打下基础。

3. 物流网络系统运作评价的结果与改进

在物流网络系统运作阶段进行综合评价，对规划的顺利实施起着举足轻重的作用。但是，在物流网络规划的运作以及物流网络建成后的运作过程中，一些影响物流网络的重要因素会发生一定的变化，这样的变化会给网络带来不可预料的改变。因此，有必要在规划运作后对物流网络进行跟踪评价，根据评价结果及时调整决策。通常把物流网络系统运作评价的结果与改进称为规划后评价。

评价应在规划阶段性实施完成或直接经济效益发挥的时候进行，即在物流网络建设完毕，新建物流网络达到设计运作能力时进行正式的规划后评价。这样能够全面系统地总结分析规划的实施过程，能够比较准确地预测今后物流网络的持续发展能力，为进一步作出优化提供依据。从广义上讲，规划开始运作后，各级部门对项目进行的各种评价都可以算作规划后评价。从评价的时间点上区分，规划后评价可以分为规划跟踪评价、规划实施效果评价和规划影响评价。

（1）规划跟踪评价。规划跟踪评价发生在物流网络规划的运作过程中，主要用于阶段性检查该物流网络建设项目是否符合最初规划，规划设计质量如何，项目在建设过程中由于系统环境变化而发生的重大变更对项目效益的影响如何。

（2）规划实施效果评价。规划实施效果评价发生在物流网络建成并运作一段时间之后。这类评价的目的是检验物流网络规划运作的效果是否达到设计要求，对项目进行调整、完善，总结项目的经验教训，为后期开展新的项目提供建设、管理等方面的指导性信息。

（3）规划影响评价。规划影响评价与规划实施效果评价发生的时间点大致相同。其目的主要是评价该物流网络规划的运作对于物流网络周边环境（包括社会、经济以及自然环境）的影响。

4.3.4 物流网络系统运作评价的方法

目前，国内外的评价方法很多，按照方法的知识识结构可以分为三类：定性分析评价法、定量分析评价法、综合分析评价法。

1. 定性分析评价法

（1）优缺点比较法。其具体方法是列出每个方案的优点和缺点，综合加以比较。例如，采用图表的方式，列出每个方案的平面布置图、物流流程、设施选择，对其优缺点进行比较分析。(如表4－1所示)。

优缺点比较法没有高深的理论基础，看起来每个人都能够很好使用。但是运用这种方法必须要具有“有说服力”的分析，如果对方案进行评价的人员不是非常有经验，那么要拿出“有说服力”的分析会相当困难。因此，运用这样的方法首先需要选择好优缺点所涉及的主导因素。因素的选取应当通过多位对该物流网络设计运作有实际经验的技术人员或专家进行综合评定，为了防止遗漏因素，也可以编一个内容齐全的规

表 4－1 选址方案评价因素点检表

序号	因素	序号	因素
1	区域位置	8	与城市的距离
2	面积与地形	9	水、电情况
3	地势与坡度	10	地震
4	风向、日照	11	防汛
5	地址条件	12	建设周期
6	土石方工程量	13	土地产权归属
7	公路、铁路、水路交通情况	14	……

划方案评价因素点检表，供规划人员结合具体情况进行点检并筛选需要比较的因素。例如，在进行物流网络设施选址时，通常会考虑一些非经济因素。

优缺点比较法简单易行而且省时，但难以获得准确而科学的定量评价。

（2）加权因素比较法。将各种不同因素综合起来，进行综合比较。这种方法的关键是要选取好比较的因素，合理确定各个因素的权数，客观地对每个方案的各个因素进行打分。其具体评价步骤如下：

1）明确要评价的方案，并将各方案以 A、B、C 等字母分类标示；

2）选定要考虑的因素并准备评分表；

3）对选定的因素赋予一个权重，以反映这个因索在所有因素中的重要性，每一因素的分值根据权重来确定，权重则要根据成本的标准差来确定；

4）给每个方案的每个因素评分，设定一个共同的取值范围，一般是 1～9 或者 1～90；

5）将各个因素的得分与相应的权重相乘，并把所有因素的加权值相加，得到一个备选方案的最终得分；

6）选取具有最高得分的方案作为最佳方案。

2. 定量分析评价法

定量分析评价法主要用于评价物流网络各个方案的财务和技术方面。它以经济分析法为主，按照各个方案的影响要素计算各方案的经济效益并进行全面对比。也可仅仅针对不同因素计算相对经济效益，进行局部对比。定量分析评价法可以分为成本比较法和不确定性分析法。

（1）成本比较法。该方法是比较实现各种方案的成本、费用等，选择其最小值为最优方案的方法。

（2）不确定性分析法。由于物流网络规划设计时期所拥有资料的有限性决定了评价的结果也会有不确定性。各种不确定因素，如资金、成本、销售量、产品价格、网络寿命期等，其变化会影响到物流网络实施后能获得的经济效果，当这些因素的变化达到某一临界值时，就会影响到物流网络可行方案的取舍。因此有必要进行不确定性分析。

3. 综合分析评价法

物流网络评价的目的是作出正确的物流方案决策。从实际意义上讲，物流网络评价伴随着物流决策的全过程。由于物流网络规划本身属于复杂的系统工程范畴，因此物流决策过程中所涉及的问题多属多因素综合影响问题。对于这样的问题，如果仅仅依靠定性或定量的方法，关注于某一因素而忽视其他关联因素对这个问题的影响，往往不能对网络规划带来有用真实的评价，而且会带给决策者错误的导向。因此，在实际物流网络规划问题的分析过程中，规划评价既要找出影响物流网络的各种要素，还要考虑各种要素之间的相互影响。因为仅靠单一的定性分析或定量分析无法作出准确的评价，因此需要用综合评价的方法来解决这一难题。目前国内外常用的综合评价方法主要有以下几种：层次分析法、模糊综合评价法、数据包络分析法、人工神经网络分析法、灰色综合评价法①等。

（1）层次分析法（Analytic Hierarchy Process，AHP）。是美国运筹学家 T. L. Saaty 于20 世纪70 年代中期提出的一种系统分析方法，其基本原理是把复杂系统分解成具有递阶结构的目标准则方案等层次，在此基础上对系统进行定性和定量分析评价。它把人的决策思维过程层次化、数量化、模型化，并用数学手段为分析、决策提供定量的依据，是一种对非定量事件进行定量分析的有效方法。在目标因素结构复杂且缺少必要数据的情况下，需要将决策者的定性判断定量化时，该方法非常实用。

该方法适用于定性或者定性与定量兼具的决策分析，在管理评价、经济发展比较、资源规划分析、物流网络规划、人员素质测评及安全经济分析等方面应用广泛。

在物流网络规划评价中采用层次分析法的基本步骤如下。

1）构造物流网络的递阶层次结构模型。首先明确物流网络评价的目标和准则；其次，将复杂的问题分解成若干要素；最后，将要素按照不同的属性自上而下分解成若干层次，构造成有序的递阶层次结构模型。层次结构通常分为目标层（顶层）、准则层（中间层）和措施层（方案层）。

2）构造判断矩阵。在层次结构中，对于从属于（或影响）上一层的每个因素的同一层各因素进行两两比较，比较其对于准则的重要程度，并通过引入合适的标度将其定量化，构成矩阵形式，即判断矩阵。判断矩阵中各元素的数值一般采用 1 ~9 位标度法确定，主要是通过专家评估或由历史（经验）数据得出，如表 4 –2 所示。

---

① 朱新球，赵慧达．水产品冷链物流流通网络布局设计 ——以福建省为例［J］．物流技术，2021，40（3）：45 –49，58．DOI：10.3969/j.issn.1005 –152X.2021.03.010.

表 4－2 标度表

标度	重要性等级
1	表示两个元素相比，具有同等重要性
3	表示两个元素相比，前者比后者稍重要
5	表示两个元素相比，前者比后者明显重要
7	表示两个元素相比，前者比后者强烈重要
9	表示两个元素相比，前者比后者极端重要
2、4、6、8	表示上述判断的中间值
倒数	若元素 i 与元素 j 的重要性之比为 a_{ij}，则元素 j 与元素 i 的重要性之比为 $a_{ij} = 1/a_{ij}$

3）判断一致性。为保证专家在判断指标的准确性，各判断之间协调一致，不出现相互矛盾，就需要判断矩阵满足大体上的一致性，为此需要进行一致性检验。只有通过检验，才能说明判断矩阵在逻辑上是合理的，才能继续对结果进行分析。

4）层次单排序。对于填写完毕的判断矩阵，需要根据判断矩阵计算出对于上层某元素，本层与其有联系的各元素的相对重要性。由前面分析可知，判断矩阵的特征向量即为要素的相对重要性向量。单排序是指每一个判断矩阵各因素针对其准则的相对权值。计算权值的方法有和积法、方根法、幂法等。

5）层次总排序与检验。总排序是指每一个判断矩阵各因素针对目标层（最上层）的相对权重值。这一权重值的计算采用自上而下的方法，逐层合成。通过上述步骤就可以从准则层总排序的结果得到不同要素的权重值，以及从方案层总排序得到不同方案的权重值。

（2）模糊综合评价法。是借助模糊数学中的模糊集理论对物流网络进行综合评价的一种方法。通过模糊综合评价法的运用，可以避免在某些因素上纠缠过多，又可获得比较准确的物流网络各可行方案优劣次序的相关信息。

（3）数据包络分析法（data envelopment analysis，DEA）法是由美国著名运筹学家 A. Charnes 和 W. W. Copper 等学者首先提出的。该方法以相对效率概念为基础，以凸分析与线性规划为工具，对多投入多产出的多个决策单元的效率进行评价。DEA 法通常根据一组给定的决策单元，选定一组输人和输出评价指标，来确定决策单元的有效性系数，以此来评价决策单元的优劣。DEA 法在处理多输人——多输出的有效性综合评价问题上非常有优势，通过输人和输出数据的综合分析，用 DEA 法可以得出每个决策单元综合效率的数值指标，并据此排定各个决策单元的等级，确定有效的决策单元，并给出其他决策单元非有效的原因和程度。DEA 法的应用范围很广，可以用于多种方案的有效性评估，在技术创新、金融服务、资源配置、企业效益评价等领域都得到了广泛运用。对于多投入一多产出的社会经济系统，DEA 法的相对有效性评价是非常实用的。

在物流网络方案综合分析评价的过程中，首要任务是确定综合分析评价法的合理性、适用性。各类综合分析评价法有其适用范围、背景，合理地选取综合分析评价方法是保证物流网络规划综合评价顺利实施的关键。新技术新方法的不断出现，将会为决策者的正确决策提供更有效的支持。

学习探索

物流大数据需求预测——腾讯云图

1. 产品特性

具备酷炫大屏；自由布局，无须编码，不必预先导入数据，用户可以直接将所要呈现的组件拖拽到画布上进行自由配置和布局，通过点击拖拽即可调整图层顺序，全程图形化编辑操作，所见即所得；实时数据：腾讯云图支持从静态数据、CSV 文件、公网数据库，腾讯云数据库和 API 等多种数据源接入数据，通过配置可以动态实时更新。统一的资源管理使得数据和图片可以方便快捷的重复使用。

2. 大数据展示

将从海量大数据中采集、清洗、挖掘得到的数据结果，以具体数字和指标为依托，通过专业设计的样式、组件和模板，完美的展现商业价值，传递您独特的行业洞察。

对接业务，运维系统获取关键数值，便于控制台相关人员实时观察业务进展和系统稳定性。布局合理，信息丰富，关键指标一目了然，使监控工作更简单，更直观，更高效。

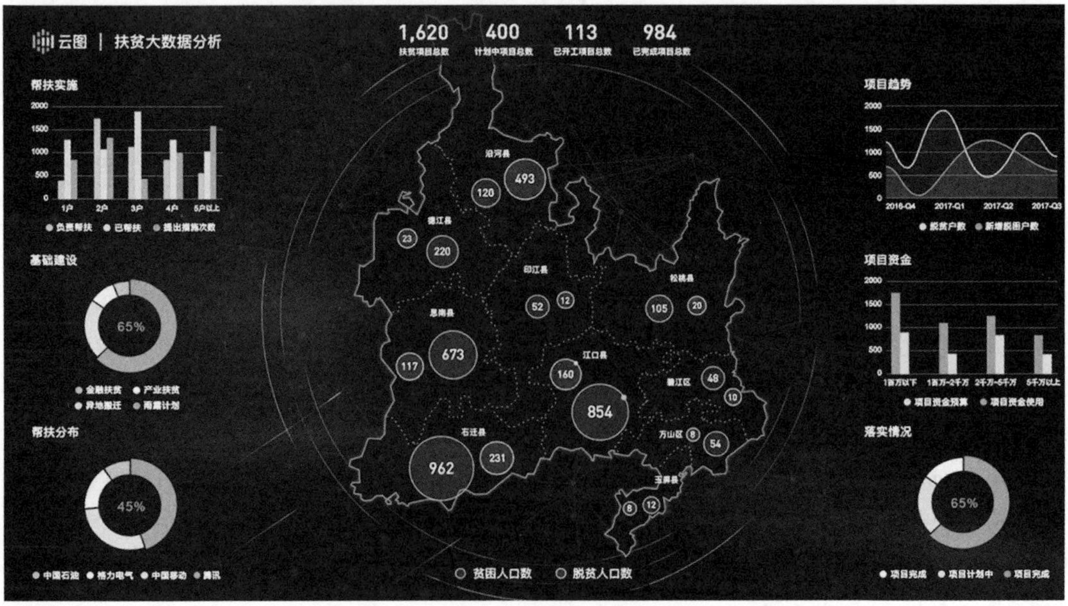

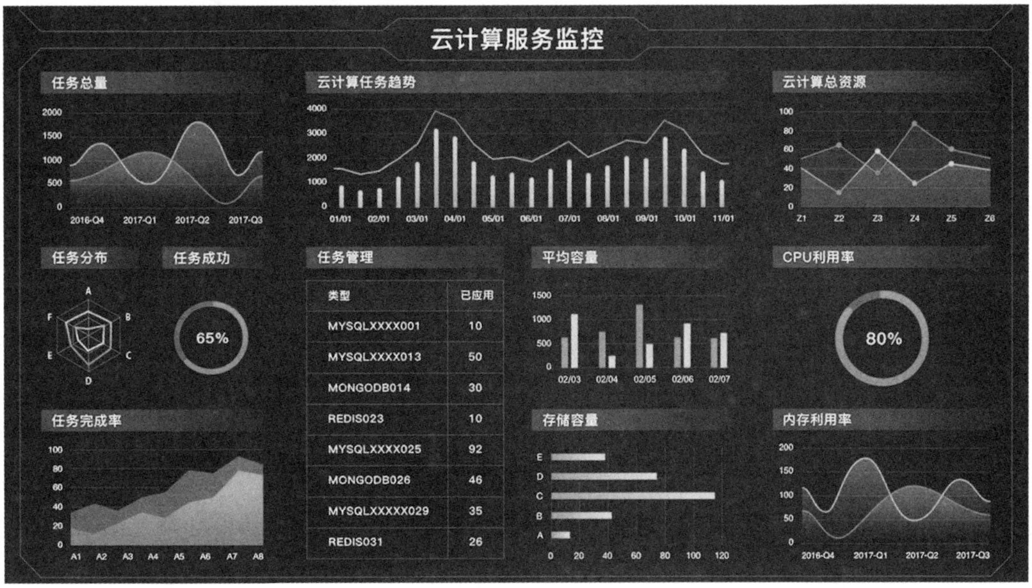

监控大屏

（资料来源：腾讯云图［EB/OL］. 腾讯云，2022-03-22.）

案例分析

交通运输部有关负责人解读现代物流网络建设

中央财经委员会第八次会议指出，加快形成内外联通、安全高效的物流网络。为什么要推进物流网络建设？当前物流运输还存在哪些堵点？如何打通？交通运输部政策研究室主任吴春耕接受了新华社记者专访。

吴春耕说，交通运输连接生产和消费两端，是建设现代流通体系、畅通国民经济循环的基础环节和重要依托。

从生产端看，完善的综合交通网络布局和高效的物流体系，有利于优化产业布局、推动产业分工深化、提高生产组织效率，将更多的人流、物流安全顺畅地联入国内国际经济循环。从消费端看，统一开放的运输市场和高效便捷的客货运输体系，有利于扩大交易范围、挖掘国内市场潜力，助力形成国内统一大市场。

据介绍，近年来，交通运输部加强部门联动，开展降低涉企收费、发展多式联运、完善交通物流基础设施网络等工作，全力推动降低物流成本，取得了积极成效。2019年降低全社会物流成本805亿元，2020年上半年，降低物流成本超过990亿元。

吴春耕说，目前交通运输发展仍存在质量不优、韧性不强以及发展不平衡不充分等问题，影响到全社会物流运输效率，主要体现在五个方面：①综合立体交通网络布局需进一步优化，中西部铁路、沿边沿海公路、内河航运、城际轨道等方面存在短板，对国民经济循环的支撑能力不足；②各种运输方式衔接融合不够，存在转换效率偏低、多式联运发展滞后、末端循环不畅等问题，综合运输效率提升仍有较大空间；③产业结构和布局、物流发展水平、市场环境等多重因素导致结构性、制度性成本偏高；④然后，高品质运输服务供给不足，难以满足多样化、个性化的出行需求和高价值、高频次的货运需求；⑤国际物流供应链安全性、稳定性不高，航空货运能力存在明显短板，对国际大循环的服务保障能力亟待加强。

如何打通以上运输堵点？吴春耕说，交通运输部将着力完善现代综合交通运输体系，提高运输效率、降低物流成本，内提质效、外保安畅，努力在构建新发展格局中当好先行官，重点做好以下几方面工作：

第一，优化国家综合立体交通网络布局。加快建设综合运输通道、枢纽和网络体系，重点推动沿边沿海跨江跨海运输体系、西部陆海新通道（平陆）运河等重大工程建设，推动农村公路向进村入户倾斜，增强区域内交通密度和活力。

第二，建设现代物流体系。畅通干线物流，完善城乡物流快递末端设施布局，建立健全集装箱多式联运体系，提高生产流通资源配置效率，统筹推进国际物流供应链体系建设。

第三，壮大上下游产业链。大力发展新能源车船、通用航空等新产业，加强5G、北斗等创新应用，加快建设智慧公路、智慧港口等，形成新的增长动能和投资增长点。

第四，提升行业现代治理能力。深入落实交通运输领域各项减税降费措施，研究发行公路建设长期债券，推动公路法、收费公路管理条例、农村公路条例等制修订，在深化铁路、公路、航道管理体制改革等方面创新突破，加快形成统一开放的交通运输市场。

（资料来源：堵点在哪？如何打通？——交通运输部有关负责人解读现代物流网络建设［EB/OL］. 百家号，2020－09－11.）

中国移动的物流网络优化之路

1. 项目背景

在电信行业，工程物流算不上企业的核心竞争力，各大电信运营商在早期的管理和运营方面并不太重视物流，而且多存在各省间各自为政，同厂家单一联系的弊端。同时，国内移动通信行业也经过了几次大的分离和整合，从最初的中国邮电拆分为电信和邮政；后来电信又拆分为电信和网通。在国家颁发3G牌照后，现在国内电信市场有三大运营商，即中国移动、中国电信和中国联通。

另外，前两年移动通信用户出现了爆发式增长。截至目前，国内移动通信有近7亿用户，其中中国移动的用户就达4亿～5亿。这对基站站点的需求不断增加，通信基础设施建设的任务变得非常紧张。虽然近两年用户增加相对平缓，但由于3G的快速发展，新的通信基础设施建设的高潮又开始了。

为了更好地开展工作，及时响应公司基础设施建设对物资的需求，降低整体物流成本，中国移动在2008年成立了专门的物流工作组，负责工程物资物流规划和建设，并开始实施物流改造工程，进行物流优化。

2. 物流网络现状

中国移动将工程（物资）物流分为两级进行优化管理，构建二级物流体系。该二级物流体系是指，公司在全国构建大区和省区。大区是第一级，省区是第二级，省区与大区的物流可以进行对接。供应商的设备首先送到大区，然后再分拨到各省区。目前中国移动在国内共有五大区，包括华北大区、西北大区、西南大区、广东大区和华东大区。在全国建立大区和省区两级集中仓储中心，推进干线运输的集中运营和区域配送的集成一体化运作。一期工程在全国选择五个省市——天津、陕西、重庆、广东、江苏建立大区物流基地，分别覆盖华北大区、西北大区、西南大区、广东大区和华东大区的物资仓储与配送。

以西南大区物流基地为例，该区是公司两级物流体制的重要组成部分，一旦建成之后，该物流基地将辐射重庆、四川、贵州、云南四省市，形成快速的物流通道。该物流基地可以大幅度提高集团公司集中采购的效率，实现物资集中化管理，更好地保证各省公司的物资供应，提升中国移动的市场竞争能力。

中国移动实行自建各大区和省物流中心，仓储和配送全部外包给第三方物流公司的模式。这样可以更好地整合社会物流资源，一方面降低公司的总体运营成本；另一方面可以更好地发展自己的主业。中国移动在首先满足公司内部物流配送的前提下，将来还可以满足社会需求。

3. 物流网络优化方法

公司聘请一些国际知名的咨询公司和大学为中国移动的物流网络优化提供专业服务。通过采用统筹学知识、物流网络建设和优化工具、布点方面的数学模型，构建了中国移动新型的二级物流体系。行业专家认为，物流网络建设和优化工具只是一个辅助性参考，还要跟实际情况结合，包括当地政府的支持力度等，否则这些工具就成了空中楼阁。

在大区物流网点建设中，中国移动选择了自建仓库而不是租赁仓库的模式。原因有二：一是中国移动的仓库需要长期使用，而租赁仓库可能会牵涉租赁时间问题，这样每次签租赁合同时会在价格上丧失主动权；二是中国移动的工程物资产品尺寸不一状各异，与标准化的产品仓储有很大不同，而社会上的仓库很难满足这样的需求。

4. 项目实施效果

通过规划实施这样的物流改造工程，大区物流中心的物资设备库存起到了蓄水池的作用，理顺和平衡了公司上下游的储给和需求。过去，在公司通信息站建设的高峰期，设备需求高涨，供应商加班加点生产，仍难以满足需求：在基站建设的平淡期，供应商设备和产品闲置，造成大量浪费。二级物流体制建设完成后，这种问题将会得到有效解决。

通过公司先进适用的信息系统，中国移动能够查看跟踪各地区的物资物流状况，大区之间可以根据物资库存的多缺状况进行方便地调配，公司的管理体系变得更加顺畅。通过实施物流网络的规划和优化，中国移动不仅降低了物流成本，而且可以做到及时响应。

（资料来源：佚名．中国移动的物流网络优化［J］．物流技术与应用，2010（4）：3.）

复习思考题

1. 物流网络系统的组成要素是什么？
2. 物流网络结构有哪些，之间的区别是什么？
3. 物流网络规划的基本步骤有哪些？
4. 物流节点的选址方法有哪些？
5. 物流网络系统运作评价的步骤是什么？
6. 目前我国的物流网络系统建设已经达到了怎样的成效？
7. 从交通运输部负责人发言中，我们能够得出目前物流网络系统还有哪些待改进的地方？
8. 在移动互联网时代，该怎样改进物流网络系统？
9. 现有的物流网络规划步骤中，有哪些环节可以融入互联网技术？
10. 有哪些互联网技术能够应用于物流网络系统的建设？

第 5 章

物流仓储系统规划与运作

物流系统的整体目标是通过低成本、高效率的服务来满足客户，而仓储作为物流系统的重要节点，在物流系统中发挥着重要作用。合理的仓储规划与运作能够充分发挥仓储在物流系统中的时间效应和空间效应，促进企业提高客户服务水平和企业管理水平，降低运作成本，增强企业的核心竞争力。

本章学习目标

1. 了解物流仓储系统的基本理论。
2. 掌握物流仓储系统的规划原则及其规划的相关内容。
3. 了解物流自动仓储系统的规划。
4. 熟悉物流仓储系统的运作，包括自动仓储系统和无人仓库管理系统。
5. 掌握物流仓储系统的绩效评估相关内容。

案例引导

互联网大数据改变物流仓储模式

第十届物博会上，“互联网 +”和智能设备对物流业发展的影响成为业内热议的话题。深圳物流龙头顺丰开始布局建设仓网，通过大数据打破过去多仓模式，转变为深度信息化模式的仓网，这一覆盖全国的电商仓储配送体系目前可以实现让电商商家无须自建物流，即可实现全国皆仓，让货物更快更省到达客户手中。

在物博会“互联网 +”时代下的物流发展论坛上，广东新邦物流有限公司高级副总裁胡晓龙表示，“互联网 +”正在改变物流业的仓储、配送、运输及客户服务等体系，包括几方面：运营模式由分拨中心 + 网点，通过增加门店进行覆盖的模式变为服务中心模式；营销模式由门店和业务经理的宣传变为社会化营销和大数据下的精准营销；资源配置从先投入资源建库等变为预售、众筹等提前确认需求配置资源的方式；盈利模式从单纯依靠物流服务盈利变为通过广告、数据等方式盈利，物流本身甚至会走向免费。

在具体实践中，胡晓龙表示，现在无论是直营还是加盟的物流提供商都在打造全国性网络平台，并希望基于互联网整合资源，通过智能和互联网化改造后的仓储、运输和配送，达到比传统模式效率更高的运营效率，更能满足个性化服务需求。

（资料来源：互联网大数据改变物流仓储模式［EB/OL］. 中国物流与采购联合会，2015－10－16.）

问题

1. 请结合材料，思考互联网和大数据让传统仓储模式发生了怎样的改变。
2. 请思考有哪些互联网技术可以应用于仓储系统的优化。

5.1 物流仓储系统的基本理论

本节将介绍仓储的基本概念、分类、功能以及仓储系统的构成和作业方式。

5.1.1 仓储的概念

仓储处于从生产领域转移到消费领域的中间阶段，不仅是物质生产过程的延续，也是产品价值的创造。从仓储的发展过程看，目前已经经历了三个阶段，即人工结合机械化的仓储阶段、自动化仓储阶段和智能化仓储阶段。传统仓储是指利用仓库对各类物资进行入库、储存、出库的活动。现代仓储是指在传统仓储的基础上增加了一些环节，包括库内加工、分拣、库内包装等，而智能仓储是指在人工智能的帮助下出现的一种能够自动存取和运送货物的新型物流仓储模式①。智能仓储系统通常意义上是由立体货架、叉车、堆垛机、自动传输机等自动化设备，以及 RFID、互联网技术、智能化仓库管理技术组成，能够实现货物的自动录入、查询、上架、出库，利用相关系统数据，按照计算机程序实现智能化操作，以提高仓库作业的准确率和效率，进一步降低库存，提升企业的货物流转速度，降低成本提升效益。仓储系统作为社会物流系统的一部分，主要功能体现在产地和消费地，以及从产地到消费地的过程中存储物品。因此，仓储是生产制造与商品流通的重要环节之一，也是物流活动的重要支柱。

5.1.2 仓储的分类

尽管仓储的性质是储藏和保管物品，但是根据仓储经营主体的不同、仓储对象的不同、仓储状态的不同、仓储方式的不同等各种分类，仓储活动也有不同的特性②。

① 宋诗一. 智能制造背景下智能仓储系统探究［J］. 电子制作，2020（18）：84－86.

② 陈德良. 物流系统规划与设计［M］. 北京：机械工业出版社. 2016.

1. 按仓储经营主体划分

（1）企业自营仓储。是为企业的产品或商品经营服务，属于自用仓储，并不开展商业性的仓储经营，主要包括生产企业和流通企业的自营仓储。企业自营仓储是指生产企业使用自有的仓库设施对使用的原材料、中间产品以及最终产品实施储存保管的行为，仓储对象种类单一，原则是满足班组生产的需要。流通企业自营仓储则为流通企业通过所拥有的仓储设施对经营的商品进行仓储保管的行为，储存的对象种类较多，以支持销售为目的。

（2）营业仓储。是仓库所有者用其拥有的仓储设施，向社会提供商业性仓储服务的仓储行为。营业仓储的经营内容包括货物仓储服务和提供场地服务，其目的是在仓储活动中获得经济回报，实现经济利润最大化。

（3）公共仓储。是公用事业的配套服务设施，为车站、码头等公共设施提供仓储配套服务。主要目的是保证车站、码头等场地的货物作业和运输流畅，具有内部服务的性质，处于从属地位。

（4）战略储备仓储。是国家根据国防安全、社会稳定的需要，对战略物资实行战略储备而形成的仓储。战略储备物资主要包括粮食、油料、能源、有色金属和淡水等。战略储备特别重视储备品的安全性，且储备时间较长。它通过国家政府进行控制，以立法、行政命令的方式进行，由执行物资储备的政府部门或机构运作。

2. 按仓储对象划分

（1）普通物品仓储。是指不需要特殊保管条件的物品仓储，这类物品不需要针对货物设置特殊的保管条件，采取无特殊装备的通用仓库或者货场来存放即可。

（2）特殊物品仓储。是指在保管中有特殊要求和需要满足特殊条件的物品仓储，比如危险品仓储、冷库仓储、粮食仓储以及法规规定需要进行专门的仓库建设和管理的物品。

3. 按仓储状态划分

（1）静态仓储。一般的仓储是以储存、保管为宗旨，这种当产品不能被即时消耗掉，需要专门的场所存放的行为称为静态仓储。

（2）动态仓储。比如说现代的仓储业向流转中心发展，可集保管储存、流通加工、分类、拣选、商品输送等为一体，这种将物品存放进仓库并对存库中的物品进行保管、控制及提供使用的行为就称为动态仓储。

4. 按仓储方式划分

（1）保管式仓储。也称纯仓储，是指按保管物保持原样不变的方式所进行的仓储。即存货人将特定的物品交由保管人进行保管，到期之后保管人原物交还存货人。除了一些不可避免的自然损耗，保管物的数量、质量并不会发生变化。

（2）加工式仓储。是保管人在仓储期间根据存货人的要求对保管物进行一定加工的仓储方式。保管物在仓储期间，保管人要根据委托人的要求对保管物进行外观、成分等方面的加工。

（3）消费式仓储。是指保管人除了要保管好物品，还被赋予保管物的所有权，在仓储期间有权行使所有权，待仓储期满，保管人要将相同种类、数量的替代物交还给委托人。特别适用于市场价格波动较大商品的长期存放，具有一定的商品保值和增值的功能，是仓储经营的重要发展方向。

5.1.3 仓储的功能

仓储系统作为物流供应链系统中重要的组成部分，最主要的功能包括存储和搬运。

1. 存储功能

商品存储的形式多种多样，包括准备进入市场的成品或者是需要进一步加工的半成品和原材料。仓储系统的存储功能主要包括集中和拆装两个方面。如果货物供应来源较多，建立起像仓库这种货物集中地会更加经济，这样可以将零散的货物集成较大批量的运输单位从而降低总的运输成本。拆装是分拨仓库或场站仓库的常见业务，它使得企业能以低费率大批量运输的货物运进仓库后，再根据客户的需要以小批量送到客户手中。当入库货物的单位运输费率高于出库货物的单位运输费率时，客户以零单批量订购时或是生产商与客户之间的运输距离遥远时，拆装业务更普遍。

2. 搬运功能

仓储的搬运功能主要涉及订单履行、装卸、货物进出仓库这三项。订单履行指根据销售订单从仓储区挑拣货物，这是搬运活动中的关键部分，因为处理小批量订单所需费用更高，属于劳动力密集型活动；装卸是搬运活动中的初始环节及最终环节，货物抵达仓库后需要卸货，在运进仓库存储之前需要进行整理和检查，而装货比卸货还要多做一些其他工作，包括对订单的内容进行多次核查，对货物加固和包装来减少不必要的磨损；在仓储设施的装货和卸货地点之间，货物需要从卸货点移动到存储区，然后从货运码头运出来或者运到拣货区补充库存。

5.1.4 仓储系统的构成

仓储系统的主要构成要素包括储存空间、货品、人员及设备等要素①。

1. 储存空间

储存空间即仓库内的保管空间。在进行储存空间规划时，必须考虑到空间大小、柱子排列、梁下高度、走道、设备回转半径等基本因素，再配合其他相关因素的分析，方可做出完善的设计。

2. 货品

货品是储存系统的重要组成要素。货品的特征、货品在储存空间的摆放方法以及

---

① 谷祥盛．仓储运作与管理［M］．广州：广东经济出版社．2017.

货品的管理和控制分析是储存系统要解决的关键问题。

（1）货品的特征。包括供应商、货品特性、数量、进货规定、进货时效等方面。

（2）货品在储存空间的摆放。影响因素包括几个方面：货位单位，货品特性，货位策略，补货的方便性，订购频率等。

3. 人员

仓库人员的配备主要有以下几类：仓库主管、记账员、发料员、各仓库负责人和杂工。仓库主管全面负责仓库的各项管理工作及日常事务；记账员负责进、发、存账目的登记、开单、记账以及库存状况的报告；发料员负责材料的收发及填写库存卡等；各仓库负责人分别负责所在仓库的工作；杂工负责材料的搬运、装卸，以及仓库的整理工作。

4. 设备

除了上述储位空间、货品、人员三项基本要素，另一个关键要素为储存设备、搬运与运输设备。如果货品不是直接堆放在地面上，就必须考虑相关的托盘、货架等。如果不是仅仅依靠人力搬运货品，就必须考虑使用笼车、叉车、输送机等输送与搬运设备。

（1）搬运与输送设备。搬运与输送设备的选择要考虑货品特性、货品的单位、容器、托盘等因素，作业流程与状况以及货位空间的配置等，从而选择合适的搬运与输送设备。除此之外，还要考虑设备成本与人员使用操作的方便性。

（2）储存设备。首先要考虑货品特性、货品的单位、容器、托盘等基本条件，然后再选择适当的设备配合使用。

5.1.5 仓储系统的作业方式

仓储系统作为物流系统的子系统，是供应和消费的中间环节，它能起到缓冲和平衡供需矛盾的作用。仓储系统的作业包括收货、存货、取货、发货等环节。

1. 收货

运货车辆停靠后，通过升降平台将载货车辆与站台连接，再用托盘搬运车或叉车等设备完成卸车作业。卸车后需要核对货物的品名、数量以及检查货物是否完好无损。除此之外，一般还需要把货物整齐地放置在仓库内部专用的托盘上或货箱内。而在现代化仓库的收货处一般都设有计算机终端，用来输入收货信息。通过计算机打印出标签或条形码贴在货物或托盘上，以便在存储过程中识别和跟踪。

2. 存货

首先要确定存货的位置。采取人工管理库存时，为了便于查找和避免差错，通常都采用固定货位存放或分区存放的原则，即每一类货物都固定不变地存放在某个区域。采取计算机管理库存时，可以根据实际情况灵活地设定存取原则，确定货物的存放位置以及实时地监控货位情况，通过优化存取位置提高仓库的利用率和存取的时间效率。

3. 取货

最通常采用的原则是先进先出。如果同一类货物多次存入仓库，那么取货时要把最早存入的货物取出。从取货的数量划分，可以分为整托盘取货和零星拣取两种。

4. 发货

发货的对象可以分为单一用户和多个用户，向多个用户发货时，一般需要多个站台。当用户需要多种货物时，发货前通常需要进行配货和包装。在自动化程度较高的仓库，货物上或装有货物的货箱上贴有条形码和装箱单，自动识别装置在货物传送过程中阅读条形码识别货物计算机随即控制分选运输机上的分岔机构把货物拨到相应的包装线上，包装人员按装箱单核查货物的品种和数量，确认无误后装箱封口，最后码放成托盘单元，由叉车完成装箱任务。

名人故事

天路将军慕生忠

说起青藏公路，大家都说，如果没有慕生忠，这条重要通道的诞生不知要晚多少年！是他千争万抢，以大气魄，率领千军万马，死打硬拼，把这条天路创出来的。

其中一个典型事例就是在达布增河和舒嘎果勒河汇流后的出口建桥，公路遇到了一条无法通过的断崖。而材料有的只是从兰州拉来的 9 根 9 米长的红松和一部分杂木。

邓郁清工程师来到工地一看，岸宽 9 米，而 9 根红松也长 9 米，根本搭不到岸边，按要求短了整整 3 米，他提出派车去兰州再运些材料来，幕生忠因为时间来不及一口回绝了。

邓工没有了退路，大家只好坐在地上开“诸葛亮会”，研究对策。大家一起研究，石匠想出了办法：在平台上凿开 80 厘米深的石窝，顶柱便稳稳地立在了石窝里，顶柱与岸坡之间的夹角中填满石块。这样，9 米宽的沟岸就缩短了 3 米，变成了 6 米，9 米长的红松搭在上面正好。柱与梁的连接处由罗永元带领的木工凿成榫咬合，再由杨增贵带领铁匠用钢筋打的蚂蟥钉加以固定，有些地方则用铁丝捆绑加固。

大家就这样没日没夜地大干 3 天，青藏公路的第一座桥梁终于建成。桥修成了，结实不结实，能不能过汽车？邓工爬上头一辆汽车要试过，被慕生忠一把拖了下来：“你是我们唯一的工程师，宝贝疙瘩，还是我来吧！”

邓工急红了眼：“不，你是一军之帅，不能冒这个险！”

慕生忠装作没听见，跨上驾驶室，命令驾驶员：“开车！”

第一辆车在人们的注视中稳稳地过了桥，接着，13 辆满载面粉物资的汽车一辆接一辆地过了桥。

（资料来源：“筑路将军”慕生忠：把一生都献给了青藏铁路，献给了格尔木[EB/OL]. 百度网，2020－10－22）

5.2 物流仓储系统的规划

本节将介绍物流仓储系统的规划原则、布局规划、货位规划、库存规划以及物流自动仓储系统的规划。

5.2.1 物流仓储系统的规划原则

仓储物流技术是支持仓储作业并对仓库内的物流进行系统化和合理化的技术。仓储规划方案应当能做到以最低成本，实现货物在仓库内既快速又准确地流动。仓储系统的物流规划原则不是一成不变的，要视具体情况而定。在特定场合下，有些原则是相互影响的，甚至是相互矛盾的①。为了做出最好的设计，有必要对这些原则进行选择和完善。

1. 简化系统原则

需依据物流标准化达成包装和物流容器的标准化，把杂货、粮食、饮料等这种散装货物和外形不规则的货物组成标准的储运集装单元，实现集装单元与运输车辆的载重量和有效空间尺寸的配合、集装单元与装卸设备的配合以及集装单元与仓储设施的配合。这样做不仅会有利于仓储系统中各个环节的协调配合，提高通用性、节省搬运作业时间、减轻物品的损毁程度，达到了节约费用的效果，同时也进一步简化了装卸搬运子系统，降低了系统的操作和维护成本，提高了系统的可靠性和仓储作业的效率。

2. 同一平面原则

如果没有特殊要求，仓储系统中的物流都应在同一平面上实现，从而减少不必要的安全防护措施，减少利用率、作业效率低和能源消耗较大的起重机械，尽可能提高系统的效率。

3. 物流和信息流相分离原则

现代物流是在计算机网络支持下的物流，如果能实现物流和信息流的尽早分离，将所需要的信息一次性识别出来，再通过计算机网络传到各个节点，就可以降低系统的成本。

4. 柔性化原则

在进行仓库的建设和仓储设备的购置时，势必要筹备大量的资金。为了保证仓储系统高效率工作，需要配置针对性较强的设备，而社会物流环境的变化，又有可能带来仓储货物品种、规格和经营规模的改变。因此，在规划时，要注意机械化系统的柔性和仓库扩大经营规模的可能性。

5. 成本与效益平衡原则

在物料处理方面，不管是以人工还是自动方式，每一次物料处理都需要花费一定的时间和费用，而通过复合操作，减少不必要的移动或者引入能同时完成多个操作的

---

① 程国全. 现代物流系统规划概论［M］. 北京：北京师范大学出版社. 2013.

设备，就可以减少处理次数。在物流线路方面，移动距离越短，所需时间越少，费用就越低，如果避免物流线路交叉，就可以解决交叉点物流控制和物流等待时间的问题，有利于保持物流的畅通。在建设仓库和选择仓储设备时，也必须考虑投资成本和系统效益原则。在满足仓储作业需求的条件下，尽量降低投资成本。

5.2.2 物流仓储系统的布局规划

在确定物流仓储系统的布局时，首先要考虑需储存货品的形态及其数量，以便能提供适当的空间来满足需求。因为在储存货品时，必须规划好大小不同的区域，来适应不同尺寸的货品的存放。同时必须合理地将储区分类，并确定好储存空间的大小，然后再进行布局。如果由于储存空间的限制而无法满足储存要求时，那么就要寻求可以提高保管效率的储存方法来满足规划要求。

1. 物流仓储系统空间的构成

仓储系统的空间即仓库中以保管为功能的空间。包括物理空间、潜在利用空间、作业空间和无用空间，其中物理空间指货品实际上占有的空间，潜在利用空间指储存空间中没有充分利用的空间，一般仓库至少有10% –30%的潜在利用空间可利用，作业空间指为了作业活动正常进行所配备的空间，比如作业通道、货品之间的安全间隙等。

2. 物流仓储系统布局规划的影响因素

影响仓储系统布局的主要因素是作业、货品和设备。其中，作业因素主要包括作业环境及作业方法；货品因素主要包括货品特性、货品存储量、出入库量等；设备因素主要包括储存设备及出入库设备等。而在规划仓库布局的过程中，必须在空间、设备、人力等因素之间进行权衡，可能空间狭小会对作业效率有影响，但是宽敞的空间并不总是有利的，因为这可能带来存取货品过程中使作业人员行走距离随之增加。

3. 物流仓储系统布局的评价要素和评价方法

（1）评价要素。物流仓储系统的布局规划得成功与否，需要从仓储成本、空间效率、货品流量、作业时间、作业感觉等五个方面进行评价。其中仓储成本主要指固定保管费用、保管设备费用等，空间效率主要指储存品特性，梁柱、通道的安排布置等，货品流量主要指进货量、保管量、拣货量、补货量、出货量，作业时间主要指出入库时间，作业感觉主要指作业环境、作业方法等。

（2）评价方法。根据评估要素，可以通过下面几个指标来衡量物流仓储系统的布局规划是否科学合理。

1）仓储成本。以1立方米货品的保管费用来估算，该费用包括固定保管费用与可变保管费用，单位为元/立方米。

2）空间效率。空间效率的评估可由实际的保管容积率来判别。计算公式为：

$$仓库空间效率 = (实际仓储可利用容积 / 仓储空间容积) \times 100\%$$

3）货品流量。流量的评估基准以月为单位，即以每月的入库量、出库量、库存量三项数值来计算，其值在 0 ~ 1 之间，越接近 1 说明库存的周转率越高。计算公式为：

仓库流量 =（入库货量 + 出库货量）/（入库货量 + 出库货量 + 存货量）

4）作业时间。作业时间主要用拣货时间加上在保管时由于货位空间的调整而移动货品的时间来表示。

5）作业感觉。仓库可以自行定义该指标的级数，如宽度、大小、整洁程度以及舒适程度等，再调查作业人员对其作业空间的感觉，由此可以得到这些感性指标。

5.2.3 物流仓储系统的货位管理

物流仓储系统的货位管理是指对仓库存货物资的货位进行的规划、调整等工作①。货位管理不但为仓管人员带来了便捷，而且加强了对仓库中商品的管理。

1. 货位管理的分类

按照货位的使用方式，可以将货位管理分为固定货位和自由货位。固定货位也称为固定料位，针对某一货位严格规定只能存放某种物品，它的主要优点是每种物品存放的位置固定不变，仓库管理人员容易记住各种物品的不同货位，便于收发清点，能提高收发货效率和降低差错率。即使是非本库的管理人员，依据货位分布图也能比较容易地找到所要找的货位，但是缺点就在于可能造成一定的浪费，不能充分利用每一个货位。自由货位也可以称为自由料位，其主要是指每一个货位均可以存放任何一种物品（不包括相互有不良影响的物品）。只要货位空闲，入库各种物品均可存入。它的主要优点是能充分利用每一个货位，减少浪费，充分发挥每一个货位的作用，从而提高仓库的储存能力。但是其缺点是由于每种物品没有固定的位置，每个货位的存货经常变动，管库人员收发清点时容易出现寻找货位比较困难，收发差错等问题。为了便于对货位的管理一般采用货位编号的方法，如采用四号定位法。利用电子计算机进行货位管理是一种理想的方法，它可以按照设定的条件分配提供货位，并可进行各种查询，随时了解货位利用情况。

2. 货位管理的目标

（1）充分有效地利用空间。

（2）尽可能提高人力资源及设备的利用率。

（3）确保物料的质量和数量。

（4）使所有物料处于随存随取状态。

（5）货位明确化。

（6）存放物料合理化。

（7）货位上物料存放状况明确化。

（8）维护良好的储存环境。

3. 货位优化的策略

进行货位优化时需要很多的原始数据，包括每种商品的品规编号、品规描述、材

---

① 高举红，王术峰．物流系统规划与设计［M］第 2 版．北京：清华大学出版社．2015.

料类型、储存环境、保质期、尺寸、重量等，甚至包括客户订单的信息。当收集到完整的原始数据后，选用哪种优化策略就显得十分重要。一个高效的货位优化策略可以增加吞吐量，改善劳动力的使用，减少工伤，减少产品的破损和更好地利用空间。以下一些货位优化的策略可供参考选择。

（1）周期流通性的货位优化。根据在某时间段内（如年、季、月等）的流通性，并以商品的体积来确定存储模式和空间分配。

（2）销售量的货位优化。在某段时间内根据出货量来确定存储模式和空间分配。

（3）单位体积的货位优化。根据某个商品的单位体积来进行分配。

（4）分拣密度的货位优化。具有高分拣密度的商品应放置在黄金区域以及最易拣选的拣选面。

货位优化通常可以独立于仓库管理系统 WMS 运行，它是一种优化和模拟工具。因此，这种在虚拟仓库空间中综合使用多种策略或交替使用策略得到满意效果后再进行实际使用，是一种比较好的方法。

5.2.4 物流仓储系统的库存管理

库存成本在企业总成本中占了相当大的比例，所以作为企业物流的关键问题之一，库存的管理和控制在企业运作中显得尤为重要。

1. 库存管理模式

根据供应链中库存管理主体及内涵的不同，可以划分为以下四种模式：

（1）传统模式。该模式在供应链上各节点的库存管理是独立的，企业都拥有自己的库存管理模式并且自行封闭管理。而传统库存管理模式是基于交易层次之上的由订单驱动的静态单级管理库存的方式，各个节点企业仅仅根据下游企业的订货单确定库存持有，不同的企业之间没有相应的沟通协调机制，信息的获取不充分且渠道狭小。这样就造成了各个节点企业都为达到最优的库存管理而努力，进而容易产生牛鞭效应，使需求变异扩大，使企业成本增加。

（2）供应商管理模式。供应商和其下游企业之间在充分沟通协调的基础上，实行合作性的库存管理策略。首先供应链上各节点企业要达成一个一致的协议框架，这个框架对合作双方来说都是最低的库存管理成本，根据这个协议将库存的管理权和控制权交给供应商。这个协议作为双方合作的基础，而内外部环境的变化可能会导致协议出现一些问题，所以要适时地修正共同协议，使它能与新的环境相匹配。供应商管理模式是一种战略贸易伙伴之间的合作性策略，是一种库存决策代理模式，其基础是整条供应链协商合作，最终目标是合作双方都能获得最低的库存管理成本。

（3）联合管理模式。是在供应商管理模式的基础上发展演变而来的新型管理模式，它改变了供应商管理模式下供应商握有库存管理权的状况，平衡上下游企业的权利责任，使他们共担了风险，这种联合管理模式体现了战略联盟式的新型企业合作关系。

联合管理强调的是供应链中各个节点企业同时参与，共同制订库存计划和策略，每个库存管理者都从协调性的角度考虑，使供应链各个节点的库存管理者都对需求的预期保持一致，进而消除需求变异放大的现象，这使得库存管理不再是纯粹独立的运作过程，而是供需双方协调的结果。

（4）协同式供应链管理模式。该模式是一种协同式的供应链库存管理方法，它建立在联合管理模式和供应商管理模式的最佳分级实践基础之上，同时摒弃了二者的主要缺点，达到降低分销商的存货量，增加供应商的销售量的效果。协同式供应链管理模式的最大优势是在供应链合作过程中，运用一系列技术模型，通过共同管理业务和共享信息来改善分销商和供应商之间的关系，能及时准确地预测由各项异常变化带来的销售波动，从而使分销商和供应商都能提前做好充分的准备，从而提高了供应链效率、降低了库存和提高了顾客满意度。协同式供应链管理模式从全局出发，以库存管理为核心，同时兼顾供应链上其他方面的管理，更有利于实现伙伴间更广泛深入的合作和制定面向客户的合作框架，进而消除供应链过程的约束等。

2. 零库存管理

一般来说，库存管理的方法主要有 ABC 管理法、定量订货法、定期订货法以及经济订货法、JIT 库存管理方法等。而零库存管理是一种特殊的库存管理方法，并不等同于没有储备。所谓的零库存，是指物料（包括原材料、半成品和产成品等）在采购、生产、销售、配送等经营环节中，不以仓储的形式存在，而是均处于周转的状态，通过实施特定的库存控制策略，实现库存量的最小化。因此零库存管理的真正内涵是以仓储形式的物品数量为“零”，即不保存经常性库存，在物资有充分社会储备保证的前提下所采取的一种特殊供给方式。基本流程如下图所示。

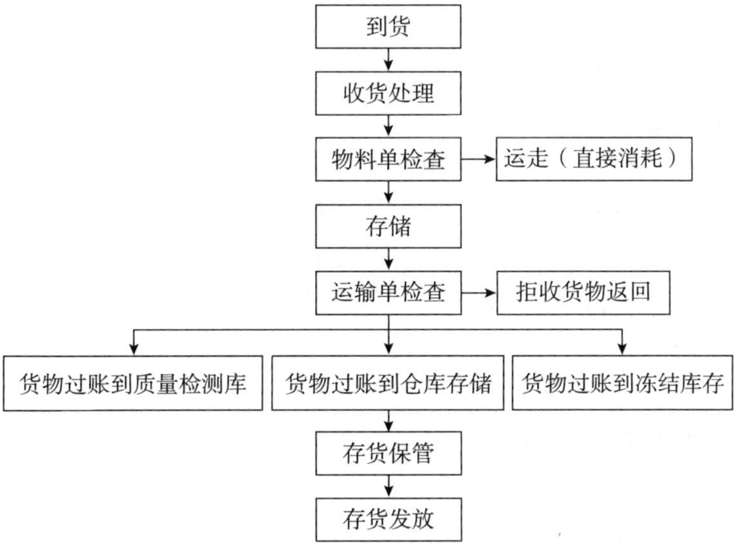

库存管理的基本流程

5.2.5 物流自动化仓储系统

自动化仓储系统（Retrieval System，RS）是由高层立体货架、堆垛机、各种类型的叉车、出入库系统、无人搬运车、控制系统及周边设备组成的自动化系统。通过自动化仓储系统不但可以快速查找库存的产品，持续地检查过期的产品，减少不良库存，提高管理水平，还能充分利用存储空间，运用计算机实现设备的联机控制，迅速准确地处理物品，合理地进行库存管理。

1. 物流自动化仓储系统的构成

物流自动化仓储系统一般包括以下几方面。

（1）堆垛机。是自动化仓储系统中的主要设备，需要实现模块化设计、结构简单、外形设计美观。

（2）自动化仓储管理软件。该软件是一套基于网络数据库的、集信息管理和工业监控于一体的专业性软件。信息管理子系统如 MRP、ERP 均充分考虑到了安全性与灵活性，所以通常情况由工业监控子系统指挥机械全自动完成入出库作业。

（3）输送系统。包括辊子、链式、皮带皮、无动力式、可移动型输送系统，适用于电子、家电、食品、化学、物流中心的产品输送和分配。在不同的物流规划中，可以通过工艺布局选取不同类型的辊子或链式输送机，并运用各种辅助装置，使物料完成连续输送、积存、翻转、分配、合流、提升等任务。同时配以 PC 程序控制系统和 CPU 管理系统，才能算是一套完整的自动化输送系统。

（4）拣货系统（DPS）。是一种计算机辅助的无纸化拣货系统，由流动货架、电子标签、堆积滚筒输送线、条形码阅读器、管理与监控系统构成，其原理是借助安装于货架上每一个货位的 LED 电子标签取代拣货单，利用计算机的控制将订单信息传输到电子标签中，引导拣货人员正确、快速、轻松地完成拣货工作，拣货完成后按确认钮完成拣货工作。计算机监控整个过程，并自动完成账目处理。

2. 物流自动化仓储系统的优势

（1）降低对人工成本的依赖。自动化仓储主要就是依托计算机数控技术进行仓储工作的操作，而且操作场所的要求也不高，能够降低物流公司以及工业企业对人工成本的依赖。

（2）提高作业效率。自动化技术的应用能够高效地查找货物的存放位置，机械化、自动化作业实现产品快速出入库操作，从而有效地提高作业效率。

（3）保证货物保管的安全性。自动化仓储系统能够依托货架—托盘系统的功能发挥作用，实现对出入库货物的安全移动搬运，很容易实现先进先出。一方面是避免人力操作中可能导致货物损坏的情况，另一方面能够大大提高货物保管的安全性，防止货物自然老化、变质、生锈。

3. 物流自动化仓储系统的发展趋势

（1）管理自动化。通过不断地探索物流仓储系统的管理自动化技术，在控制精度、降低误差率等方面优势突出，为提高管理效率以及管理质量等目标不断努力。

（2）管理智能化。大部分智能仓储系统都是选择密集架立库与堆垛机相结合的配置方法，并以此为基础进一步开展深入研究，同时发挥物联网技术的移植性与扩展性，可以实现快速升级原先仓储系统的目的①。因此，智能化也是自动化仓储的重要发展趋势。智能化仓储是在自动化仓储基础上发展起来的，是自动化仓储的更高级形式。

（3）零库存发展态势。零库存是现在仓储活动发展过程中的主要目标，零库存除了字面意义上的货物库存为零或者接近于零以外，还包括仓储中的库存设备数量、劳动消费等各方面为零或者接近于零，其主要是要求物流企业在自动化仓储的建设过程中能够合理地调整社会库存结构，进一步优化仓储管理。

知识拓展

WMS仓储管理系统：可视化管理

透过RFID技术的物流WMS仓储管理系统，不但可以为实现高效的运作体系以及现代化的仓储管理提供技术层面上的支持，同时在功能上也可以实现对于货物的定位、叉车的优化调度、生产安全以及货物预警等一系列精益管理，具体表现为两个方面。

1. 货物定位可视化管理流程

首先为某批货物粘贴RFID电子标签，通过读写器可以将该批次货物送达日期、货物所属客户等一系列信息记录到RFID电子标签中。那么货物在仓内可定位到具体货架，出库时同样通过读写器一次性读取信息并传输到系统当中，通过车上载有的GPS定位系统可以有效与RFID物流仓储管理系统进行对接，实时反馈该批货物的具体位置，高效便捷地实现对货物的精细化管理。

2. 仓库内运作可视化管理流程

仓库内需为叉车、工作人员提供相应的RFID电子标签，并结合RTLS（实时定位系统），就可以实现仓储物流业对货物、叉车、推车、人员等对象的精确实时定位，同时使WMS仓库管理系统对库存调配和位置状态完全可视化、优化调配。通过RFID物流WMS仓储管理系统的仿真仓库及车间，以及相应的管理流程程序真正地实现对于仓库内的运作进行可视化的管理流程，同时也有着生产安全及货物预警等功能。

（资料来源：智慧物流WMS仓储管理系统［EB/OL］. 搜狐网，2021-06-25）

5.3 物流仓储系统的运作

本节将介绍物流仓储系统的运作流程和运作管理、自动仓储系统的运作、无人仓

---

① 梁胜涛，陈良坤，舒奇奇，等. 基于无线通信与RFID定位的智能仓储系统的设计［J］. 自动化技术与应用，2020，39（01）：169-172.

库管理系统的运作以及物流仓储系统的绩效评估。

5.3.1 物流仓储系统的运作流程

物流仓储系统的运作流程，简单来说就是进库、出库和库存的管理过程。无论是什么性质的仓储运作，其他相关流程都是在上述三个基本管理过程基础上发展衍生出来的。不同的仓库，基于其设计、建造和使用的目的，其重点流程可能会有所不同。

一般来说，物流仓储系统的运作流程应包括：

1. 入库作业

包括四个环节：供应商来货收货、QC（Quality Control）验货、货物入库上架、不良货物处理。其中收货过程主要是供应商来货仓管员点数，也就是根据送货单在数量上和质量上进行清点。若单货相符，由 QC 进行货物检测验收，则收货完成。QC 根据要求进行货物全检或抽检，然后填写来货检测单并告知仓管员进行货物上架，货物检测合格后进行货物入库上架，在 QC 进行货物检测的过程中可能会产生不良货物，对于这些不良货物，首先是进行统计整理，然后把不良货物的情况上报，然后根据情况进行补货和退货处理。所以不良货物可以先退入不良品库，分开存储，待采购与供应商沟通处理后，通知仓库退货。

2. 在库作业

指执行货物在库房存储、摆放和保管的功能。为了实现货物在库储存合理、安全，就要对库房进行合理划分，货物标识清晰，货物分区分类摆放，实行 5S 管理，防水，防火，防盗，消防管理等。

3. 出库作业

指执行货物出库的功能，要遵循先进先出原则。包括拣货作业、称重包装作业、装运发货作业。拣货就是指根据拣货单进行拣货工作，必须保证货物质量数量准确无误；对货物进行称重、贴标、包装是发货的必要作业环节，也是仓储的特性；货物打包完成后进行装运发货作业。

4. 盘点作业

盘点是对库存状况的检查，也是对仓库某段时间日常操作的检验，通过盘点作业可以发现仓库日常工作是否妥当，从而可以适当调整工作内容，使得仓库可以更好地运转，因此盘点作业非常重要。盘点方式按照时间范围划分，可分为日盘点，月盘点，季度盘点以及年终盘点；按照形式划分可分为明盘，暗盘，全盘以及抽盘。

5.3.2 物流仓储系统的运作管理

1. 物流仓储系统的运作目标

（1）入出库快速化。

（2）经营多样化。

（3）费用节约化。

（4）保管科学化。

（5）储存高效化。

2. 物流仓储系统运作考虑的因素

（1）实现仓储经营的多样性。

（2）充分调动仓储人员的积极性。

（3）保证仓储作业过程的衔接性和合理性。

（4）建立有利于人才培养的机制与有效的风险的防范机制。

3. 物流仓储系统的运作管理方案

为了实现仓库有效合理的运转，保证入库、在库、出库、盘点等作业有序进行，需要对仓库进行人员设置安排、岗位职责管理和仓储制度设置管理工作。合理的人员设置、工作安排以及管理制度，可以有效地提高仓库人员的管理素质，从而使仓库合理、有效、有序的运转。

5.3.3 物流自动仓储系统的运作

物流自动仓储系统的运作管理需要将日常维修、设备改善、保养点检、备件管理、培训体制、安全管理等结合到一起，整体把控系统管理体系，使系统管理形成一个闭环。

1. 分析设备状况

日常运作的重要输出之一就是对设备状态分析，为后续的设备改善、备件管理等提供数据支持。通过SCADA数据采集与监视控制系统、小组观察等手段收集设备的基础数据来掌握设备的现状，也为后续运作保养打下基础。从而定期对设备数据进行分析，通过平均故障间隔（Mean time between failare，MTBF）判断设备稳定性，通过平均修理时间（Mean time to repair，MTTR）判断人员培训方向。

2. 改善事件分析方法

改善事件需要以小组为单位持续不断地进行，提高团队合作能力和成功感，重视小组成员内部分享。进行预防性设备维护工作，使设备维修工作逐步转向设备改善，使设备管理的目标由设备抢修转向保障设备稳定。要做到这些，就要以设备故障分布数据为基础，以维修时长和维修频次作为维度，选择改善的方向。除此之外，要对输出设备故障进行总结，得到设备改善的最终方案，设备保养点检基准更新，设备人员培训资料更新，备件安全库存更新，落实设备培训。

3. 备件管理

备件管理是设备正常维护检修和应急处理的保障性物资，也是设备管理与维修工作中的重要环节。做好备件管理，不断完善仓库管理制度，提高仓库管理效率，就可以用最少的设备资金，合理地展开库存储备工作，保障设备维修需要，减少设备的维修时长和停机事件，提供企业生产效益。

4. 培训计划

随着自动化物流的高速发展，由于人员储备跟不上或是运作经验无法传承，企业在日常运作过程中出现了设备等人的现象。培训计划的目的是使岗位员工能完全胜任所承担的工作，确保设备安全可靠运行。培训内容包括设备结构、工作原理等理论培训及设备操作规程、现场操作、设备的维护、设备安装调试、设备运行参数调整、设备故障排除、事故应急措施等内容。在设备管理中 MTTR 这个指标通常也是用来衡量员工技能的标准之一，也可以帮助确定员工培训方向。

5. 安全管理

如果将预防性维护工作看作是资产增值，有一个可靠的预防性维护计划可以使资产持续更久，同时降低停机成本。技术人员要持续且正确地进行预防性维护工作。比如在设备管理初期，要从设备供应商中得到保养手册，通过不断完善保养内容和点检内容，持续不断改善事件管理，修正设备保养点检的基准，确保设备保养点检计划严格执行，这才是设备稳定的保障。

5.3.4 无人仓库管理系统的运作

1. 无人仓库管理系统的概念

无人仓库管理系统①是一种基于高度自动化、信息化的物流系统，基于二维码、条形码、RFID 等智能标签，以智能移动终端，无线网络技术为前沿，运用物联网技术手段，对企业仓储活动中的物料进行条码化的全程跟踪管理。在仓库内有虽然有少量工人，但依然可以实现人机高效协作的智能仓库，比如京东、菜鸟打造的无人仓库。

2. 无人仓库管理系统运作的基本流程

（1）自动卸货。货车到达仓库可以直接把货物倒到传送带上，由机械手臂自动分拣入库。

（2）入库自动验收扫码。入库验收过程使用条形码，用机器做重复劳动，直接扫码与人工用键盘输入相比具有操作简单、信息采集效率高、单位时间采集到的信息量大、可靠性高的特点，出错率变小而且效率加快，自然让成本降低。

（3）自动存储。货物入库之后，就要被搬运存储到合理的地方去，无人仓库采用自动化立体仓库（AS/RS 系统）可以让吞吐量高达 1600 箱每小时。

（4）自动拣货。当仓库受到订单以后，就要把货物从合适的地方找出来，而自动拣货就是自动存储的反方向过程。

（5）自动包装。将低碳节能理念融入无人仓库的设计中，并将包装材料的算法应用到系统中，实现全自动化适应性包装，避免过度包装和包裹损坏。

---

① 李晓婷．对无人仓库在现代物流系统中应用与发展前景的研究——基于 SWOT 分析法［J］．商场现代化，2018（12）：41 -43.

（6）自动发货。根据不同货物的不同目的地，通过机器流水线直接送达送货卡车上，送货卡车将货物安全而又快速的送出，再经由智能物流运输工具，直到抵达消费者手中。

3. 无人仓库管理系统的运作特点

（1）强大的实用性。从计划、验收、收、存、领、核价结算到量、质、价、经济分析、经营决策以及汇总统计上报等所有工作皆可以自动完成，完备及时的经济分析及决策支持适应的新格局，能够在保障正常生产运营的情况下，最大限度地减少库存，方便管理者决策。

（2）灵活的多重适应性。系统功能灵活全面，既适合单一库房也适合组合库房，适应多种库房管理模式。

（3）合理的权限定位。以人为本的个性化设置。功能模块自定义功能，每个用户可以根据自身岗位特点，设置适合自己的功能模块，通过个性定义，使得物资库存系统模块简单化，进一步贴合使用者。

（4）简便易操作的客户端。系统全部采用 B/S 结构，不使用任何控件和插件，客户端无须安装配置，不需要任何客户端维护，同时客户端界面贴近实际工作，使用人员没有任何陌生感，无须专门培训即可使用。

（5）精密准确的数据源。系统对于原始数据源（手工输入、采集）都进行了严格规范的约定，需要相关权限方可变动，避免了人为因素造成的损失。

（6）数据及时性。包括数据汇总、经济分析的及时性。从计划、调运、矿发、到港（水路运输）、港发（水路到厂）、锚地（水路到厂）、进厂验收紧密结合，方便领导及时掌控调运情况。

（7）完整延续历史数据。系统充分考虑原有数据的全部转入，保障数据的延续性。

5.3.5 物流仓储系统的绩效评估

1. 物流仓储系统绩效评价的意义

仓储绩效评价指标是衡量仓库管理水平高低的尺度，仓储管理成果的集中体现，利用指标考核仓储系统的意义在于对内加强管理、降低仓储成本，对外接受货主定期服务评价、提高服务质量，由此看来，仓库有必要建立起系统科学的绩效评价指标体系①。

（1）仓库可以利用绩效考核指标对内考核仓库各个环节的计划执行情况，纠正运作过程中出现的偏差。有利于落实岗位责任制；有利于提高仓储管理水平；有利于提高仓储经济效益；有利于仓库设施设备的现代化改造。

（2）仓库还可以充分利用绩效考核指标对外进行客户关系维护和市场开发，给货主企业提供相对应的参考数据和质量评价指标，有利于稳定客户关系；有利于扩大市场占有率。

---

① 高举红．物流系统规划与设计［M］．北京：清华大学出版社．2015.

2. 物流仓储系统绩效考核指标的制订原则

为保证仓储绩效评价真正发挥作用，指标体系的科学制订、严格实施和管理非常重要。应遵循如下原则：

（1）科学性。即所设计的指标体系能客观地反映仓储生产的所有环节和活动要素。

（2）可行性。即所设计的指标便于工作人员掌握和应用，数据容易获得，便于计算。

（3）可比性。即指标在期间、内容等方面要一致，使指标具有可比性。

（4）协调性。即各项指标之间相互联系、相互制约，但是不能相互重复和矛盾。

（5）稳定性。即指标一旦确定之后，应在一定时期内保持相对稳定，不宜经常变动。在执行一段时间后，经过总结再进行相应地完善。

3. 物流仓储系统绩效评价指标体系

仓储系统绩效评价指标体系是反映仓库经营状况和仓库的生产成果各项指标的总和，指标的种类由于仓库的经营性质或仓库在供应链中所处的位置不同而有所不同。

（1）储存作业指标

1）设施空间利用率

单位面积保管量＝平均库存量/可储存面积

平均每品项所占货位数＝货架货位数/总品项数

2）库存周转率

库存周转率＝出货量/平均库存量×100%或库存周转率

＝销售额/平均库存金额×100%

（2）订单处理作业指标

1）订单货件延迟率＝延迟交货量/出货量×100%

2）订单延迟率＝延迟交货订单数/订单总量×100%

3）差错率＝备货差错笔数/订单总笔数×100%

（3）进出货作业效率指标

1）站台高峰率＝高峰车数/站台泊位数×100%

2）站台利用率＝进出货车装卸货停留总时间/（站台泊位数×工作天数×每天工作时数）×100%

3）人员负担和时间耗用

每人每小时处理进货量＝进货量/（进货人员数×每日进货时间×工作天数）

每人每小时处理出货量＝出货量/（出货人员数×每日出货时间×工作天数）

进货时间率＝每日进货量/每日工作时数×100%

出货时间率＝每日出货量/每日工作时数×100%

（4）服务质量指标

1）服务水平＝满足要求次数/用户要求次数×100%

2）交货水平＝按交货期交货次数/总交货次数×100%

3）交货期质量 = 规定交货期 - 实际交货期（天）

4）商品完好率 = 交货时商品完好量/物流商品总量 × 100%

或缺损率 = 缺损商品量/物流商品总量 × 100%

（5）仓储系统运作管理综合指标

1）仓库坪效 = 仓库产值 / 仓库总建筑面积

2）仓库生产率

仓库生产率 = 某时期装运的订单数 / 每时期装运的平均订单数 × 100%

或仓库生产率 = 同时期装运的订单数 / 某时期接受的订单数 × 100%

3）投入与产出平衡率 = 进货量 / 出货量 × 100%

4）固定资产周转率 = 仓库产值 / 仓库固定资产总值 × 100%

学习探索

“十四五”规划后中国物流业的未来走向

随着“十四五”规划的出台，中国物流业迎来前所未有的发展机遇。根据中国仓储与配送协会副会长王继祥的解读，未来的中国物流业将迎来新的变局。

第一，物流业将回归本质。“十四五”规划提到，加快发展现代服务业，将现代物流涵盖其中，这实质上是物流本质的回归，也预示着，“十四五”期间以及更远的未来，物流业需要更加重视服务和体验而不是以降成本为导向。

第二，物流业的战略定位。在统筹推进基础设施建设中提到，加快建设交通强国，完善综合运输大通道、综合交通枢纽和物流网络。这意味着，物流的战略定位是基础设施。基础设施是支撑中国经济的底盘，物流被定位为基础设施，其重要性不言而喻。

第三，物流发展的两大发展方向。一是服务于双循环新发展格局；二是服务于乡村振兴。

第四，只有构建起现代物流体系，才能有力促进国际国内双循环；乡村振兴是脱贫攻坚取得胜利后全面推进的重点，也是全面建成小康之后，物流下沉的重要发展方向。

（资料来源：王继祥谈：“十四五”规划与中国物流业发展［EB/OL］. 知乎，2021 - 05 - 14.）

案例分析

物联云仓共享仓焕新升级：服务城市增至59城，运营标准SOP增至49项

2020年10月26日，物联云仓共享仓服务范围与运营品质焕新升级。目前，共享仓服务城市增至59城，范围覆盖全国大部分一二线城市；与此同时，共享仓的服务品

质再提高，运营标准 SOP 已增至 49 项。共享仓用户登录物联云仓网站下单，即可享受到一站式用仓服务。

依托物联云仓的仓储物流科技能力及专业运营管理能力，共享仓能有效破解临时用仓难、中小微面积用仓难、运营质量难保障等困境，让用仓像网络购物一样便捷。现在，物联云仓共享仓已服务了包括汽车配件、日百快消、物资耗材等多个行业客户，好评不断。

在传统用仓市场中，临时用仓需求与中小微面积用仓需求往往不受重视，供需错位现象突出。一方面，仓储行业资源重点支持了用仓面积大、时间长的客户，仓库多以时间长的整租形式推向市场，而临时用仓需求与中小微面积用仓的需求零散、管理难度大，收益总额小，仓库方与经纪方均对其积极性不高，找仓租仓难度较大；另一方面，仓储服务商出于投入产出考虑，并不会为碎片化的临时用仓与中小微面积用仓需求方提供专业的一站式配套服务，导致该类需求的整体用仓质量难以得到保障。

在此市场环境下，临时用仓与用小微用仓需求方往往需要耗费自身大量的时间和精力，去寻找“仓库出租方、仓内运营服务商、仓储系统提供商”等多家服务商，并需要单独计费结算；另外，由于各个服务商此前缺少协作经验，临时用仓与用小微用仓需求方还需要花费大量精力对服务商进行协同管理，以提高整体仓储运营的效能。

本次共享仓服务升级，注入了物联云仓更高品质的仓储物流运营管理服务能力，打造“找仓租仓、仓内运营、系统服务、统一结算”为一体的综合用仓服务，为临时用仓、中小微用仓提供更加便捷、高效、专业的一站式用仓体验。

目前，物联云仓的数字化物流服务能力已步入新的台阶，拥有 9 大覆盖物流端到端的 SaaS 系统、3 大数字供应链产品、4 大整体解决方案及数据研究院，服务覆盖仓储物流的全场景，并具备护肤美妆、日百快消、食品酒水、鞋服衣帽、耗材物资、家居家电、汽车配件、生鲜蔬果等诸多行业客户的服务经验。

物联云仓系统适配性及仓储物流运营管理品质在客户服务实践中得以持续提高，与此同时，物联云仓搭建的数字化仓储物流服务网络也进一步扩大，为共享仓用户提供的一体化专业服务品质持续提升。特别是物联云仓建立并持续优化出的一套共享仓用仓全流程可视化管理的解决方案，让用户的用仓体验更放心、更省心。

从具体的市场情况来看，一方面中小微企业数量的增加拉动了中小微用仓需求的增长，另一方面随着脉冲式营销方式的增多，特别是“双 11”“双 12”等大促时期的临时用仓需求越来越多，更多的企业需要更为弹性、专业的仓储服务作为业务支撑。而物联云仓共享仓服务再升级正逢时、正当时，恰能满足这些企业的刚性需求，给临时用仓市场和中小微用仓市场带来新的生机与变革。

（资料来源：物联云仓共享仓焕新升级：服务城市增至 59 城，运营标准 SOP 增至 49 项［EB/OL］. 中国物流与采购联合会，2020 - 11 - 01.）

复习思考题

1. 简述仓储系统的构成要素和作业方式。
2. 物流仓储系统的规划原则是什么?
3. 什么是零库存管理?
4. 简述自动化仓储系统的优势和发展趋势。
5. 简述物流仓储系统的运作流程。
6. 简述物流仓储系统绩效考核指标的制定原则。
7. 对于案例中的智慧仓储系统还有什么改进建议?
8. 物流仓储系统的运作流程中有哪些环节可以通过运用互联网技术改进?
9. 冷库储存、生鲜产品的存储、危险物品的保存这三种特种仓储与普通货物的仓储有哪些需要额外注意的地方?
10. 要实现互联网技术与仓储管理的结合应采取怎样的措施?

第 6 章

物流运输系统规划与运作

物流运输系统作为物流系统的一个重要子系统，其成本在整个物流系统中占有较大份额。因此，企业物流系统成本的降低在很大程度上取决于物流运输系统成本的降低，物流运输系统的规划与运作成功与否则决定了企业能否满足客户需求，进而提高企业的效益和声誉。

本章学习目标

1. 了解物流运输系统的相关理论。
2. 掌握各类物流运输方式的特点。
3. 熟悉物流运输系统的规划，重点掌握各类物流运输方式的决策模型。
4. 了解物流运输系统的运作管理。
5. 运用优化模型求解不同的运输问题，熟练掌握三大类绩效评估方法。

案例引导

“义新欧”中欧班列国际多式联运新线路

“义新欧”（义乌－加里宁格勒－罗斯托克）中欧班列于 2021 年 7 月 29 日铁路义乌西站鸣笛首发，经由霍尔果斯铁路口岸出境，经过俄罗斯加里宁格勒口岸，再通过海铁联运的模式转运至德国罗斯托克港，最后通过铁路分拨至汉堡市和杜伊斯堡，或经海运分拨至欧洲其他地方。

这条路线是继开通波罗的海拉脱维亚首都里加班列后又一个联通波罗的海的新通道。相较于传统运输路线，“义新欧”中欧班列多式联运路线可以节约大量运输时间，提高运输效率，节省运输成本，可以避开波兰马拉舍维奇和白俄罗斯布列斯特等拥堵的节点，使得货物能够实现在北欧的快速分拨。

7 月初“中吉乌”公铁国际多式联运班列开行，“义新欧”班列创新推动与海铁联运互联互通，首次使用在交通部备案的具备物权属性的多式联运提（运）单，是推进中欧班列多式联运“一单制”和国际陆路联运提单实现“物权化”走出的关键一步。

新线路采取铁海联运的模式，将对铁路运单和海运提单做整合，在国际铁海联运提单上对“一单制”和“物权化”进行新的尝试。

（资料来源：“义新欧”中欧班列国际多式联运新线路首发［EB/OL］. 百度网，2021-07-29.）

问题

1. “义新欧”国际多式联运开展对沿线地区有什么意义？
2. “义新欧”国际多式联运与以往单一运输方式相比有什么区别与优势？
3. 简述国际多式联运开展流程？

6.1 物流运输系统概述

本节将介绍物流运输系统的概念及构成要素、特征及分类、作用、结构及其现代化以及物流运输的方式。

6.1.1 物流运输系统的概念及构成要素

1. 物流运输系统的概念

物流运输系统由硬件系统和软件系统两部分组成，其中硬件又可依据可移动性区分为运输基础设施和运输设备两类，软件系统主要包括运输行政管理组织和运输生产经营组织。该系统的特定功能是实现人或物的空间位移，并且有着多种多样的组织形态特征。

智能物流运输①是全新的思维模式与理念，智能物流运输系统是一种定时、准确、高效的现代化综合物流运输系统，其中融合了信息技术、传感技术、计算机技术、电子遥控技术、运筹学等技术成果。智能物流运输系统与传统的物流运输相比较，最大的优势就是管理理念的转变，智能物流运输系统把传统的管理者转变为道路的使用者，用最先进的技术手段提供及时、有效的信息，减少道路堵塞和事故的发生，还把道路管理者、用户、道路交通情况、交通形式等相结合，集中系统化地进行管理，有效地提高了物流企业的运营效率和运营利润。

2. 物流运输系统的构成要素

物流运输系统的构成要素主要包括运输线路、运输节点、运输设备、运输组织以及运输参与者五个部分②。

（1）运输线路。是供运输工具定向移动的通道，是运输工具赖以运行的物质基础，包括：陆上运输线路、水运航线、民航航线和管道。运输线路的分级由铁路线路分级、

① 王爽，余涵. 智能运输系统的发展与应用［J］. 交通世界，2019（21）：8-9.

② 汪时珍，张爱国. 现代运输管理［M］. 第2版. 北京：北京师范大学出版集团. 2015.

公路线路分级、内河航道分级、航线的分类和管道的分类组成。

（2）运输节点。是物流节点中的一种类型，属于转运型节点。它是以连接不同运输方式为主要职能，处在运输线路上，是旅客和货物的集散地，运输业务办理和运输工具作业的基地，也是运输企业对运输工具进行保养、修理的技术基础。

（3）运输设备。是指在运输线路上或与交通线路相似性能的几何体上，用于载重货物并使其发生水平或垂直位移的各种设备装置。运输设备包括铁路车辆、载货汽车、客车、货船等运输工具，起重机械、自动化装卸系统等搬运装卸工具，还有集装箱、雷达等。

（4）运输组织。分为运输行政管理组织和运输生产经营组织两方面。运输行政管理组织是从运输管理的宏观层面上来看的，它是行使运输行政管理的主体，一般指各级政府主管部门及授权机关。运输生产经营组织则是直接进行运输生产和经营活动的组织和机构，通常包括铁路运输企业、公路运输企业、水路运输企业、航空运输企业等运输企业。

（5）运输参与者。是一种以盈利为目的的商业交易活动，与一般商品交易仅涉及买卖双方相比，运输参与者范围更广，主要有：货主、承运人、货运代理人、运输经纪人、公众和政府。货主是指货物的所有者，包括托运人（也称委托人）和收货人，他们的共同目的就是在规定的时间内，以尽可能低的成本将货物从起始地转移到目的地。承运人即进行运输活动的承担者，他们希望以最低的作业成本顺利完成运输任务，同时获得更多的运输收入，主要包括储运公司、货运公司、物流公司等。货运代理人不同于承运人，他属于非作业中间商，是根据用户指示，为获取代理费用组织运输和配送的人。运输经纪人在一定程度上与货运代理人功能是相同的，主要是指替托运人、承运人和收货人协调运输安排的中间商，负责协调包括装运装载、费率谈判、结账和跟踪管理等内容。运输的最终受益者是公众，所以公众最关注运输的可得性、费用和效果，另外没有直接参与的公众也会关心环境和安全问题。物流运输系统的各方参与者使运输关系变得复杂，决策也变得复杂。这种复杂性要求表明在物流运输系统的规划与运作方面需要考虑诸多因素，尽可能最大化地顾及各方面的利益。

6.1.2　物流运输系统的特征及分类

1. 物流运输系统的特征

物流运输系统因其运营方式、形态、体系十分复杂且多种多样，不仅具有一般系统所共有的特征，即整体性、层次性、相关性、目的性、动态性和环境适应性，而且同时还具有其自身显著的特征。

（1）可以通过多种运输方式实现运输服务。不同的运输方式与其自身技术特征相适应，决定了各自不同的运输服务方法和所能提供的运输服务。各种运输方式对应于各自的技术特性，有不同的运输单位、运输时间和运输成本，因而形成了各运输方式不同的服务质量。也就是说，运输服务的利用者可以根据货物的性质、大小、所要求的运输时间、所能负担的运输成本等条件来选择相适应的运输方式，或者合理运用多种运输方式实行联合运输。

（2）有自用型和营业型两种运输服务形态。自用型运输即企业使用自己的运输工具，承担运输责任，开展的货物运输活动，与自用型运输相对的是营业型运输，以运输服务为经营对象，在公路、铁路、水路、航空等运输业中广泛开展，为他人提供运输服务。

（3）运输行业竞争激烈。运输业者不仅在各自的行业内开展相互的竞争，而且还与运输方式相异的其他运输企业开展竞争。一方面，一些运输方式存在着与其特性相适应的不同的运输对象；另一方面，还存在着多种运输方式都适合承运的货物，这类货物的运输就形成了不同运输手段、不同运输业者之间的相互竞争关系。

（4）实际运输和利用运输两种形式。实际运输是实际利用运输手段进行运输，完成商品在空间上的移动；利用运输是运输业者把运输服务全部或部分委托给实际运输商，这种利用运输的代表就是代理型运输业者，这类运输业者自己不拥有运输工具也能开展运输业务，通过充分权衡各种运输手段的优点，得出最优的整体运输方案。

2. 物流运输系统的分类

物流运输系统作为物流系统中最基本的子系统，从物流产业角度看来是由与运输活动相关的各种因素组成的一个整体，这些因素包括不同运输方式的组合、协调、竞争与具体作业。

（1）自营物流运输系统。是指货主除了自己进行生产或销售之外，还自备车辆运输和库存，负责运输、储存活动并自行承担运行的相关责任，其特点是运输量大，主要以汽车为运输工具，在企业的总业务中，运量中所占比重较大，多以近距离小批量货物运输为主。

（2）营业物流运输系统。是指以提供物流运输服务为经营对象，根据客户的要求来提供运输服务，并且收取一定运输费用的体系。它既包含传统运输公司，也包括现代的一些小型运输队，但是最常见的还是以汽车为运输工具的专线运输和包车运输类的营业物流运输系统。

（3）公共物流运输系统。又称综合运输体系，这种体系涉及因素很多，风险高，构筑投资也相当大，与国民经济的发展息息相关。它是指由政府投资或主导经营的各种运输以及相关的基础设施，如飞机、公路、港口、机场、信息系统等。

（4）第三方物流运输系统。在现代物流运输体系中逐渐得到了发展，是营业物流运输系统的提升，并且逐步成为现代物流运输系统的主导形式。第三方物流运输企业以第三方的身份出现，独立于产销企业双方，提供全方位的物流运输业务，没有产品的所有权，也不参与商品的买卖，以合同为约束，以结盟为基础，是系列化、信息化、个性化的物流运输系统，其在整个物流行业中所占的比重已经成为考察一个国家物流业发展水平的重要指标之一。

6.1.3 物流运输系统的作用

物流运输系统是物流系统的重要组成部分，物流过程中如包装、装卸搬运、物流信息等各项活动都是围绕运输进行的。主要作用可以归纳为以下几个方面①。

1. 物流运输系统是物流系统的核心

物流系统具有三大效用，即创造物品的空间效用、时间效用和形式效用。其中时间效用主要通过物流仓储系统实现，形式效用通过流通加工业务实现，空间效用通过物流运输系统实现。这三大效用是物流系统的主体功能，其他功能比如装卸、搬运和信息处理等是从属功能。主体功能中的物流运输系统是所有功能的核心，其主导地位更加凸显。

2. 物流运输系统影响着物流系统的其他部分

比如运输状况影响着货物库存储备量的大小，完备的物流运输系统能够快速可靠地实现对库存的补充，对运输工具的使用决定了其配套使用的装卸搬运设备以及收发地的设计，而不同的运输方式的选择决定了装运货物的包装要求。

3. 物流运输系统费用对物流系统费用起决定作用

物流系统费用包括运输费、保管费、包装费、装卸搬运费和损耗等一些直接费用，此外也有一些间接费用。这其中运输费用所占比重最大，对物流系统费用的影响相当关键。通过完善物流运输系统，使其合理化运行，可以减少运输费用，进而降低物流系统费用，提高物流系统的运作效率，对于提高物流经济效益和社会效益都起着重要作用。

4. 物流运输系统合理化是物流系统合理化的关键

物流系统合理化是指在物流系统的各个子系统合理化的基础上形成的最优化物流系统的总体功能，物流系统以尽可能低的成本创造更多的空间效用、时间效用、形式效用或以最低的成本为用户提供更多优质的物流服务。物流运输系统合理化是物流系统合理化的关键，通过物流运输系统的合理化设置能使物流系统结构更合理，优化总体功能。

6.1.4 物流运输系统的结构及其现代化

1. 物流运输系统的结构

物流运输系统的结构是指各种运输方式内外部的各个方面的构成和联系，内部指从微观层次来看，各种运输方式内各个环节的构成比例，比如运输工具与运输线路的构成、投入与产出的比例和点与线的协调等；外部指从宏观层次来看，各种运输方式从适合国民经济整体发展角度出发，对提供的运输能力与必须满足的运输需求的分工与协作，比如各种运输方式的运量和运力比例、各种运输方式的线网规模与地区分布等。

一个完善的物流运输系统结构包括：运输结构、区域结构、技术结构、投资结构和运力结构②。运输结构即在各种运输方式完成的货运量中，各种工农业产品数量的构成情况及各种性质的旅客（探亲、出差、旅游等）人数占总客运量的比例；区域结构反映了运输能力空间布局的合理化程度以及各区域内运输业与工农业生产的适应程度，

① 王术峰．运输管理［M］．北京：机械工业出版社．2018.

② 徐天亮．运输与配送［M］．北京：中国财富出版社．2017.

主要指各种运输方式的营运线路长度，运输工具的数量和客货运输量的区域分布情况；技术结构反映了运输装备的技术水平，是指各种运输方式采用的技术手段和所拥有的科技水平的构成，包括铁路货物运输中的重载技术，装卸手段的机械化，船舶的自动化，旅客运输的高速化等；投资结构是指各种运输方式之间的投资比例关系，包括投资的重点和投资的方向；运力结构则反映各种运输方式运输能力的比例关系。因此，保持物流运输系统结构的合理化可以保证按照各种运输方式的优势来发展运输业，整合各种运输方式，用最小的投入换取最大的运输综合效益，达到效益最大化，更好地满足国民经济发展的需要。

2. 物流运输系统的现代化

物流运输系统的现代化，就是运用现代管理科学，采用当代先进适用的科学技术和运输设备，协调物流运输系统各构成要素之间的关系，进而达到充分发挥物流运输功能的目的。物流运输系统的现代化也促使物流运输系统的结构发生了根本性的改变，主要表现在四个方面。①由单一的物流运输系统结构转向多种方式联合运输的物流系统结构；②集包装、装卸、运输一体化，使物流运输系统向托盘化与集装箱化的方向发展；③建立了适用于大宗货物的专用运输系统，如矿石、石油、肥料、煤炭等；④一些发达国家为顺应全球经济发展的需要，陆续开发了一些新型运输系统，如铁路传送带运输机械、城市中无人操作收发货物系统等。智能物流运输系统在现代物流中的具体应用体现在收集、处理运输车辆信息，定位管理运输车辆的运输信息，对车辆运行状态进行监督和控制以及智能物流运输系统与快递分拣系统的结合四方面[①]。物流运输系统现代化的路径如图 6－1 所示。

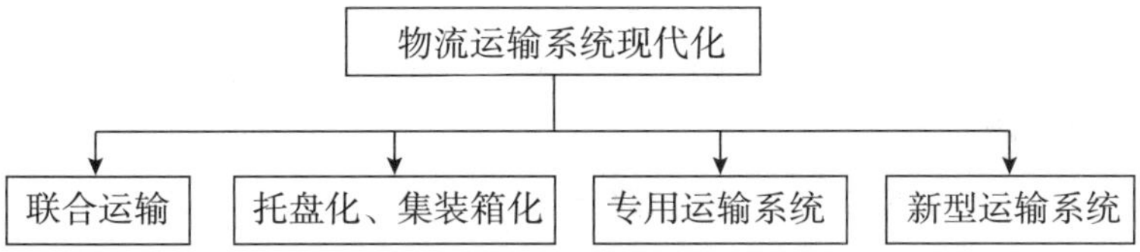

图 6－1　物流运输系统现代化的路径

6.1.5　物流运输的方式

1. 铁路物流运输

铁路物流运输是指利用机车、车辆等运行工具，沿铺设轨道运行的运输方式，属于轨道运输，是物流运输系统中主要运输方式之一。它在整个运输领域中占有重要的地位，是我国国民经济的大动脉。铁路物流运输系统主要由运输线路、铁路车辆和铁路车站组成。

---

① 朱春生，员兰. 智能运输系统在现代物流中的应用［J］. 工程技术研究，2020，5（09）：279－280.

铁路物流运输的优点是受气候和自然条件影响较小，准时性较强，具有较大的安全系数，比较可靠，并且其运输能力及单车装载量大，适合长距离的大宗货物集中运输，几乎可以不受重量和容积的限制，远距离运输成本低，这些都是公路物流运输和航空物流运输不能与之相比的。

铁路物流运输的缺点：一是机动性差。二是货损较高。

2. 公路物流运输

公路物流运输是指使用汽车等车辆在公路上进行货物运输的一种方式，与铁路物流运输和水路物流运输联运就可以形成以公路物流运输为主体的全国货物物流运输网络。公路物流运输系统主要包括运输工具、运输节点和运输线路。

公路物流运输的优点：机动灵活、运输方便、运程速度快、原始投资少、资金周转快、技术改造容易等。

公路物流运输的缺点：不适合大批量、长途运输，能耗大，污染环境比较严重，事故率较高，这些都给公路物流运输发展造成一定程度上的负面影响。

3. 水路物流运输

水路物流运输是指利用船舶、排筏等运载工具在水路上运送货物的一种运输方式，简称水运，有四种形式：内河运输、近海运输、沿海运输、远洋运输，是开展国际贸易的物流运输方式。水路物流运输系统的构成要素主要包括三个部分，即船舶、航道和港口。

水路物流运输的优点：运输能力强、单位运输成本低、建设投资小、能源消耗低、续航能力强。它主要承担数量大、距离远的物流运输，在干线物流运输中起主力作用。在内河和沿海，水路物流运输通常作为小型运输工具使用，用于补充和衔接大批量干线运输。

水路物流运输的缺点：由于水路物流运输更多依赖自然资源，所以相比于其他物流运输方式其受环境影响最大，容易有较大的波动性；运输的速度最慢。

4. 航空物流运输

航空物流运输是指根据航空港的起降条件，利用飞机运载工具运送货物的一种物流运输方式，又称为飞机运输。构成要素包括航空港、航空线路、航空器和通信导航设施三个部分。

航空物流运输的优点：快速及时，可达距离长，安全性能高，不受地面条件限制，货损较小。

航空物流运输的缺点：受气候条件限制较多，在一定程度上影响运输的准时性；机舱容积有限导致大件货物运输受限；能耗大，设施成本高，人员技术要求高；直达性差，需要其他运输方式加以辅助转运。

5. 管道物流运输

是指利用封闭的管道，通过一定的压力差完成对气体、液体和粉状固体输送的一种新型物流运输方式。它所输送的货物包括原油、成品油和天然气等。管道物流运输系统的构成要素主要有管道站和运输管道。

管道物流运输的优点：运输效率高、建设周期短、费用低、安全可靠、连续性强、能耗低、占地面积少。管道物流运输不同于前面提到的几种物流运输方式，它的管道设备是静止不动的，其运输形式是通过泵这类输送设备驱动货物。

管道物流运输的缺点：承运的货物单一化，运输对象受到一定限制，对不同货物要建设不同的管道；只能通过控制时间调整运输量，区域有限，灵活性差；仅能提供单向服务，运输能力相对固定。因此，管道物流运输主要承担单向、定点、量大的流体状货物运输。

名人故事

中国现代桥梁之父——茅以升

茅以升对桥梁建设的热爱来自于小时候的一个端午节。

有一年端午节的前一天，几个小伙伴来茅家邀约茅以升次日同到秦淮河去看龙舟竞渡。不巧的是，第二天茅以升胃疼不能去了。只好相约他们看完以后，再把赛龙舟的情况告诉他。

这一天，大家都想占据有利地形，能站到文德桥上，便是最理想的选择。

但是当龙舟从文德桥下划过时，一时间，数百人拥向文德桥。忽听“哗啦啦”一声巨响，桥塌了，许多人都摔到桥下去了。文德桥原本是一座比较古老的桥，年久失修，突然遇到挤压，便倒塌了。有些识水性的人连忙下水救人，赛龙舟的人也放弃了竞赛，参加救援，这是出于人们预料之外的重大事故，经小伙伴的逼真描述，让茅以升心情非常激动。

茅以升平躺在床上，浮想联翩，心中暗下决心：将来我要学习造桥，要造出千万人踩不坏，挤不塌，踏不断的桥，甚至让汽车，火车从上面通过也无妨。

后来，茅以升决定学土木工程，特别是学造桥，这从小立下的志愿，终身为之奋斗，并立下丰功伟绩的，不能不说是文德桥倒塌的启发。

茅以升后来主持了钱塘江大桥的建设。钱塘江大桥是我国自行设计建造的第一座既高又长的铁路、公路和行人三用两层大桥。

（资料来源：中国现代“桥梁之父”茅以升：桥何名欤？曰奋斗！［EB/OL］. 百度网，2021－07－20）

6.2 物流运输系统的规划

本节将介绍物流运输系统的规划原则、物流运输系统的规划内容、物流运输方式的决策规划以及多式联运系统的规划。

6.2.1 物流运输系统的规划原则

物流运输系统规划是指为了完成确定目标，在一定的区域范围内对物流运输系统进行总体战略部署。在进行物流运输系统规划时，通常遵循以下原则。

1. 经济发展原则

物流运输系统发展在布局方面必须服从社会经济发展的总体目标以及生产力分布的大格局，即物流运输系统发展必须为当地的社会经济发展服务，与所在区域的社会经济发展的各个阶段目标是一致的。

2. 协调发展原则

物流运输系统规划必须要综合考虑所在区域的铁路物流运输、公路物流运输、水路物流运输、航空物流运输和管道物流运输的特点，将这五大物流运输方式进行整合，进而形成优势互补、协调发展的综合物流运输网络。

3. 局部服从整体原则

在进行某层次的物流运输系统规划时，必须要服从上一层次物流运输系统总体布局的要求，如市级规划必须以国家级和省级规划为前提，省级规划必须以国家级规划为前提等。

4. 理论与实践相结合原则

物流运输系统规划必须利用系统工程的理论方法，并将其与实践相结合，在此基础上进行分析、预测、规划和评价，才能针对这一复杂的系统工程获得总体效益最佳的物流运输系统规划方案。

5. 远近期相结合原则

一个合理的物流运输系统规划应包括远期发展战略规划、中期建设规划和近期项目建设规划这三个层次，且满足“远期有设想、中期有准备、近期宜细”的要求。

6. 需求与可能相结合原则

物流运输系统规划既要将社会经济发展对运输的需求考虑在内并建设尽可能与社会经济发展相协调的综合物流运输系统，又要评估人力、物力、财力等建设条件的可能性，结合实际进行物流运输系统的规划。

6.2.2 物流运输系统的规划内容

物流运输系统的规划内容包含宏观和微观两个层面。从宏观层面来看，物流运输系统规划的主体内容包括：物流运输系统现状调查、物流运输系统规划方案设计与优化、物流运输系统规划方案综合评价、物流运输系统存在的问题诊断、物流运输系统运输需求量发展预测以及物流运输系统规划方案的分期实施计划等；从微观层面来看，物流运输系统规划包括：物流运输业务模式的选择、物流运输方式的选择、物流运输线路的规划与选择、车辆的配载与调度问题、运输流量的分析以及运输批量和运输时间的确定等。

1. 物流运输业务模式的选择

企业结合运输费用、服务质量、风险等因素进行分析，确定采用自营物流运输模式或者外包物流运输模式。

2. 物流运输方式的选择

企业根据各运输方式的特点，可以选择单一物流运输方式或是几种联合物流运输方式。

3. 物流运输线路的规划与选择

不同的运输线路各有优缺点，企业选择运输线路时应结合自身经营要求、市场需求、产品性能等因素，充分考虑运输方式后合理选择。运输线路的规划与选择通常分为两点间物流运输问题、多点间物流运输问题和回路物流运输问题等。

4. 车辆的配载与调度问题

运输车辆的配载与调度问题要求企业考虑各种货物装卸的先后顺序、货物之间的相容性以及如何能尽可能利用运输车辆的最大运力等问题。

5. 运输流量的分析

运输流量的分析指企业要对线路上的车辆流量大小进行分析和规划。

6. 运输批量和时间的确定

企业应合理确定运输批量和时间，因为运输批量大小与运输方式相关，而不同运输方式所需要的运输时间和费用有所不同，运输期限必须保证交货时间。另外，运输质量和费用很大程度上受到运输批量和时间的影响。

6.2.3 物流运输方式的决策规划

1. 物流运输方式的决策影响因素

物流运输方式的决策应遵循"及时、准确、经济、安全"四大原则，不同业种的侧重点可能不同。比如制造业更注重物流运输费用的经济型，而批发业和零售业则更注重物流运输的及时性、准确性和安全性。具体来说，在物流运输方式决策模型中，要考虑如下因素：

（1）货品特性。不同的货品对运输的要求可能不同，货品的价值、重量、体积、危险程度、类型等都是影响物流运输方式决策的重要因素。比如日用品、小批量近程运输货品适宜公路运输，宝石类贵重物品及海产品等鲜活产品适宜航空运输等。

（2）运输距离。货品运输距离的长短会直接影响到物流运输方式的决策。比如运输距离偏短的货品适宜公路物流运输，运输距离偏长的货品适宜铁路物流运输、水路物流运输和航空物流运输。

（3）运输时间。货品运输时间的长短与交货期有关，应根据交货期对物流运输方式进行决策。运输时间对能否及时满足销售需要、减少资金占用具有重要影响，这就要结合各种物流运输方式的运输时间来考虑。

（4）运输容量。即运输能力，是指能够应付某一时期的最大业务量。运输能力的大小对企业的销售量影响较大，尤其是季节性货品，如果所选运输方式不恰当进而导致运输能力不够，就会造成货品不能及时运往销地，使企业错失销售机会。

（5）运输成本。企业在进行物流运输方式决策时，会受到运输成本的制约。如果企业经济实力弱，就不适合使用航空物流运输这种运输费用高的物流运输方式。合理的决策应该是选择既能满足客户需求，又能使总成本最低的运输方案。

（6）运输质量。企业应结合运输质量要求对物流运输方式进行决策，运输质量包括可到达性、安全性、货差货损、时间可靠性以及客户满意度等方面。

（7）竞争因素。合适的物流运输方式有助于企业增强竞争力，反之则会削弱竞争力。如果供应商针对各个销售渠道选取不同的物流运输方式，就能够控制其物流运输服务的各项要素并影响客户的购买。

（8）环境保护。比较各种物流运输方式对环境的影响，就单位运输货品的废气排放量来说，航空物流运输最多，其次是公路物流运输，较低的是铁路物流运输，水路物流运输对空气的污染极小，而管道物流运输几乎不对空气产生污染。

2. 物流运输方式的决策模型

常用的物流运输方式模型包括因素分析法、加权因素分析法和层次分析法等①。

（1）因素分析法。首先确定在物流运输方式决策时应该考虑的一些重要因素和标准，其次对全部因素进行评分，最后对各种物流运输方式汇总所有评价因素，选取综合评分最高的物流运输方式作为最终决策。因素分析法评分公式如下：

$$v_j = \sum_{i=1}^{n} s_{ij} \tag{6-1}$$

上述模型的式子中，v_j 表示物流运输公式 j 的综合得分，s_{ij} 表示第 i 个因素上物流运输方式 j 的得分，n 表示因素个数。

（2）加权因素分析法。根据各个评价标准的重要程度，给予各自不同的权重，进而得到更加准确的评价结果，它是因素分析法的扩展和延伸。加权因素分析法评分公式如下：

$$v_j = \sum_{i=1}^{n} \omega_i s_{ij} \tag{6-2}$$

上述模型的式子中，v_j 表示物流运输公式 j 的综合得分，s_{ij} 表示第 i 个因素上物流运输方式 j 的得分，ω_i 表示第 i 个因素的权重，n 表示因素个数。

（3）层次分析法（Analytic Hierarchy Process，AHP）。是将定性与定量研究相结合的决策方法，特别适合指标权重的确定之类的问题，其原理是将与决策有关的问题按照总目标、各层次子目标、评价标准直至具体的可选方案从高至低分解为若干个层次结构，之后用求解判断矩阵特征向量的方法，求得各层次的每个元素相对于所属上一

---

① 高举红，王术峰．物流系统规划与设计［M］第2版．北京：清华大学出版社．2015.

层次某元素的重要性程度，最后用从底层向高层加权求和的方法递归求出各层次指标相对于最高层目标的最后权重。运用此方法可以确定各评价因素的权重，从而为选择最优方案提供依据。

6.2.4 多式联运系统的规划

1. 多式联运系统

多式联运系统是联运经营人根据单一的联运合同，使用两种或两种以上的物流运输方式，负责货品从指定发送地点运抵收货地点的运输。由于货品从起运地到最终目的地的完整运输过程一般不是一种物流运输方式所能完成的，大多情况下需要两种或两种以上的物流运输方式。

传统的货品分段物流运输组织形式下，物流运输组织中大部分工作由货主及其代理人安排，与各区段的承运人分别订立物流运输合同、结算费用以及多次办理保险，进而负责各段的物流运输衔接工作。这种传统的物流运输组织形式，耗费了大量的人力、物力和财力，而且可能造成协调不当、效率低下的不合理运输。正是针对以上存在的问题，基于现代物流运输管理思想，一种新的货品物流运输组织形式——多式联运被提了出来。

多式联运系统至少需要具备以下几个条件：①有一个多式联运合同；②至少使用两种物流运输方式，而且是两种以上物流运输方式的连续运输；③使用一份全程的多式联运单据；④有一个货品经营人对货品全程的物流运输负责；⑤使用全程单一费率；⑥国际多式联运经营人接收和交付货品的地点属于两个不同的国家。

2. 多式联运系统的决策模型

企业在对多式联运物流运输方式进行决策时，除了考虑货品特性、运输成本、运输容量等因素以外，还需要考虑中转时间、中转费用以及服务水平等因素①。

多式联运系统的决策模型中，可以根据总时间、总费用等目标函数建模。下面以总费用最小为目标函数，一对物流运输节点只能选择一种运输方式为例，说明多式联运系统的决策问题。

各种变量说明如下。$C^{j}_{i,i+1}$ 表示从节点 $i+1$ 选择第 j 种物流运输方式的费用；t^{jl}_{i} 表示节点 i 从第 j 种物流运输方式换成第 l 种物流运输方式的费用；$X^{j}_{i,i+1}=1$ 表示在节点 i 到节点 $i+1$ 之间选择第 j 种物流运输方式，$X^{j}_{i,i+1}=0$ 表示其他情况；$r^{jl}_{i}=1$ 表示节点 i 从第 j 种物流运输方式换成第 l 种物流运输方式，$r^{jl}_{i}=0$ 表示其他情况。

目标函数：
$$minZ=\sum_{i}\sum_{j}X^{j}_{i,i+1}C^{j}_{i,i+1}+\sum_{i}\sum_{j}\sum_{l}r^{jl}_{i}t^{tl}_{i} \tag{6-3}$$

约束条件：
$$\sum_{j}X^{j}_{i,i+1}=1 \tag{6-4}$$

$$\sum_{j}\sum_{l}r^{jl}_{i}=1 \tag{6-5}$$

① 高举红．物流系统规划与设计［M］．北京：清华大学出版社．2015.

$$X_{i-1,i}^{j}+X_{i,i+1}^{l}\geq 2r_i^{jl} \tag{6-6}$$

$$r_i^{jl},X_{i,i+1}^{j}\in\{0,1\} \tag{6-7}$$

其中，式（6－3）表示以各种物流运输方式的运输总费用与转换总费用之和的最小化为目标。式（6－4）表示在节点 i 到节点 $i+1$ 之间只能选择一种物流运输方式。式（6－5）表示节点 i 只发生一次转换。式（6－6）表示物流运输的连续性。式（6－7）表示决策变量取值（0，1）。

多式联运系统的决策模型求解可以选用动态规划思想，每个节点相当于动态规划的一个阶段，利用动态规划的逆序方法一次求取节点间的最佳物流运输方式。其中节点之间的物流运输费用可以表示如下：

$$P_{i-1}(j,1)=t_{i-1}^{jl}+Q\,C_{i-1}^{l} \tag{6-8}$$

上述式子中，$P_{i-1}(j,1)$ 表示物流运输总费用，t_{i-1}^{jl} 表示中转费用，Q 表示运量，C_{i-1}^{l} 表示选用第 l 种物流运输方式的单位运价。

知识拓展

苏宁“无人物流”

苏宁重磅打造的全链路无人物流系统实现高效流畅的无接触模式：包裹从无人仓出发，通过无人驾驶的无人重卡被迅速运输到分拨中心，然后经由最后一公里无人配送机器人或无人机，送至无人快递柜（或送到客户手中），真正做到全流程无人配送。

其中，最具亮点的无人配送环节是苏宁推出行业领先的战“疫”奇兵——无人仓。目前，无人仓已在苏宁雨花物流中心重点部署，面积超1000平方米。据了解，苏宁无人仓以AGV系统为核心载体，以自主研发的设备控制与调度平台为仓库的大脑，结合无人叉车、无人包装机、机械臂等无人设备，组成了高效安全的“战疫”团队。

每当接到用户下单信号之后，借助视觉导航技术的无人叉车，可将货物精准上架接驳区；紧接着，AGV机器人通过智能路径规划、自主导航、自动避障等程序，将货物运输到机械臂拣选区。机械臂再通过自动化拆垛系统，将货物轻轻地放置在传送带上，经过自动包装和自动贴签处理，最终完成商品的快速出库。统计数据显示，在无人仓的高效协作下，仓库商品拣选效率可以到达600件/小时，商品最快可达到20分钟完成出库全过程，单件商品拣选成本降低52%。

（资料来源：苏宁“智慧物流”加速落地“无人”物流闭环模式即将成型［EB/OL］. 搜狐网，2020－03－09.）

6.3 物流运输系统的运作

本节将介绍物流运输系统的运作管理、物流运输系统的合理化、多式联运系统的运作、物流系统运输路线的优化以及物流运输系统的绩效评估。

6.3.1 物流运输系统的运作管理

物流运输系统的运作管理是对整个物流运输过程的各个部门，各个环节以及运输计划，发运、中转等活动中的人力、物力、财力和运输设备进行合理运作，统一管理，实时监控，监督执行，以达到用尽可能少的劳动消耗创造更多的运输价值，在为客户提供优质服务的同时，实现自己企业的利润最大化。

物流运输系统的运作管理内容主要包括三个方面：物流运输决策、物流运输过程管理和物流运输结算管理，物流运输决策是企业的核心竞争力；物流运输过程管理是整个物流运输系统的运作管理的核心部分，包括对发运、中转和物流运输安全的管理以及随货品流动而进行的人员、资金流动的管理；物流运输结算管理是物流运输系统的运作管理的最后环节。

物流运输系统的运作管理具有专业化、系统化以及信息化的特点，专业化体现在企业必须具有专业人员、设施设备、服务管理才能及时高效地完成物流运输任务，创造竞争优势和更大的利润空间；系统化体现在企业要从系统的高度合理运用物流运输工具，提高效能，并且通过物流运输信息化系统对运输源、客户、服务项目等进行综合运作管理，达到效益最大化；而信息系统水平是物流运输系统现代化的标志，通过完善物流运输信息系统可以及时把握市场信息，使物流运输系统的运作效率更高、效果更好。

6.3.2 物流运输系统的合理化

物流运输所发生的成本在整个物流成本中所占的比例应该是最大的，因此为了降低物流的总成本，必须对货品物流运输系统进行合理化配置，具体从以下几个方面进行。

1. 合理配置物流中心区域

通过物流运输网络的合理化配置，合理配置各物流中心的区域位置，使其能够实现货物的直接配送。另外，应该有效区分储存性仓库和流通性仓库，对其进行合理利用。

2. 选择合适的物流运输工具

针对不同的物流运输条件和环境，选择最为适合的物流运输工具，并且通过运用科学化的分析工具，做出使用自有车辆运输还是租赁车辆运输的决策。

3. 提高物流运输效率

企业要努力提高车辆运输的效率和车辆的装载率，减少空车行驶现象的发生。另外，通过科学的分析和现代化工具的运用，实现系统整体的最优化。主要方式是提高装卸作业的效率，从而减少车辆的等待时间。

4. 建立物流运输体系

从社会化的总体观点出发，通过社会各界、各个企业间的亲密合作，共同建立一个社会化的物流运输体系，积极推进社会化共同物流运输方式的实现。这样，才能在社会化范围内实现社会整体的物流运输效率的最大化，提高整个社会的物流运输运作效率。

6.3.3 多式联运系统的运作

1. 多式联运系统的运作流程

多式联运系统的运作流程可以分为实际运输过程和全程运输组织业务过程两部分。实际运输过程是由参加多式联运的各种物流运输方式的实际承运人完成的，其物流运输组织工作属于各物流运输方式企业内部的技术、业务组织。全程运输组织业务过程是由多式联运经营人完成的，涉及全程运输中商务性事务和衔接服务性工作的组织实施。

以集装箱国际多式联运为例，其运作流程图如6－2所示。

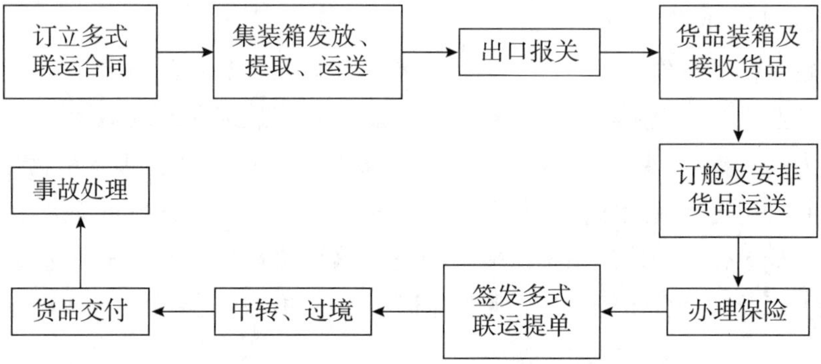

图6－2 集装箱国际多式联运运作流程图

2. 基于数据库技术的多式联合运输物流管理系统的运作

一般情况下，基于数据库技术的多式联合运输物流管理系统运作过程中，整个结构系统会被分为三个部分：基础数据层部分、数据处理层部分与数据应用层部分①。基础数据层在一定程度上能够为多式联合运输物流管理系统基础问题的解决提供有效定量分析数据信息，主要包含数据库系统以及模型分析库系统两部分系统内容；数据处理层主要工作内容是，对基础数据层提供的数据信息进行智能处理与智能分析；数据应用层包含如专家系统模块以及数据挖掘模块等许多不同功能模块内容。

在多式联运物流管理系统运作的期间，数据仓库系统发挥着不可替代的作用，可以将多式联合运输物流管理系统中不同运输节点的信息孤岛数据，上传到相应的数据仓库中，接着数据仓库系统可以展开一系列数据归集、数据清理以及抽取等工作。数据层的主要工作是，对用户的请求进行接收，并将命令查询的最终分析结果返回。

多式联合运输物流管理系统的功能可以分成三个模块：数据采集模块、模型分析库模块和数据仓库模块。

---

① 桂婧琦．基于数据库技术的多式联合运输物流管理系统设计研究［J］．计算机产品与流通，2020（04）：161.

（1）数据采集模块。数据库中的数据信息，可以为数据仓库处理系统提供有效数据源，数据信息的真实性与准确性也将得到保障。因此，在数据采集模块中，要保证数据模块功能能够将不同业务部门之间的数据进行有效连接，避免出现信息资源浪费情况，实现信息共享，提升信息利用率。通过数据采集器，将数据进行统一处理，存储到相应的数据库系统中。

（2）模型分析库模块。在模型分析库模块存在不同子功能模块，会涉及不同内容。不同子功能模块，在促进多式联合运输物流各项工作顺利展开中发挥着一定的辅助作用，并将多式联合运输物流管理决策中的许多问题更好地解决。比如，运输路径选择问题、运输方式选择问题以及组合选择问题等。除此之外，模型分析库模块在制订复杂的管理目标、完善评价以及明确物理行为中发挥着不可替代的作用。模型分析库模块可以将许多不同的多式联合运输方式进行有机结合，形成一个较为完善的物流运输管理系统，为后续各项工作的展开打下基础。

（3）数据仓库模块。由三部分构成：数据仓库管理系统、数据仓库以及数据分析应用。数据仓库管理系统是实现对整个系统以及数据储存的管理，加强对在线联机的分析，同时强化对多维数据分析工具的应用，进而明确数据挖掘以及模式识别的内容。数据仓库数据处理能力较强，系统工作效率也会提升。在多式联合运输物流管理系统中，会对数据信息进行分类，分类会严格按照相应的主题进行，并将数据信息存储到数据库中，为后续决策系统决策工作的展开打下良好基础。数据仓库模块能够为多式联合运输物流管理系统中的信息挖掘工作以及模式识别工作做好准备，是多式联合运输物流管理系统中的关键与核心，使得决策的科学性与合理性得到保障，提升信息分析处理质量与处理效率。

6.3.4 物流系统运输路线的优化

物流系统运输路线的优化主要是选择起点到终点的最短路径，最短路径的度量单位可能是时间最短、距离最短或费用最小等①。在对物流系统进行规划时，首先要考虑的是建立整体的运输网络，其次是利用已有的运输网络如何合理地进行物流运输运作。

1. 产销平衡的运输问题的优化模型

研究从 i 个资源点向 j 个需求点运输某种货品，考虑各点需求量和资源量的限制，确定一组运输方案，使运输总费用最低，这是运输问题。对于上述问题，如果总供应量等于总需求量，称为产销平衡运输问题，否则为产销不平衡运输问题。

如物流运输网络若含有 I 个供应点个 J 个需求点，从每个 $i \in I$ 节点，都有 J 条弧到达每个需求点。假设从 i 到 $j \in$ J 的成本为 c_{ij}，货品流量是 x_{ij}；令 i 节点总供应量为 O_i，j 节点的总需求量为 D_j，则运输问题可以表达为：

① 高举红，王术峰．物流系统规划与设计［M］第2版．北京：清华大学出版社．2015.

$$\min F(x)=\sum_{i=1}^{I}\sum_{j=1}^{J}c_{ij}x_{ij} \tag{6-9}$$

$$\text{S.t.} \sum_{i} x_{ij}=O_i \quad \forall i=1,2,\cdots,I \tag{6-10}$$

$$\sum_{j} x_{ij}=D_j \quad \forall j=1,2,\cdots,J \tag{6-11}$$

$$x_{ij}\geq 0 \quad \forall i,j \tag{6-12}$$

该类问题中的供应量与需求量相等，于是还有如下约束条件：

$$\sum_{i} O_i=\sum_{j} D_j \tag{6-13}$$

这类问题的一个重要特征是，在最优点上，最多有（$I+J-1$）个变量有非零值，其他变量均为零。

2. 产销不平衡的运输问题的优化模型

在实际工作中，以 $\sum_{i}^{I} O_i=\sum_{j}^{J} D_j$ 为前提条件的产销平衡问题其实很少，大都是产销不平衡的问题。在这种情况下，就要把产销不平衡问题转化成产销平衡问题来求解。

3. 物流运输网络优化问题中的特殊约束条件

（1）特殊运输要求。特殊运输要求的产生通常是因为特殊任务不允许进行经济分析，对运输的时间和质量的要求是第一位的。特殊调度从物流全局考虑不一定是合理的，但是它能够满足某些客观要求，因而在某种程度上是必需的。为了满足以上的特殊要求，就要用特殊处理的方法解决，用数学表达式描述如下：

$$x_{ij}=b_i i=L_j \quad j\in V \tag{6-14}$$

其中：V 表示需要进行特殊处理的用户集合，L_j 表示向用户 j 供货的供货点。

（2）产品质量约束。在供货过程中往往会有某个大需求厂商认为只有他制定的一定范围的供应商在产品质量和规格上满足他的需求，因而可以向他供货。即使供应量不能满足，宁可缺货也不找替代商品，这符合及时化生产对产品质量的要求。如果用户的特殊要求可以用同类其他品种规格的物资代替并付出一定的代价，这时可以作为同类多品种物资运输问题进行处理。如果不能用其代替，则直接在物流运输模型中增加相应的约束条件，对于这种需求点的供货约束条件，用数学表达式描述如下：

$$Q\geqslant \sum_{i\in R_j} x_{ij}\geqslant b_j \quad j\in S \tag{6-15}$$

其中：S 表示拥有上述需求要求的用户集合，R_j 表示能够满足用户 j 需求的供货点集合，b_j 表示用户 j 的最低需求量，Q 表示某种物资的需求总量。

（3）订、发货起点约束。订货起点是供货企业接受订货的最低数量。如果一个企业的发货起点高于或等于订货起点，则以其中较高者作为发货起点的限制值。设 E_i 为第 i 个资源点的订发货起点限制值，则订、发货起点约束用数学表达式描述如下：

$$x_{ij}\geqslant E_i W_{ij} \quad i=1,2,\cdots,m; j=1,2,\cdots,n \tag{6-16}$$

$$W_{ij}=\begin{cases}1 \text{ 资源点 } i \text{ 与用户 } j \text{ 有供需关系}\\0 \text{ 资源点 } i \text{ 与用户 } j \text{ 无供需关系}\end{cases} \tag{6-17}$$

除了以上约束以外，还有运输能力约束等。

4. 物流运输中的直达供货系统优化

在实际运输中，按其物流运输的发货地和目的地的相依关系，可以分为两种基本的运输形式：一是货品直接从供货方运送到需求方，称为直达供货；二是货品经过中转到达需求方，称为中转供货。所有的物流运输形式都是这两种物流运输形式的组合。在直达供货系统中关于单一品种物资的调运问题和多品种物资的调运问题模型求解的过程是不一样的。

根据调运问题的概念，将前面讨论的特殊调度、质量约束和订、发货起点约束等放到模型中去，就构成了直达供货调运模型。仍以运输成本为最低目标，考虑具有 m 个供应点和 n 个需求点的系统，供应量与需求量相等，可以得到以下直达供货调运模型：

$$\min F=\sum_{i=1}^{m}\sum_{j=1}^{n}c_{ij}x_{ij} \tag{6-18}$$

$$\sum_{j=1}^{n}x_{ij}=\sum_{i=1}^{m}a_i \quad i=1,2,\cdots,m \tag{6-19}$$

$$\sum_{i=1}^{m}x_{ij}=\sum_{j=1}^{n}b_j \quad j=1,2,\cdots,n \quad j\notin V \tag{6-20}$$

$$\sum_{i=1}^{m}a_i=\sum_{j=1}^{n}b_j \tag{6-21}$$

$$x_{ij}=b_i \quad \mathrm{i}=\mathrm{L_j} \quad \mathrm{j}\in \mathrm{V} \tag{6-22}$$

$$\sum_{\mathrm{i}\in \mathrm{R_j}}\mathrm{x_{ij}}\geqslant \mathrm{b_j}' \quad \mathrm{j}\in \mathrm{S} \tag{6-23}$$

$$x_{\mathrm{ij}}\geqslant E_i\,\mathrm{W_{ij}} \quad i=1,2,\cdots,m;j=1,2,\cdots,n \tag{6-24}$$

$$W_{ij}=\begin{cases}1 \text{ 资源点 } i \text{ 与用户 } j \text{ 有供需关系}\\0 \text{ 资源点 } i \text{ 与用户 } j \text{ 无供需关系}\end{cases} \tag{6-25}$$

$$x_{ij}\geqslant 0 \tag{6-26}$$

5. 物流运输中转供货系统优化

在实际物流运输过程中，其实直达供货系统是比较少见的，更多的是直达运输与中间转运同时并存的中转供货系统。采用中转供货系统进行物流运输时，由物流部门大批量地进行进货，从而增大运输批量，减少交易次数，并且库存相对较为集中，这样既节约了运输费用，降低了交易成本及物资库存，又加速了物资的流通周转速度。

假设某地区有 m 个资源点 R_1，…，R_m，各点资源量为 a_i（$i=1$，2，…，m）；有 n 个需求点 D_1，…，D_n，各点需求量为 b_j（$j=1$，2，…，n）；q 个物流网点 P_1，…，P_q，各网点的吞吐能力为 2 Q_k（$k=1$，2，…，q）。按照物资的平衡分配组织物资的调运活动时，有如下方程式存在，表示供需平衡：

$$\sum_{i=1}^{m}a_i=\sum_{j=1}^{n}b_j \tag{6-27}$$

由于系统中直达供货和中转供货两种方式均可采用，所以任何资源厂向外调出的物资既可能直接送往客户，也可能由物流网点进行中转；同样，用户所需的货物，既可以从资源厂直接购进，也可以从物流网点中转购进，于是有以下约束方程式：

$$\sum_{k=1}^{q} X_{ik} + \sum_{j=1}^{n} Z_{ij} = a_i \quad i = 1,2,\cdots,m \tag{6-28}$$

$$\sum_{k=1}^{q} Y_{kj} + \sum_{i=1}^{m} Z_{ij} = b_j \quad j = 1,2,\cdots,n \tag{6-29}$$

其中，X_{ik} 表示资源厂 i 向网点 k 的调运量，Y_{kj} 表示网点 k 向用户 j 的调运量，Z_{ij} 表示资源厂 i 向用户 j 的调运量。

物流网点的中转活动只是物资流通的一个中间环节，它既不产生物资，也不消耗物资但是，网点从资源产地进货时相当于一个需求点，在向用户供货时又相当于一个资源点。因此，考虑中转供货时，物流网点同时看成需求点和资源点，其需求量等于资源量，均为吞吐能力的一半，于是有以下约束方程式：

$$\begin{cases} \sum_{i=1}^{m} x_{ik} + y_{kk} = Q_k \\ \sum_{j=1}^{n} y_{kj} + y_{kk} = Q_k \end{cases} \quad k = 1,2,\cdots,q \tag{6-30}$$

其中，$x_{kk} = y_{kk}$ 分别表示网点吞吐能力中的闲置能力。

与直达供货调运模型一样，中转供货系统中调运问题也存在特殊调度、质量要求以及订、发货起点限制等约束，不过这些约束主要发生的直达供货部分同样可按直达供货调运问题中的方法进行处理。另外，为了降低系统的流通成本和将问题简化，假定各物流网点之间并不发生供货关系。综上所述，仍用 F 表示系统的总费用，于是可以给出物流运输中转供货系统调运模型：

$$\min F = \sum_{i=1}^{m} \sum_{k=1}^{q} c_{ik} x_{ik} + \sum_{k=1}^{q} \sum_{j=1}^{n} c_{kj} y_{kj} + \sum_{i=1}^{m} \sum_{j=1}^{n} c_{ij} z_{ij} \tag{6-31}$$

$$\sum_{k=1}^{q} X_{ik} + \sum_{j=1}^{n} Z_{ij} = \sum_{i=1}^{m} a_i \quad i = 1,2,\cdots,m \tag{6-32}$$

$$\sum_{k=1}^{q} Y_{kj} + \sum_{i=1}^{m} Z_{ij} = \sum_{j=1}^{m} b_j \quad j = 1,2,\cdots,n \tag{6-33}$$

$$\begin{cases} \sum_{i=1}^{m} x_{ik} + y_{kk} = Q_k \\ \sum_{j=1}^{n} y_{kj} + y_{kk} = Q_k \end{cases} \quad k = 1,2,\cdots,q \tag{6-34}$$

$$x_{ij} = b_i \quad i = L_j \quad j \in V \tag{6-35}$$

$$\begin{cases} \sum_{i \in R_j} z_{ij} = b'_j \\ \sum_{k=1}^{q} y_{kj} + \sum_{i=1}^{m} z_{ij} = b''_j \end{cases} \quad j \in S \tag{6-36}$$

$$x_{ik}, y_{kj}, z_{ij}, x_{kk}, y_{kk} \geq 0 \tag{6-37}$$

其中，C_{ik} 表示资源厂 i 与网点 k 之间的运价系数，包括运杂费和入库费，C_{kj} 表示网点 k 与用户 j 之间的运价系数，包括运杂费和出库费，C_{ij} 表示资源厂 i 与用户 j 之间的运价系数。

6.3.5 物流运输系统的绩效评估

物流运输系统的绩效评估是指按照统一的评价标准，采用一定的指标体系，按照一定的程序，运用定性或定量的方法，对一定时期内的物流运输活动或物流运输过程的效益和效率做出综合判断。物流运输系统的绩效评估方法分为三大类：行为导向主观评价方法、行为导向客观评价方法和结果导向型评价方法。

1. 行为导向主观评价方法

行为导向型主观评价方法就是对员工行为是否符合组织要求进行主观评价的方法，该方法主要包括以下三种技术：

（1）排列法。这种方法优点是简单易行，花费时间少，能使考评者在预定的范围内组织评价并将下属进行排序，从而减少考评结果过宽和趋中的误差。也称排序法、简单排列法，是绩效评价中比较简单易行的一种综合比较的方法。

（2）配对比较法。也称成对比较法，该方法能够发现每个员工在某些方面存在的不足和差距，在涉及人员范围不大、数目不多的情况下宜采用本方法。

（3）交替排列法。也称选择排列法，该方法的使用不仅上级可以直接完成排序工作，还可将其扩展到自我评价、同级评价和下级评价等其他考评方式之中。

行为导向主观评价方法的优点体现在：当绩效管理主要为了区分员工绩效，该方法就显得特别重要并且避免了过严或过宽及居中趋势的误差。如该绩效衡量结果被应用在加薪、决策等此类管理决策方面，这种方法显得特别有价值。其缺点是主观性较强；其信度和绩效往往取决评价者本人；无法与组织的战略目标联系在一起；从反馈目的看缺乏具体的依据，这种方法的评价结果不为大多数员工和管理者所接受。

2. 行为导向客观评价方法

行为导向型客观评价方法是根据一定的客观评价标准对员工进行评价的方法。这种评价

方法主要包括以下四种技术：

（1）重要事件法。也称关键事件法。对事不对人，以事实为依据，考评者不仅要注重对行为本身的评价，还要考虑行为的情境，可以用来向员工提供明确的信息，使他们知道自己在哪些方面做得较好或者不好。

（2）行为观察法。适用于对基层员工工作技能和工作表现的考察。

（3）行为锚定等级评价法。是一种将同一职务工作可能发生的各种典型行为进行评分度量，基于此建立一个锚定评分表并作为依据，对员工工作中的实际行为进行测评的评价办法。

（4）加权选择量表法。其具体形式是用一系列的形容性或描述性语句，说明员工的各种具体的工作行为和表现，并将这些语句分别记在量表中，作为考评者评定的依据。

行为导向客观评价方法的优点：使用该技术的人也参与了开发和设计，所以可接

受程度高；与组织的战略联系较为紧密，能向员工提供明确的绩效指导和反馈。其缺点：不太适合比较复杂的工作；必须时常地对行为的衡量进行监控和修正，才能保证其与组织的目标联系在一起。

3. 结果导向型评价方法

结果导向型评价方法就是根据员工的工作成果对员工进行绩效考评的方法。这种方法主要包括以下四种技术：

（1）目标管理法。基本步骤是：战略目标设定→组织规划目标→实施控制。体现了现代管理的哲学思想，是领导者与下属之间双向互动的过程。

（2）绩效标准法。它采用更直接的工作绩效衡量的指标，衡量所采用的指标要具体、明确、合理，要有时间、空间、数量、质量的约束限制，比目标管理法有更多的考评标准，而且标准更加具体详细，通常适用于非管理岗位的员工。

（3）直接指标法。采用可监测、可核算的指标构成考评要素，作为对下属的工作表现进行评估的主要依据。

（4）成绩记录法。适合从事教学科研的工作人员，如教师、工程技术人员等。

结果导向型评价方法的优点：当员工的工作任务的具体完成方法不重要，而且存在多种完成任务的方法时，结果导向的评价方法就非常适用。其缺点：一是由于员工绩效的多因素性，导致绩效考评很可能缺乏有效性；二是无法为员工提供如何改进工作绩效的明确信息；三是可能强化员工只重结果而不择手段的倾向；四是在团队组织中，强调个人绩效的方法会导致不良竞争，不利于组织的工作绩效。

学习探索

菜鸟物流：快递物流的人工智能

菜鸟物流作为全国物流业的第一梯队，能从众多快递、仓储公司脱颖而出，这与其战略决策有着重要关联。尽管菜鸟物流也有自身的仓储基地，但是菜鸟主营工作一直是做其他物流快递公司的数据向导，菜鸟物流要想提升快递运输的效率，就必须得打通仓储配送、中转站、末端服务驿站等节点，让这些仓储中心能够满足商品到人的最短路径。

菜鸟在整体运营中把快递、仓配、跨境、农村和末端的大数据进行获取、建模和运算，来帮助快递公司做好协同，很多商品运输可以经过多家公司但是由菜鸟物流进行第三方物流合约送到消费者手上，最终提升的是用户对商家服务的满意度。另外菜鸟物流在末端处理是采用菜鸟驿站的共享众包模式进行分担，并且所有菜鸟物流信息都在菜鸟裹裹 App 中线上显示。

菜鸟网络还有一个战略目标是保证24小时配送，这使得菜鸟要构建仓储中转站以提升商品配送的速度；同时，菜鸟驿站整合更多终端便利店、学校网点及智能快递柜来改善上门快递的痛点。所以，菜鸟物流本质上更像是一个快递物流的人工智能，也正因如此才能逐渐占据物流行业的重要份额。

（资料来源：菜鸟全球智能仓配技术与实践大揭秘［EB/OL］. 搜狐网，2018-9-17.）

案例分析

新冠疫苗运输：冷链物流企业新的挑战与机遇

新冠疫苗的上市对目前国内的冷链物流提出了新的运输要求。从多家冷链设备供应商的情况可以了解到，在政策刺激下，专业医冷设备供求旺盛。但是新冠疫苗的运输过程中仍然存在着一些亟待解决的难题。

疫苗运输的第一关考验，在于温度。作为生物制品，疫苗对温度极其敏感。一般来说，疫苗冷链按照温度的不同，分为深度冷链（-70℃）、冻链（-20℃）和冷藏链（2℃～8℃）。根据人类过往经验，流感疫苗在2℃～8℃的冷藏链即可，水痘、带状疱疹疫苗需要-20℃的冻链，而埃博拉疫苗则需要-70℃的深度冷链。目前研发的新冠疫苗中，灭活疫苗的运输储存需要在2℃～8℃的环境下进行，其产业链完善、技术成熟；但是mRNA疫苗（新冠疫苗的一种）需要-70℃的运输环境，不仅要求温度在-70℃，还要兼顾大批量的运输。医药行业本身具有相较于其他领域更复杂的供应链，参与者除医药产品制造商、原材料供应商、物流商、分销商、医疗服务提供部门（如医院和诊所）外，还包括政府、保险机构、药品采购组织等。具体到疫苗，因对流通和储存有着更严苛的要求，其供应链复杂程度尤甚。所以其分发过程严苛的要求将对冷链物流是一个巨大的挑战。

动辄数以亿剂计算的新冠疫苗，给冷链市场带来巨大想象空间。我国生物医疗低温存储市场行业增速高于全球（4.1%），在新冠疫苗催化下，冷链运输行业发展有望提速。

（资料来源：新冠疫苗配送：冷链物流企业的新机遇［EB/OL］. 百度网，2021-01-29）

复习思考题

1. 什么是运输？什么是智能物流运输系统？
2. 简述物流运输系统的构成要素。
3. 物流运输系统的特征包括哪些？
4. 简述物流运输系统的作用。
5. 物流运输的方式有哪些？
6. 物流运输系统的规划原则是什么？
7. 简述物流运输系统的现代化路径。
8. 简述物流运输系统的合理化措施。
9. 简述多式联运系统的运作流程。
10. 简述物流运输系统的绩效评估方法并进行比较。

第 7 章

物流配送系统规划与运作

配送是现代物流振兴中的重要环节，配送基础设施的完善和配送模式的合理制订对实现四流（商流、物流、资金流、信息流）的有机统一，打造高效、低成本的现代物流体系具有重要的意义。

本章学习目标

1. 了解配送的概念、配送的要素以及配送的类型等基础知识。
2. 结合教材理论，熟悉实际生活中运作的各种配送模式。
3. 培养物流配送相关知识的综合应用能力。

案例引导

麦当劳与夏晖物流

夏晖可以说是麦当劳“御用 3pl”的物流公司，而麦当劳与夏晖公司的合作并没有签订合同。这种合作关系看似不符合现代化商业理念，但却从麦当劳的创始人与夏晖及供应商的创始人开始一路传承下来。麦当劳对物流服务的要求很严格，除了食品运输之外，麦当劳要求物流服务商提供其他服务，比如信息处理、存货控制、贴标签、生产和质量控制等，这些附加的服务虽然成本比较高，但它使麦当劳在竞争中获得了优势。另外，麦当劳要求夏晖提供包括生产和质量控制在内的一条龙物流服务。

麦当劳利用夏晖设立的物流中心，为各个餐厅完成订货、储存、运输及分发等一系列工作，使得整个麦当劳系统得以正常运作，通过它的协调与连接，使每一个供应商与每一家餐厅达到畅通与和谐，为麦当劳餐厅的食品供应提供最佳的保证。

（资料来源：如何做到与麦当劳合作 30 年冷链环节不“断链”的？[EB/OL]. 搜狐网，2016－10－19.）

问题

1. 如何看待麦当劳与夏晖的合作关系？

2. 麦当劳为何要将物流外包给夏晖？

3. 物流外包与自营各自的优缺点？

7.1 物流配送系统概述

7.1.1 物流配送的概念

中华人民共和国国家标准《物流术语》（GB/T 18354 – 2006）中对于配送的定义是：“在经济合理区域范围内，根据客户要求，对物品进行拣选、加工、包装、分割、组配等作业，并按时送达指定地点的物流活动。”从这个定义可以看出，配送包含了诸多物流功能要素，可以说是整个物流活动的缩影。配送将物流和商流紧密结合，是一种综合的、特殊的物流活动。

7.1.2 物流配送的要素

物流配送的基本要素是指货物、设备设施、客户、配送人员、配送路线、配送时间、配送地点。

1. 货物

配送的基础工作就是准备货物，包括寻找货源、购货、进集货及货物验收，配送是围绕货物展开的。配送可以看作是物流的缩影，物流处理货物时具有少品种、大批量、少批次等特点，配送则具有多品种、小批量、多批次等特点。

2. 设施设备

设施设备是指储存设备、装卸搬运设备、分拣设备、运输设备。配送时需要根据货物的体积、数量、特性、配送地点等选择合适的设备。

3. 客户

客户是物流配送服务的对象，客户的满意度是评价物流配送服务水平的关键指标。客户又分为委托人和收货人，配送企业受委托人要求把货物送至收货人。

4. 配送人员

配送人员包括经理、装卸搬运人员、分拣人员、仓储人员、质检人员、包装人员、信息技术人员等。配送工作的有序展开依赖于配送人员的工作，因此定期的配送人员培训有利于提高配送服务水平。

5. 配送路线

不同的配送路线，配送效果不同。根据客户的要求，综合影响运输的各个因素，利用现有的配送资源选择最佳配送路线既可以节省运输成本、缩短运输时间又可以及时、安全地将货物送达目的地，提高服务水平和客户满意度。

6. 配送时间

配送时间包括运输和搬运装卸时间。为了在客户规定的时间内完成配送，必须了解配送各环节所需时间及时间限制，提前做好安排。

7. 配送地点

配送地点即配送的起点和终点。在进行配送业务时需要了解配送地点周边的道路状况、两点距离、停车场地等基本状况。

7.1.3 物流配送的作用

物流配送的作用主要体现在以下几个方面：

1. 完善物流系统

随着科学技术的发展，交通运输工具较之前已经得到了巨大的改善，运输能力也大大增强，长距离大批量的运输也实现了低成本化。

发展配送业务可以有效衔接干线运输和支线运输，利用其灵活、机动的特点能够完善优化物流系统，做好物流的“最后一公里”运输①。

2. 提高末端物流效益

配送采用的是将客户所需货物集中统一发货，通过加大经济批量来实现经济进货。配送以其灵活性、适应性、服务性，有效地节省了运力、降低了运输成本，解决了过去末端物流运力安排不合理、成本过高等问题，从而提高了末端物流的效益，实现经济运输。

3. 实现企业低库存或零库存

对于生产企业而言，依靠配送中心的准时配送或者即时配送，只需要保持较小的库存甚至不需要保持库存②。这样，生产企业便可以实现低库存或者零库存，大大降低了库存占用资金，改善了企业的资金状况。并且集中库存可以依靠规模效益，从而降低单位库存成本。与此同时，实行集中库存后整个社会的库存总量必然低于各企业的分散库存总量，不仅增加了调节能力，而且提高了社会经济效益。

4. 提高供应保证程度

由于保证供应和降低库存成本的二律背反问题，生产企业很难在其中做出抉择，提高供应保证程度。配送中心的集中库存正好解决这一问题。由于配送中心具有更大的库存容量并且可以调节企业间的供需关系，因此可以降低企业应缺货断货或者库存积压带来损失的概率。

此外，配送中心还可利用自己的加工能力进行加工改制，以适应用户的需要并及时将货物送到用户手中。所以，配送的发展在某种程度上可以提高供应的保证程度，使得整个社会的生产协调地发展。

---

① 曾军，姚庆国. 新物流最后一公里配送模式优化［J］. 物流工程与管理，2020，42（03）：96－98.

② 毛海军. 物流系统规划与设计［M］. 南京：东南大学出版社，2017.

7.1.4 物流配送系统的构成

物流配送系统的规划需要结合内外部环境，不断提高流通加工、分拣、验货、包装等功能的效率，配置适宜的车辆并提高单位装载率，选择最佳的配送路线，并制订出绩效考核指标。

物流信息系统必须综合掌握多种信息，包括客户信息、配送产品、路途信息、车辆设备信息等，只有综合考虑这些信息才能提高客户满意度[①]。而在这一过程中，配送所消耗的物资、人力、资金、信息是其根本，物流、人流、资金流、信息流是其产出物，只有将这些因素综合考虑，统筹规划，合理安排，才能而做出合理的方案。物流配送系统的一般模式如图 7－1 所示。

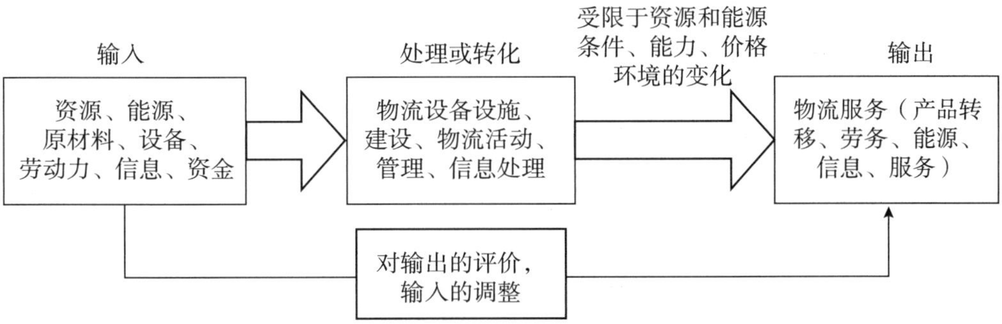

图 7－1　物流配送系统一般模式

7.1.5 智慧配送

智慧物流是当下物流业关注的热点，智慧配送是智慧物流的核心功能。简单来说，智慧配送就是借助传感器、RFID、移动通信技术让物流配送实现自动化、信息化、网络化[②]。智慧配送具有自动感知、整体规划、智能分析、决策优化、修正与反馈等特征。

名人故事

中国快递业创始人之一——陈平

1994 年，宅急送创始人陈平和二哥陈东升回国后，马上创立了宅急送的前身——北京双臣快递。按陈平的设想，双臣快递的近期目标是一年内做起北京市场，三年后将业务扩展到全国。但是，在 20 世纪 90 年代的中国，当时人们根本不知快递为何物，以至于双臣快递都开业四天了，还是没有接到一单生意。创业受阻的陈平只能每天在报纸缝的

① 宋文官．仓储与配送管理实务［M］．北京：高等教育出版社．2014.

② 施和平，程永生．大数据背景下企业智慧配送体系构建［J］．商业经济研究，2021（14）：142－144.

小广告里找活干：搬家、换煤气罐、接孩子上下学，撑到年底，公司勉强挣了4700元。

1995年，陈平再度到日本取经，一城株式会社的负责人小林给他支了一招：送鲜花。第二年的情人节，双臣快递推出的鲜花快递服务风靡京城，一天接了1万多单，日营业额超过15万元。但尝到甜头的陈平却毅然放弃了鲜花快递和搬家业务，因为他盯上了外企大公司的送货业务。很快，“宅急送”成为最早的大牌外企专业运输队，仅为雀巢一家服务，每月的收入就达到30多万元。

从1998年开始，“宅急送”的业务步入正途：以北京、广州、上海三地为基地，以武汉为交汇中心，辐射整个中国东半部的24小时全国“门对门”快运服务。

（资料来源：中国快递教父：他差点收购顺丰，却最终败走快递江湖！[EB/OL]. 百家号，2017-12-31.）

7.2 物流配送系统的规划

7.2.1 物流配送系统规划原则

物流配送就是根据客户要求，对物品进行拣选、加工、包装、分割、组配等作业，并按时送达指定地点的物流活动。配送服务水平的高低、客户满意度的高低直接影响企业的效益和声誉。因此，在规划物流配送系统时应遵循以下几项原则：

（1）及时性。即在指定时间内完成配送。

（2）便利性。方便客户，尽力满足客户需求。

（3）经济性。物流配送系统在规划时应该综合考虑前期建设成本和后期运营成本，比较不同方案并选择经济效益最高者。

（4）系统性。物流系统各个部分的作业相互依存、相互影响，有着密不可分的内在联系。因此，在规划物流配送系统的过程中要考虑系统原则。如何使各系统协调、有序、高效地运行是极为重要的。

（5）发展性。由于市场的变化和对需求把握的不准，所以在规划物流配送系统时需要考虑到使其具有较强的适应能力、较高的柔性化程度，以适应未来需求增大、经营规模拓展的需要。

（6）高效性。先从整体到局部进行设计，再从局部到整体实现。尽量减少和消除不必要的作业流程，提高运作效率、减少消耗。

7.2.2 物流配送中心的选址规划

1. 物流配送中心的定义

对于配送中心的定义，中华人民共和国国家标准《物流术语》给出了如下定义：从事配送业务且具有完善信息网络服务的场所或组织。应基本符合下列要求：

（1）主要为特定客户或末端客户提供服务。

（2）配送功能健全。

（3）辐射范围小。

（4）提供高频率、小批量、多批次配送服务。

《现代物流学》中指出："配送中心是从事货物配备（集货、加工、分货、拣选、配货）和组织对客户的送货，以高水平实现销售或供应的现代流通设施。"

结合以上定义可以看出，货物配备是物流配送中心最主要的核心功能。而现代物流要求配送中心具备越来越完善、多样的服务功能，如信息处理、指挥调度等。物流配送中心在整个物流系统中扮演着承前启后的角色，其作用也日益受到重视①。虽然物流配送并不涉及货物的生产环节，但是联系了上游的生产商、供应商与下游的销售商甚至是最终消费者，是完整供应链的最后一环。随着我国经济体制改革的不断深入，世界经济的持续全球化、市场化以及电子商务在全球的广泛应用，传统流通模式再也难以满足目前市场需求。许多传统贸易企业以及新兴电商平台花费大量时间和精力建设升级配送中心以不断优化服务质量，提高客户满意度。

2. 物流配送中心的分类

（1）按运营主体分类

1）生产商型配送中心。生产商型配送中心是指以生产制造商为运营主体的配送中心。通常有两种类型：一是为企业生产活动服务的配送中心，即根据生产需求将原材料、零部件配送给工厂；二是为企业产品分销网络服务的配送中心，即为企业提供分销、收集市场信息、预测需求、处理订单等服务。

2）批发商型配送中心。是指以批发商为运营主体的配送中心。这种类型的配送中心主要是从各制造商采购产品后，再向零售企业进行配送业务。

3）零售商型配送中心。是指以零售商为主建立的配送中心，其主要客户是终端用户或者门店。通过构建自己的配送中心，零售商可以将不同来源的货物集中在配送中心进行分拣加工后再配送，这样不仅简化了流通环节，而且降低了物流成本。

4）第三方企业型配送中心。是由除生产商、批发商、零售商以外的物流企业为运营主体的配送中心。第三方物流配送中心由专业物流企业运行，一般都拥有先进的自动化立体仓库、高效的分拣配送系统、强大的信息处理能力，可以快速及时地将货物配送到客户手中。有别于其他物流配送中心，第三方配送中心的货物属于制造商或供应商，该配送中心只是提供仓储和配送服务。因此，一些仓储企业或者运输企业可以考虑利用企业现有资源，发展第三方企业型配送中心业务。

（2）按功能分类

1）流通型配送中心。强调的是中心的集散职能，将可以组合配送的货物集中起来

---

① 傅莉萍，姜斌远．配送管理［M］．北京：北京大学出版社．2014

再进行配送[①]。流通型配送中心又可以分为转运型配送中心和通过型配送中心，其主要服务对象是城市区域的零售商，实现鲜花、蔬菜、水果等对及时性要求较高产品货物的配送。因此，流通型配送中心多设在原料、产品产地或消费地。流通型配送中心的典型特征是不设储存仓库，货物在进入时便通过大型分货机分拣到指定货位或者配送车上。也就是说，货物在此只做短暂停留，甚至是随进随出。

2）存储型配送中心。具备较强的存储功能力，库存量大，可以满足波动变化的市场需求，减弱不确定性带来的风险。我国目前建设的物流配送中心大多为存储型配送中心。

3）加工型配送中心。是从事流通加工作业的物流节点，是流通型配送中心在功能上的延伸。此类配送中心会根据客户需求对货物进行加工，然后再配送。世界著名快餐连锁品牌肯德基、麦当劳采用的就是典型的先加工再配送的加工型配送中心。

（3）按配送范围分类

1）区域型配送中心。可以服务跨市、跨省范围内的客户，拥有较强的辐射能力和库存能力。有如下特点：一是设备设施齐全先进，服务能力强，辐射范围广；二是配送货物批量大；三是服务对象大多是大型客户，如下级城市的配送中心。

2）城市型配送中心。由于城市地域范围一般较小，一般汽车就可以满足城市配送。所以此类配送中心多采用汽车作为配送工具，直接送至客户。再加上汽车运输机动性强，灵活程度高，能够实现少批量、多批次、多客户、多品种的配送。

（4）按配送货物属性分类。根据配送货物属性的不同可以将配送中心分为日用品配送中心、食品配送中心、医药用品配送中心、电子产品配送中心、服饰产品配送中心、家电产品配送中心等。

3. 物流配送中心的选址

配送中心的合理选址可以提高配送效率，及时接收和派送货物，提高在物流运输方面的合理性，减少配送时间，此时配送中心的选址就格外重要[②]。

（1）选址原则。物流配送中心的选址通常遵循以下原则：

1）经济性原则。在物流配送中心选址过程中需要考虑经济因素，综合考虑建各成本费用以获得最高经济效益。主要包括前期的建设费用和后期的运营费用。

2）适应性原则。是指物流配送中心的选址需要与我国物流资源分布和需求分布相适应，与国家及地方政府经济发展规划、政策、方针相适应，与整个社会进步和经济发展相适应。

3）协调性原则。物流配送中心的选址需要将自身置于国家或地区物流网络的大系统之中，使物流资源配备与国家、地区的物流系统相协调。

4）发展性原则。物流配送中心的选址需要有长远的眼光，放眼全局。要具备前瞻

---

① 宋文官．仓储与配送管理实务［M］．北京：高等教育出版社．2014.

② 严盈盈．考虑位置信息的储运物流配送节点选择方法研究［J］．中国储运，2021（08）：83－85.

性、长远性的眼光。

（2）选址步骤

1）明确选址规划目标及要求。在物流配送中心建设筹备阶段，企业应该先设立物流配送中心筹建小组，成立专家组，吸纳各方面人才参与中心建设。分析企业的物流战略、发展战略，明确企业目前的发展状况及未来的发展方向，明确配送中心在企业物流战略中的地位。

2）分析约束条件和影响因素。企业还应该分析配送中心选址的约束条件和影响因素。主要包括①自然因素：地形条件，地质因素，气候因素；②经营环境因素：产业政策，劳动力市场，市场需求，成本费用，法律法规，周围基础设施建设状况；③服务水平。

3）收集、整理分析相关资料。物流配送中心在选址需要构建数学模型，通过配送费用、运输费用、设备设施费用、仓储费用等成本的模型计算，进而寻求最佳方案。

4）初步筛选。在明确选址要求和目标、分析约束条件和因素以及相关数据分析后大致可以确定几个备选地址。

5）综合分析。针对不同选址采用相应模型进行计算分析得出定量分析结果。还要结合自然环境、经营环境、法律法规等因素对计算结果进行评价以确保结果的现实可行性。

6）结果复查。就是分析各影响因素对计算结果的相对影响程度，分别赋予其相应的权重，采用权重因素分析法对计算结果进行复查。

7）确定最终选址方案。如果结果复查通过，即可将该结果作为最终选址方案。这里需要说明的是，所得方案不一定为最优方案，可能只是符合企业现实需求的满意方案。如图 7－2 所示。

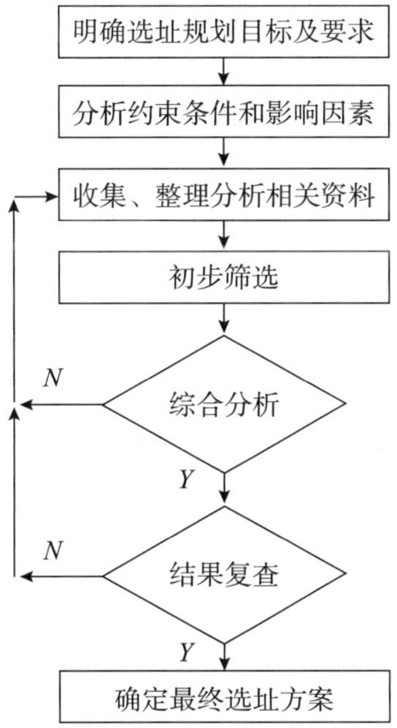

图 7－2　物流配送中心选址步骤

（3）选址方法与模型。物流配送中心的选址是在一个区域内有若干供货点及若干需求点，选择一个或几个地址设置配送中心的规划过程[①]。好的配送中心选址可以使得货物在中心汇集、中转、分发直至配送到需求点的全过程效益最佳。本节内容与第9章物流园区的选址问题相似，因此这里不做过多解释。

7.2.3 物流配送中心的功能与设施规划

1. 物流配送中心的功能

（1）集散职能。是指将分散的小批量货物集中起来后再进行批量处理[②]。

（2）存储职能。在某些交易达成后，商品需要经过入库、保管、流通加工、包装后出库，物流配送中心在此过程中便发挥着存储的职能。

（3）分拣配送职能。通过有效的分拣理货及计划性的配送，中心可以满足客户多品种、小批量的需求，将不同种类、数量、规格的产品及时配送至顾客。物流配送中心的分拣配送效率在一定程度上反映了物流服务质量，是配送中心的核心职能，同时也是被人们所关注的物流“最后一公里”问题。

（4）流通加工职能。配送中心会根据客户的需求，进行一些原材料初加工、包装分解组合、商标粘贴等加工作业，形成了一定的加工能力。

（5）信息处理职能。物流配送中心在整个物流系统中起着承上启下的作用，集多种功能于一身，自然而然也就成了物流信息的交汇点。货物的到达、装卸、搬运、储存、交易、配送、交付等信息在配送中心传递、收集、整理、发布，为配送中心自身及上下游企业提供丰富的信息资源。

（6）展示交易职能。是物流配送中心随着互联网发展而产生的一项职能。由于互联网电商发展迅速，许多销售商通过互联网平台进行产品销售后利用物流配送中心完成交易以降低经营成本。与此同时，现代物流中心还具有展示商品的功能。

2. 配送中心设施规划

（1）作业区域设施规划。配送中心内的主要作业活动与仓库、搬运和拣取等作业有关。因此，规划的重点是对配送设备的规划设计和选用，配送作业区主要配送设备的配备应考虑以下组成。

1）容器设施。包括搬运、储存、拣取和配送用的容器，如纸箱、托盘、铁箱、塑料箱等。在各项作业流程及储运单位规划结束后，则可进行容器的规划。部分以单品发货为主的发货类型，如品种多，体积、长度和外形等差异较大的货物，可利用储运箱等容器把储运单位统一化，达到单元负载的原则，从而简化储运作业。

---

① 汪佑民．配送中心规划与管理［M］．北京：经济科学出版社．2014．

② 梁晨．配送中心规划与设计［M］．北京：中国财富出版社．2013．

2）储存设备。包括自动仓储设备、重型货架和多品种少量储存设备。

3）分拣设备。感测技术（激光扫描）、条码及计算机控制技术等的导入使用，使自动分拣系统已被广泛用于物流配送中心。

4）物料搬运设备。包括自动化的搬运设备（如无人搬运车、驱动式搬运台车）、机械化搬运设备（如堆垛机、液压拖板车）输送带设备、分类输送设备、垂直搬运设备等。规划时配合仓储和拣取设备，估计每天进发货的搬运、分拣和补货次数，从而选择适用的搬运设备。

5）流通加工设备。流通加工设备是完成流通加工任务的专用机械设备。

流通加工设备的种类：

①按实现的功能不同：包装设备、分割设备、分拣设备组装设备、冷冻设备、精加工设备等。

②按加工的物品不同：金属加工设备、木材加工设备、玻璃加工设备、煤炭加工设备、混凝土加工设备等。

随着配送中心服务项目多元化的开展和用户要求日益严格，配送中心进行二次包装裹包和贴标签等加工作业也日益增加。随着国际物流的发展，由国际物流转运后再分装和简易加工的业务越来越多，从而使配送作业的附加值大为增加。

6）周边配合设备。包括楼层流通设备、装卸货平台、装卸载设施、容器暂存设施和废料处理设施等。通常根据配送中心实际需要来选定。有关配送作业区域的功能和需求规划之后，可以根据各区域特性，规划设计所需设备型号、功能和数量。

（2）公用设施建设。包括给排水设施、电力设施、供热与燃气设施以及绿化设施等。

1）给水与排水设施

①给水设施。给水设施负责对配送中心生产、生活、消防等所需用水进行供给，包括原水的取集、处理以及成品水输配等各项工程设施。配送中心给水设施的规划，应根据配送中心的用水需求和给水工程设计规范，对给水水源的位置、水量、水质及给水工程设施建设的技术经济条件等进行综合评价，并对不同水源方案进行比较，做出方案选择。同时，给水设施规划要考虑所在区域的给水系统整体规划，应尽量合理利用城市已建成的给水工程设施。配送中心输配管线在道路中的埋设位置应符合现行国家标准《城市工程管线综合规划规范》。

②排水设施。排水设施负责收集、输送、处理和排放配送中心的污水（生活污水、生产废水）。污水和雨水的收集、输送、处理和排放等工程设施以一定方式组成，用不同管道分别收集和输送污水和雨水。为使污水排入某一水体或达到再次使用的水质要求，要对其进行净化。根据水资源的供需平衡分析，应提出保持平衡的对策，包括合理确定产业规模和结构，并提出水资源保护的措施。而对于配送中心，更应注重水污染的防治，避免它的建设对所在地的环境造成污染。

2）电力设施。设施符合所在城市和地区的电力系统规划：应充分考虑电力设施的运行噪声、电磁干扰机废水废气废渣排放时对周围环境的干扰和影响，按国家环保方面的法律、法规，提出切实可行的防治措施。

3）供热与燃气设施。集中供热设施利用集中热源，通过供热管网等设施，向热能用户供应生产或生活用热能，包括集中热源、供热管网等设施和热能用户使用设施。燃气供应是公用事业中一项重要设施，燃气化是我国实现现代化不可缺少的一个方面。燃气系统供应配送中心做燃料使用的天然气、人工煤气和液化石油气等气体能源，由燃气供应源、燃气输配设施和用户使用设施组成。

7.2.4 物流配送中心的内部布局规划

1. 接货区

该区城完成接货及入库前的工作。如接货、卸货、清点、检验、分类等各项准备工作。接货区的主要设备包括进货铁路或公路、装卸货站台、暂存验收检查区域。

2. 储存区

在该工作区域内，存储或分类经过检验的货物。进货在该工作区城要有一定时间，并且占据一定的位置。该工作区域和进出的接货区相比，该区域所占面积较大，在许多物流（配送）中心里往往占总面积的一半左右。对于某些特殊物流配送中心（如水泥、煤炭)，其面积占总面积的一半以上。

3. 理货、备货区

在该区城内，主要进行货物的分货、拣货、配货作业，目的是为送货做准备。区域面积随物流中心的不同而有较大变化，如对多用户、多品种、少批量、多批次处理的物流配送中心分货、拣货、配货工作复杂，该区域所占面积很大。而在另外一些中心里，该区域面积却较小。

4. 分放、配装区

在该工作区内，按用户需求，将配好的货暂放暂存等待外运，或根据每个用户货物状况决定配送方式，然后直接装车或运到发货站台装车。该区域的货物是暂存，时间短，周转快，所占面积相对较小。

5. 发货区

在这个区域内将准备好的货物装入外运车辆发出。该工作区结构与接货区类似，有站台、外运线路等设施。发货区一般位于整个工作区域的末端。

6. 加工区

在该作业区内，进行分装、包装、切裁、下料、混配等各种类型的流通加工。加工区在物流配送中心所占面积较大，但设施设备随加工种类不同有所区别。

知识拓展

物流配送路线选择技巧

1. 配送路线目标的多样性

（1）以效益最高为目标的选择，就是指计算时以利润的数值最大为目标值。

（2）以成本最低为目标的选择，实际上也是选择了以效益为目标。

（3）以路程最短为目标。

（4）以吨千米最小为目标的选择。

（5）以准确性最高为目标的选择，它是配送中心重要的服务指标。

其他还有以运力利用最合理、劳动消耗最低等为目标。

2. 配送路线的约束条件

（1）满足所有收货人对货物品种、规格、数量的要求。

（2）满足收货人对货物送达时间范围的要求。

（3）在允许通行的时间内进行配送。

（4）各配送路线的货物量不超过车辆容积和载重量的限制。

（5）在配送中心现有运力允许的范围内。

3. 配送路线的优化

目前确定优化配送方案的一个较成熟的方法是节约法，也叫节约里程法。该方法根据配送中心的配送能力和配送中心到各个用户以及各个用户之间的距离来制订使总的车辆运输的吨千米数最小的配送方案。利用节约法制订的配送方案除了使配送总吨千米最小外，还需满足以下条件：实现所有用户要求；不使任何一辆车超载；每辆车每天的总运行时间或行驶里程不超过规定上限；满足用户到货时间要求。

（资料来源：杭州物流仓储配送，如何进行配送路线选择，这些关键点很重要[EB/OL]. 搜狐网，2018-09-27.）

7.3 物流配送系统的运作

7.3.1 物流配送模式的决策

配送模式是企业所采取的配送的基本策略和方法，配送模式的选择对于物流系统中的其他环节都会产生重大的影响。正确地选择物流配送模式对于改善配送效果、提升物流效益都有着重大意义。具体的物流配送模式可以分为以下几种。

1. 自营配送

自营配送是指企业自身筹建并组织管理物流配送的各个环节，实现对企业内部及外部货物配送的模式。自营配送模式是指平台自己投资组建一个完整的物流配送环节，并由平台自己经营管理。这种配送模式成本较高，需要前期投入大量资金，分配大量人力管理，当企业发展到一定规模才能收回成本。但是自主经营并控制整个物流配送环节，可以使物流与公司其他各环节密切配合，为顾客提供更体贴的服务，降低物流环节带来的风险。①

2. 共同配送

共同配送是两个或两个以上的有配送业务的企业相互合作．对多个客户共同开展配送活动的种物流模式。共同配送一般采取由生产、批发企业或零售、连锁企业共建一家配送中心来承担他们的配送业务，或共同参与由一家物流企业组建的配送中心来承担他们的配送业务的运作形式，以获取物流集约化规模效益，从而解决单独配送效率低下的问题。其配送业务范围可以是生产企业生产所用的物料、商业企业所经销的货物的供应，也可以是生产企业生产的产品和经销企业的货物销售。

3. 第三方物流配送

第三方配送是指货物交易双方或供需双方把自己需要完成的部分或全部配送业务委托给第三方配送企业来完成的一种配送运作模式。随着物流产业的不断发展以及第三方配送体系的不断完善，第三方配送模式应成为工商企业和网络企业进行货物配送的首选模式和主要发展方向。例如家居行业，与其他行业相比，家具行业具有体积大，运输要求高的配送特点，尤其是在电子商务对客户进行了大数据精准营销后，对物流的要求也越来越高，出于专业性、成本及服务水平考虑，家具制造企业往往会选择将物流外包给第三方企业。②

第三方企业可以提供更为专业的服务并降低成本，同时企业也可以专注于其他核心业务，但是由于第三方物流公司缺乏对整个供应链进行运作的战略性专长和真正整合供应链流程的相关技术，多个第三方物流企业参与运作的结果未必是高效的。

7.3.2 配送需求计划

配送需求计划（Distribution Requirement Planning，DRP），是一种既保证有效地满足市场需要，又使得物流资源配置费用最少的计划方法，是制造需求计划（Manufacturing Requirements Planning，MRP）的编制原理和方法在流通领域中的应用。它是流通领域中的物流技术，是 MRP 在流通领域应用的直接结果。DRP 主要解决产成品的供应、调度与配送问题，基本目标就是合理进行物资配送和资源配置，在保证有效地满足市场需要的基础上，使得配置费用最省。

---

① 陆珍妮．基于矩阵分析模型对生鲜电商最后一公里配送模式选择分析［J］．物流工程与管理，2021，43（06）：85－87.

② 许菱，李浩菡，张露琪，刘艳丽．博弈论下第三方物流共同配送模式探析［J］．现代商贸工业，2021，42（16）：20－21.

1. DRP 原理

DRP 主要应用于两类企业：一是流通企业，如储运公司、配送中心、物流中心、流通中心等；二是具有流通部门承担分销业务的企业。这两类企业的共同之处是：以满足社会需求为自己的宗旨；依靠定的物流能力来满足社会的需求；从制造企业或物资资源市场组织物资资源。

实施 DRP 时，要输入三个文件，之后再根据这三个文件产生两个计划，即一个订货或进货计划，一个送货计划。

（1）输入文件

1）社会需求文件。是指客户的订货单、提货单或供货合同，同时也包括下属各子公司、下属各地区配送中心的订货单。将这些需求按品种、需求日期进行统计构成一个文件，制订出社会需求文件。

2）供货厂商资源文件。这是货物生产厂或供应商的可供资源文件，该文件包括可供的物资数量、品种、时间，也包括供货厂商的地理位置情况。

3）库存文件。是制订 DRP 计划所必需的文件，它是配送系统的仓库里所有库存品种和数量的列表。

（2）配送需求计划的生成文件

1）订货或进货计划。是指配送系统对供货厂的订货或进货计划，对于客户需求的物资，如果仓库没有足够的库存量，就需要向供货厂商补充订货或进货。

2）送货计划。是指对客户的送货计划。根据库存文件和供货厂商资源文件可以确定客户的订货是从仓库送货，还是需要订货、进货再送货，或是会发生缺货。对于大批量需求的客户可采取工厂送货：对于小批量的需求者，则可以采取配送中心配送。

2. DRP 结构

DRP 系统主要由以下几方面组成。

（1）库存管理。既保证物料供应又保持较低的库存水平，可以通过交互的库存量查询、货位控（过货位自动分配算法实现）、周期盘点、各种类型材料库存（不良品和多余品等、出入库记录、退货管理）等方式实现。

（2）质量控制。包括质量标准、质量信息跟踪、不合格品停止发货、质量统计报告及质量记录与分析。

（3）预测仿真。通过对原始数据的回归分析和时间序列分析，对库存订单、产能进行预测，对库存线路进行交互仿真查询。

（4）运输管理。建立承运商数据库并以此数据库针对不同发货地点地承运商选优；对待发货物自动产生运单和发货通知，分类产生货运费用报告、到货及时率报告；对发出和收到货物跟踪记录、报关记录及分析。

（5）采购管理。建立供应商数据库，根据计划和短缺报告进行订单下达定单追踪及物料监控。

（6）计划/调度管理。通过实际订单情况和对客户需求的预测，产生生产计划和资源（人员、设备、发货期物料、场地）年度和月度需求计划。

（7）订单管理。对各种不同类型客户的不同类型订单进行记录追踪、查询和分析，不同类型定单主要为：正常订单、赔货订单；特别注意的是客户退货订单的记录、追踪、查询。根据产能、原材料及运输数据提供给客户估算的发货期；随时产生 LSRSD 数据系统的报告。

（8）数据库接口与数据传输。不同数据库系统的数据通过 ODBC/JDBC 及 SHELL 语言进行接口，实现 DRP 和财务系统、其他仓库与配送中心的数据交换。

7.3.3 物流配送成本的优化

1. 配送成本概述

（1）配送成本的概念。是指在进行收货、拣选、加工、包装、组配、送货等配送活动时产生的各项费用总和。主要包括分拣装卸作业费、运输费、设备运行费、员工工资及福利、设备设施耗损费、交易费等。

（2）配送成本的构成。

1）分拣费用。是指在进行货物分拣活动时人工、设备等产生的费用总和。

2）流通加工费用。主要包括四种：一是购置流通加工设备的费用；二是支付给流通加工人员的工资、奖金等；三是流通加工材料费，为了完成对货物的加工往往需要购买一定的材料；四是在流通加工过程中产生的燃料费、电费等其他费用。

3）装配费用。是指在完成对货物的装配活动时产生的各项费用总和，主要包括装配人工费、装配材料费等。

4）配送费用。主要包括：一是运输工具费用；二是营运间接费用。

2. 配送成本优化策略

（1）混合策略。是指物流配送业务一部分由企业自己完成；另一部分外包给第三方物流企业。混合策略是相对于纯策略而言的，纯策略是指配送业务完全由企业自身完成或者全部外包给第三方物流企业。虽然纯策略在某种程度上可以形成规模效应，但是由于货物品种的多样、规格的繁杂等问题，在超过某一临界值时规模效应便失效，甚至会导致规模不经济。混合策略通过合理的配送业务分配可以实现配送成本最低。企业应根据实际的需要，因地制宜，根据物流运输的发展，采用灵活多样的运输方式。①

（2）差异化策略。是指针对不同客户、不同产品实行不同的配送策略。产品特性不同，客户服务水平也不同。当企业同时拥有多条产品线时，不能对所有产品都按同

---

① 陈雪，乔万冠．我国物流配送效率影响因素及其优化策略研究［J］．科技经济导刊，2021，29（10）：211－212.

一标准的客户服务水平来配送，而应按产品的特点、销售水平来设置不同的库存、不同的运输方式，忽视产品的差异性会增加不必要的配送成本。

（3）合并策略。包括两个方面：一是配送方法的合并；二是共同配送，即企业联合集中配送。

1）配送方法的合并。在安排车辆配送时，应该充分利用运输车辆的容量和载重量，尽量做到满载满装以达到降低配送成本的效果。如果某一次配送装载的全是小容量货物，可能会造成货箱空间被充分利用，看起来装得很满实则并未达到车辆载重。相反的，如果一次配送装载的全是大容量货物，则往往载重量得到充分利用而车辆空间却没有得到充分利用。所以合理地搭配轻重、容积不同的货物既可以达到满载又可以充分利用车辆容积。

2）共同配送。是指企业为了提高配送效率，实现配送的合理化而建立的一种功能互补的配送联合体。分为两种情况：一是同一行业或同一地区的中小型生产、零售企业之间合作实现共同配送；二是几个中小型配送中心联合以服务某一地区的客户。

（4）延迟策略。是指在接到客户订单后再对产品进行生产、组装、配送①。这也就意味着企业对订单的反应速度要快，企业信息传递、接收能力要强。例如连锁企业为了提高市场占有率，针对不同的目标市场设计了几种不同的包装和标签。产品上市之后，根据顾客对产品使用之后的反馈信息，指导各连锁门店使用相应的包装和标签，从而有利于产品的销售、降低企业库存。

实施延迟配送的企业应具备以下几个基本条件：

1）产品特征：模块化程度高，产品价值密度大，有特定的外形，产品特征易于表述，定制后可改变产品的容积或重量；

2）生产技术特征：模块化产品设计、设备智能化程度高、定制工艺与基本工艺差别不大；

3）市场特征：产品生命周期短、销售波动性大、价格竞争激烈、市场变化大、产品的提前期短。

（5）标准化策略。是指尽可能地采用标准化零部件、产品，从而减少因产品多样而导致配送成本的增加。其优势是在降低固定费用基础上，高效率地保证所提供服务的质量，满足客户已有和潜在的需求，降低变动费用，从而降低成本。采用标准化配送策略要求厂家从产品设计开始就要站在消费者的立场上去考虑怎样节省配送成本，而不要等到产品定型生产出来了才考虑采用什么技巧降低配送成本。因此行业应设立一个统一的计算标准和方法，并对企业各网点、各中心的成本计算人员进行培训，对配送成本进行明确划分，统一会计科目，从行业标准层面将隐性的配送成本纳入其中，

① 刘丽娜．基于延迟策略的配送成本与配送服务均衡模型研究［D］．西安电子科技大学，2014.

保证成本划分的准确性。①

7.3.4 物流配送系统的绩效评估

1. 绩效评估的定义

绩效评估是指借助科学的计算方法，运用特定的指标体系，按照公认的评价标准，根据一定的程序，通过全面完善的分析，对企业的物流配送体系在一定时期内做出的效益和成果做出科学、合理、精准、全面的综合评判。

2. 绩效评估的意义

物流配送是连接企业和客户的桥梁。对于现代企业来说，核心竞争力不仅仅是价格之间的竞争，物流服务水平变得越来越重要。物流配送服务水平的高低在很大程度上会影响消费者对产品的满意度，进而影响他们的购买行为。开展配送系统的绩效评估可以反映配送活动的实际情况、服务水平。开展物流配送系统绩效评估的意义主要有以下几点：

（1）为管理决策提供依据。通过绩效评价，企业可以了解自身配送系统总体运行情况和效果，同时也可以了解自身在同行业竞争中的位置，从而为拟定或调整企业战略、目标、计划、投资等提供决策依据。

（2）利于人力资源管理。绩效评价可以了解各部门和各员工对企业的贡献，为企业实施奖惩、调整薪酬、变动职务等提供客观依据。同时，评价指标还可以对员工提供努力的目标并激励员工为大目标不断努力。

（3）促进企业持续改进。评价配送内部流程作业和外部客户服务绩效可以及时发现问题，可以帮助员工提高工作绩效，同时帮助企业持续改进流程安排和作业方式、方法。

3. 评价指标

（1）总体服务能力指标。主要包括：设备配置；设备可靠性；员工提供服务的主动性；信息技术水平。

（2）订单处理质量指标。主要包括：订单响应率；紧急订单响应率；品种需求满足。

（3）进货质量指标。包括：进货次品率；进货延迟率；进货交付期限。

（4）仓储质量指标。包括：库存损耗率；库存周转率。

（5）拣选配货质量指标。包括：分拣效率；分拣正确率；疑难货品分拣处理能力。

（6）运输配送质量指标。包括：送货及时率；送货准确率；货品完好率；单趟平均服务客户数；运输配送应变性。

---

① 缪文清．快递企业配送成本管理研究［J］．经营管理者，2021（06）：72－73.

（7）售后服务质量指标。包括：误差处理水平；投诉解决率；投诉回访率；投诉处理时间。

学习探索

日日顺物流，助力构建现代物流体系的“先行官”

1. 大政方针引领物流新发展

为加快构建现代物流体系，日日顺物流致力于深耕消费供应链服务、制造供应链服务、国际供应链、运力服务、生态创新业务等5大主营业务20年，在为客户提供供应链管理服务的基础上，大力拓展以最后一公里场景服务以及车后生态业务为主的生态创新服务，完善现代物流体系建设。

2. 承担重任推动物流体系建设

以日日顺物流为吉利汽车提供汽车备件的供应链管理解决方案为例。针对销售各自独立管理库存而出现长尾商品无法及时调货等痛点，日日顺物流通过算法模型为吉利汽车定制了4个总仓和6个前置仓的布货方案，支持库存共享、全国随时调货，保证了订单即时满足率。同时，针对销售情况制订智能补货方案，全流程可视化，对仓储、运输及送达在内的流程进行可视监控管理，提高库存周转率、降低仓储成本。

未来，日日顺物流将以新技术、新产业、新业态、新模式展现出强劲增长动力，加强基础设施网络建设、升级迭代供应链管理解决方案、加速拓展国际市场、持续创新打造高质量发展新引擎、搭建共创共享的物联网场景物流生态平台，实现各方合作共赢，进一步创新现代物流体系建设。

（资料来源：李曼．日日顺物流　助力构建现代物流体系的" 先行官" ［J］．物流时代周刊，2021（6）：3.）

案例分析

无人配送应用场景

目前，电商行业与外卖领域的市场规模正在不断扩大，配送的品种愈发繁多。无论是快递还是外卖、生鲜等，都给末端配送带来了极大的压力。无人配送车作为末端配送的有效补充，无论是对行业痛点的解决还是其蕴含的巨大商业价值，都让互联网巨头与创企加快商业化的步伐。现在无人配送在末端物流中的应用场景主要有电商快递与外卖，而生鲜和药品等商超零售品的送货上门服务抑或将成为无人配送应用场景。

随着5G技术的发展，无人配送技术也将随之进一步发展。5G网络覆盖广、低延时、高安全性、高行业赋能等特性，大力促进了物联网发展。物联网将是5G技术的主要战场，物联网将在5G的推动下实现更大范围的人、设备、车辆、货物的互联。随着无人配送走向深水区，对场景理解的重要性，越来越凸显出来。如果没有对场景的深刻理解，哪怕对技术原理的理解比别人都深刻，也很难把技术转化成适合这个场景的产品。

进入2021年，无人配送的发展，需要多方、在多个场景共同推进。

1. 快递场景

说起快递，以电商为主，而电商的市场份额高度集中在几家寡头手里——2019年，京东和拼多多总共占有电商市场较大份额。

电商巨头有条件自建、自营一个强大的物流无人配送体系，在无人配送这个赛道上，京东自带场景，自己研发自动驾驶技术，自己就是运营商。

至于七大快递公司，不同程度地在研发或者试用无人配送，他们不仅与电商有千丝万缕的联系，而且也具备丰富的应用场景。

但是，快递无人配送，目前只在封闭社区落地，2016年京东开始布局发展。京东的首个无人配送车于2016年发布，2017年第一次进入大学校园运营，2018年逐渐在国内多个城市的开放道路跑起来，2020年实现城市级智能配送运营。目前其最新一批搭载L4级别自动驾驶套件的智能快递车批量投用，加入北京、上海、常熟等地的京东618服务及后续规模化运营中。

而在封闭的社区里已经有了丰巢，无人快递配送的优势是在于可移动性。然而，应对公开道路行驶、小区穿行、路径规划、停车地点规划、人车交互等问题，还需要技术的进一步深入。许多问题在内部测试的时候很可能被忽视。但在真实运营中，这些问题都会暴露出来，因此，来自真实场景的反馈，才能推动技术迭代，让无人快递业务很快地流转落地，闭门造车肯定是不行的。

一个好的无人快递配送公司，不仅拥有配送车与算法，还应对场景有深刻的了解，电商快递场景被阿里、京东及快递头部企业牢牢地把持着，因此，他们具有无人配送快递落地的先发优势。

2. 外卖场景

我国外卖的主体单位以美团和饿了么为主，两家占据了外卖市场的主要份额。美团是行业老大，而饿了么借助大数据的支撑，正在进行市场扩张。无人外卖配送，是两家竞争的一个主战场。

在新零售的大趋势下，技术赋能的无人配送或将成为外卖行业极具潜力的拐点，外卖用户对平台线下配送服务升级需求刺激了无人配送业务的诞生。

美团新一代自研无人配送车在前一代基础上进行了多方面升级迭代，装载量达150kg，容积近540L，配送时速最高20km/h。经过5年的测试和运营，通过整车性能、综合耐久、低温寒区环境等31个项目测试，自动驾驶技术更成熟，性能更稳定，能适应全天24小时运营需求，城市道路续驶里程达到80km，能感应150米外障碍物并自动减速。同时，通过安全设计等五个维度，搭建运营过程中事前预防、事中监督、事后处置的全流程安全体系，确保了无人配送过程中的安全性。

在新一代无人配送车落地之前，美团无人配送已经积累了丰富的自动驾驶经验。2020年为积极应对疫情影响，美团率先在北京顺义落地无人配送服务，这也是美团无人配送车在室内、园区配送用户实际订单后，首次在公开道路进行配送。目前，无人车配送服务已覆盖20多个小区，累计配送3.5万订单，自动驾驶里程近30万千米。这也为新一代无人车快速平稳落地提供了丰富的自动驾驶数据、技术及运营经验。

外卖场景布局无人配送的原因有如下几点。

第一，外卖小哥劳动成本过高，2018年，美团单日外卖交易笔数超过2100万笔，日均活跃配送骑手数量达53.1万人。随着市场的继续增长和人力成本的提升，如何保持配送员的数量和效率将是外卖平台不得不面对的挑战。随着经济发展与老龄化社会的到来，外卖小哥的劳动力成本将越来越高。将无人配送技术引入到外卖配送领域，或许能打破人工费用带来的成本困境。

第二，在外卖领域，匹配是一个很重要的指标，为了满足降低边际成本，还需要扩大匹配的对象，以便增加匹配度，那么，就需要更多的客户，这就是规模效应。

外卖的特点是具有很高的时效性，客户要得急，要求高，而外卖时间有限，这就意味着，外卖行业和一般的商超与快递场景不同，它的边际成本到了一个限度之后，就很难继续下降。其中一个方法就是用技术取代劳动、用机器人取代人。机器人的工资，也即机器人的成本，是会随着规模与技术迭代而不断下降的。

所以，鉴于以上两个原因，引入无人配送方案成为外卖历史的必然，除了提升当下效率、降低成本，更重要的是，能打破人力造成的外卖的边际成本天花板，解决未来在老龄化社会中的成本问题，甚至在某种程度上，重塑商业模式的底层模型，获得长远的可持续发展的可能。

无人配送技术在理论上能帮助餐饮行业实现降本增效，但在现阶段并不有差距。

外卖无人配送车上路，需要面对比室内环境复杂的驾驶环境，需要考虑人行道、机动车道、红绿灯，有时还要驶入机动车道，在技术上比很多无人驾驶汽车都更加复杂。

外卖是典型的C2C业务，对应的路线则是N点对N点，路线不固定，这不仅对车辆的感知和决策能力是很大的考验，而且，车辆跑到不同的商家那里装货，装货环节的人车交互和时效也是问题。

外送骑手可以直接把货送到家门口，但无人车却无法上楼，这会导致用户体验下降。这需要与无人外卖配套的相关基础设施的完善，而改造基础设施需要支出成本。但是，肯定的是，外卖平台开战下半场，无人配送将成关键武器，无人配送技术的落地应用，可能成为在线外卖平台重新洗牌的筹码。

无人配送技术的落地应用将成为在线外卖平台竞争的下半场热点。其“最后一公里”配送理念能在很大程度上扩宽现阶段的外卖用户，重新分割外卖市场份额。

3. 商超零售场景

商超零售业的特点是高度分散，2019 年，零售业 Top100 的公司占社会消费品零售总额的比例仅 20.9%。

以永辉超市、物美超市、叮当快药、每日优鲜等为代表的商超零售企业，这类企业的特点是市场较为分散且地域性很强，近两年开始，头部商超零售企业也开始积极与无人配送解决方案商合作，尝试性地使用无人配送服务。其中，白犀牛与永辉超市、叮当快药的合作较为典型。相对分散的市场和相对较少的线上单量，意味着传统零售企业，哪怕是像永辉、大润发这种头部公司，其体量、线上化程度和运营能力都不足以支撑一个全职的短途配送团队，更别说科技含量很高的无人配送团队。

然而，为应对电商的冲击，国内的传统商超在 2015 年前后开始转型“线下线上融合”，并取得了显著成绩，商超零售产品在即时配送市场总盘子中所占的份额正在快速增长。

2020 年生鲜产品的线上销售额至少翻倍，份额增长率则为 179%，远高于外卖的 39%。到 2024 年，生鲜及其他商超零售品的即时配送需求达 198 亿单，接近 2019 年的 5 倍。

另一类商超客户即药品在线零售平台，商品不仅客单价高，附加值也高，2020 年药品的线上销售额至少翻倍，增速也远高于外卖。

可以看出，商超零售的无人配送市场很大，但其传统商超企业在财力上无法跟阿里、京东等互联网巨头相比，他们也不具备 AI 基因、不可能亲自上阵研发自动驾驶技术，那么，只有借外力一条路，委托第三方。

正在向线上转型的传统商超们，并不愿意跟互联网巨头捆绑，至于快递公司，在高峰时期，不可能把商超的订单放在主要位置，因为，他们有自己的订单要送。

那么，只有选择纯经营无人配送的新型单一公司，不直接向消费者卖货，而是只赚配送服务的钱，因此，不会与商超构成竞争关系。比如白犀牛联合永辉超市，推出零售无人配送等。有报道，永辉与白犀牛的合作，在上海嘉定区安亭新镇投放了两辆无人小车，开始为永辉超市在当地的门店提供配送服务。

在无人配送赛道上，商超零售的配送，要比送外卖和送快递简单一些。生鲜和药品等商超配送的“1 对 N”比外卖的“N 对 N”简单，路线相对固定，无人车面临的安全风险小。而且无人车为商超零售做配送的效率要比送外卖高得多，客单价高也高，因此无人配送技术在商超场景的落地有极大概率会走在外卖与快递前面。

在此三个应用场景的刺激下，无人配送的发展将会进入到快车道中。需求趋势的旺盛，让无人配送商业化进程加快加深。无论是无人配送还是 Robotaxi、无人小巴、智能重卡的商业化发展等，在自动驾驶领域中，其应用的场景过了温室缓慢的试运营技术洗礼阶段，现在逐渐落地在广阔的商业化天地中。

（资料来源：2021 无人配送三大场景之争［EB/OL］. 百家号，2021 -02 -08.）

苏宁配送中心布局

1. 公司简介

苏宁云商集团股份有限公司（以下简称苏宁）是中国通信、电脑、家电零售连锁的龙头企业，是商务部关注和培育的“中国 15 家大型商业企业集团”中的重点企业之一。目前，苏宁的连锁商店已经覆盖全国 30 多个省、300 多个市以及中国香港、日本等地区，达 1700 多家。其品牌价值已经达到 500 多亿元。截至 2019 年，全场景苏宁易购线下网络覆盖全国，拥有苏宁广场、苏宁易购广场、家乐福社区中心、苏宁百货，苏宁小店、苏宁零售云，苏宁极物、苏宁红孩子、苏宁体育、苏宁影城、苏宁汽车超市等“一大两小多专”各类创新互联网门店 13000 多家。

2. 苏宁区域配送中心选址因素

影响苏宁配送中心选址的因素主要有运输条件、进货、劳动力获得、劳动力成本、出货、税收和土地成本等因素。而在物流配送中心选址的诸因素中，运输成本所占的权重较大，降低运输成本，会使物流总成本显著减小。另外，现代化的配送中心配送的范围一般在 300 ~ 500km，配送的客户至少在 20 家以上。鉴于此，苏宁的物流配送中心运用重心法选址较为合适。重心法选址简单易行，它降低了配送中心选址的不合理性，增加了选址的可操作性和准确性。但是，物流设施的选址是一项复杂的系统工程

3. 苏宁物流配送中心布局

物流是苏宁的核心竞争力之一。因此，苏宁建立了三级物流配送网—区域配送中心、城市配送中心和转配点，完成长途到市、短途到店、零售到户的多元化物流配送。苏宁南京雨花基地是配送管理的中央组织，下设三个区域配送中心，分别在南京、青岛、杭州。南京配送中心主要负责中部和西部各城市的配送，青岛配送中心主要负责华北和东北各城市的配送，杭州配送中心主要负责华南各城市的配送。如图 7 – 3 所示。

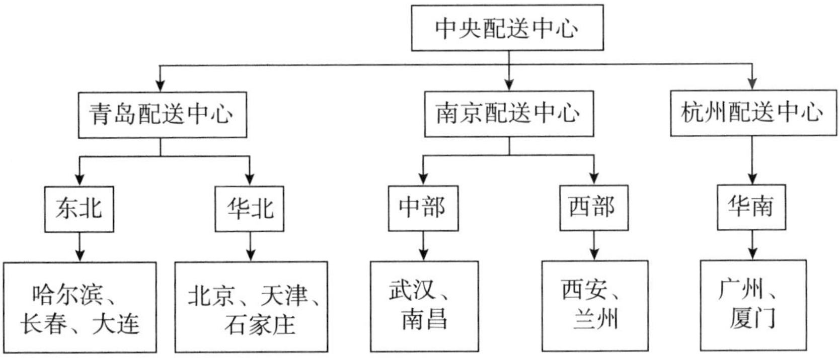

图 7 – 3　苏宁物流配送中心布局

（资料来源：沈默，戴冰洁．物流配送中心重心法选址解析——以苏宁为例 [J]．物流技术，2015，34（07）：192 – 194.）

复习思考题

1. 配送的意义。
2. 各种配送模式特点。
3. 配送中心选址考虑因素。
4. 配送的功能有哪些。
5. 简述配送中心选址步骤。
6. 物流配送模式有哪些，简述模式之间的区别。
7. 物流配送成本包含哪些方面。
8. 如何优化配送成本。
9. 物流配送绩效评估的意义。
10. 如何评估物流配送绩效。

第8章
物流信息系统规划与运作

现代物流业的发展，对加快国民经济产业结构调整、转变发展方式、提高其竞争力和建设生态文明建设具有重要意义。目前，我国的智能物流平台仅初步实现了信息发布、共享、交易撮合及简单的增值服务，但就物流信息化水平而言，缺乏有效的产品和技术支撑，应用功能大多停留在信息发布，平台发挥作用受限、落地难。因此，我国的物流企业必须把握好现代物流的发展趋势，运用先进的管理技术和信息技术，提升自己的竞争力和整体优势，提高物流信息系统的管理能力和创新能力。

本章学习目标

1. 掌握物流信息系统相关基础知识。
2. 能够对物流信息资源进行整体规划。
3. 学会从企业战略和整个供应链的角度进行思考，提高系统思维能力。

案例引导

海尔物流信息系统建设

为了与国际接轨，建立起高效、迅速的现代物流系统，海尔采用了SAP公司提供的ERP和BBP系统，对企业进行流程改造，组建自己的物流管理系统。系统构成：

1. ERP系统

海尔物流的ERP系统共包括五大模块MM（物料管理）、PP（制造与计划）、SD（销售与订单管理）、FI/CO（财务管理与成本管理）。ERP实施后，打破了原有的“信息孤岛”，发挥出真正的财务管理与财务监督职能。

2. BBP系统

BBP系统（原材料网上采购系统）主要是建立了与供应商之间基于因特网的业务和信息协同平台。该平台的主要功能：

1）通过平台的业务协同功能，既可以通过因特网进行招投标，又可以通过互联网将所有与供应商相关的物流管理业务信息进行处理。

2）对于非业务信息的协同，SAP使用构架于BBP采购平台上的信息中心为海尔与供应商之间进行沟通交互和反馈提供集成环境。

3. 一流三网

完善后的海尔物流管理系统，可以用一流三网来概括，一流是指以订单信息流为中心；三网分别是全球供应链资源网络、全球用户资源网络和计算机信息网络。

（资料来源：海尔物流信息系统建设的内容［EB/OL］. 百度文库，2011－12－04.）

问题

1. 请总结海尔物流信息系统建设经验。
2. 什么是物流信息系统？
3. 海尔建设物流信息系统的作用？

8.1 物流信息系统概述

现代物流理论认为：现代物流服务的核心目标是在物流整个运营过程中以最小的综合成本满足客户的需求。我国当前的物流企业经营模式仍然较为粗放、信息化程度较低、运营费用居高不下，严重制约着物流企业的竞争力①。现代物流具有及时化、信息化、自动化、智能化、服务化和网络化等特征。通过对物流信息系统合理的规划开发，整合各种资源，才能实现这些特征。

8.1.1 物流信息及物流信息系统的概念

1. 物流信息

（1）物流信息的定义。是指在运输、仓储、包装配送、搬运、流通加工等物流活动及物流相关活动中产生和使用的必要的信息。物流信息存在于整个物流活动过程中，连接物流活动各环节并形成对物流活动的有效控制。物流信息的来源主要分为两类：一是直接来源于物流活动本身；二是来源于商品交易等其他流通活动。因此，可以从狭义和广义两个方面来定义物流信息。

1）狭义的物流信息。是指直接产生于包装、流通加工、运输、仓储、搬运、装卸、配送等物流活动的信息。包装材料的选择、运输工具的选择、运输路线的决策、库存的有效利用、订单的跟踪、运输批次的选择等环节都需要物流信息来实现对物流活动的有效管理和决策。

① 朴银玥. 论大数据时代物流信息平台的建设［J］. 北方经贸，2021（08）：67－69.

2）广义的物流信息。不仅包括直接产生于物流活动的信息，还包括发生在物流活动以外，但与物流活动相关，对物流活动产生影响的各项其他活动，如商品交易、市场信息发布等①。在现代物流管理中，物流信息与商品交易信息、市场信息交叉渗透、紧密相连。广义的物流信息将上游的生产供应商一直到下游的消费者紧密有效地整合、连接在一起，实现整条供应链的高效化、最优化。

（2）物流信息的特征。物流信息除了具备信息的一般性特征外，还具有以下区别于其他信息的特点。

1）多样性。从物流信息作用的环节来看，物流信息可以分为采购信息、生产信息、销售信息、订单信息、运输信息、仓储信息等；从物流信息的来源来看，可以分为内部物流信息、外部物流信息；从物流信息活动的空间来看，可以分为国内物流信息、国际物流信息。

2）关联性。物流活动是多环节、多角色、多因素的一项综合活动，与环节相互连接、相互影响，因此在产生于物流及其相关活动的物流信息之间必然存在密切的关联性。

3）广泛性。物流信息源分布于一个大范围内，信息源点多、信息量大，涉及从生产到消费、从国民经济到财政信贷的各个方面。物流信息来源的广泛性决定了它的影响也是广泛的。

4）变化性。多品种、小批量、多频度的配送技术与POS、EOS、EDI数据收集技术的不断应用使得各种物流作业频繁发生，加快了物流信息的价值衰减速度，要求物流信息的不断更新。

5）复杂性。物流信息通常要经过反复的研究和处理，才能成为有实用价值的信息。分析其与物流活动的相关程度，再把处理后的信息指导物流活动，这也是一个复杂的过程，这种复杂性是由物流信息来源的多样化造成的。

（3）物流信息的内容。首先，与商流的联系，由于货源来自于商业购销业务部门，只有时刻掌握有关货源方面的信息，才能做出开展物流活动的安排；其次，是与交通运输部门的联系，因为除部分的汽车短途运输外，运输工具是由铁路、航运和港务等部门所掌握，只有随时了解车、船等运输信息，才能使商品流通顺利进行；最后，企业在市场竞争中，需要做到知己知彼，还要学习国内外在物流管理方面的有益经验。由此可见，物流信息不仅量大，而且来源分散，更多更广地掌握物流信息，是开展物流活动的必要条件。

1）货源信息。货源的多少是决定物流活动规模大小的基本因素，包括商流信息和物流信息。

2）市场信息。是制订物流计划，确定月度、季度以至年度的运输量、储存量指

---

① 修桂华，姜颖。物流信息系统［M］. 北京：北京大学出版社，2011.

标，能够实现的微观效果。但是为了从宏观上进行决策的需要，还必须对市场动态进行分析，注意掌握有关的市场信息，包括：货源信息；流通渠道的变化和竞争信息；价格信息；运输信息；管理信息等。

3）运能信息。运输条件的变化，如铁路、公路、航空运力适量的变化，会使物流系统对运输工具和运输路线的选择发生变化。这些会影响到交货的及时性及费用是否增加。在我国运输长期处于短线的情况下，尤其如此。

4）企业物流信息。包括商品的动态信息；批发企业产生的物流信息；零售企业产生的物流信息。

5）物流管理信息。包括物流企业、物流中心的配置、物流网络的组织，以及自动分拣系统、自动化仓库的使用情况等等，以及借鉴国内外有益的经验，不断提高物流管理水平。

（4）物流信息的作用。包括衔接作用；交易功能；控制功能；决策功能。

2. 信息系统

（1）信息系统。是指由计算机硬件、网络和通信设备、计算机软件、信息资源、信息用户和规章制度组成的以处理信息流为目的的人机一体化系统①。

（2）信息系统的分类。分为数据处理系统（Data Processing System，简称 DPS）、管理信息系统（Management Information System，MIS）、决策支持系统（Decision Sustainment System，DSS）、专家系统（人工智能的一个子集）和虚拟办公室（Office Automation，OA）五种类型。

（3）信息系统的作用。即，输入、存储、处理、输出和控制等。

3. 物流信息系统

（1）物流信息系统。是指由人员、设备和程序组成的、为物流管理者执行计划、实施、控制等职能提供信息的交互系统，它与物流作业系统一样都是物流系统的子系统。

（2）智慧物流信息系统。是指利用现代化物联网自动识别技术、移动通信技术、智能运输技术以及云数据平台技术等组合而成的先进物流信息管理系统②。智慧物流信息系统是当下物流行业发展过程中的重要工具，内容包含了交通信息采集处理、物流仓储信息、物流商品信息处理等模块。

8.1.2 物流信息系统的分类

（1）按物流信息系统的功能可分为事物处理信息系统、办公自动化系统、管理信息系统、决策支持系统、高层支持系统、企业间信息系统。

---

① 贺登才，刘伟华，等。中国物流管理优秀案例集（2010）[M]. 北京：中国物资出版社，2011.

② 蔡海荣. 智慧物流信息系统及其经济性评价研究 [J]. 商场现代化，2020（17）：64-66.

（2）按管理决策的层次分为物流作业管理系统、物流协调控制系统、物流决策支持系统。

（3）按系统的应用对象分为面向制造企业的物流管理信息系统、面向零售商、中间商、供应商的物流管理信息系统、面向物流企业的物流管理信息系统（3PLMIS）、面向第三方物流企业的物流信息系统。

（4）按系统采用的技术分为单机系统、内部网络系统、与合作伙伴、客户互联的系统。

8.1.3 物流信息系统的功能

物流信息系统的主要功能是进行物流信息的收集、存储、传输、加工整理、维护和输出，为物流管理者及其他组织管理人员提供战略、战术及运作决策的支持，以达到组织的战略竞优，提高物流运作的效率与效益。物流信息系统是物流系统的神经中枢，它作为整个物流系统的指挥和控制系统，可以分为多种子系统或者多种基本功能。

通常，可以将其基本功能归纳为以下几个方面。

1. 数据收集

首先是将数据通过收集子系统从系统内部或者外部收集到预处理系统中，并整理成为系统要求的格式和形式，然后再通过输入子系统输入到物流信息系统中。这一过程是其他功能发挥作用的前提和基础，如果一开始收集和输入的信息不完全或不正确，在接下来的过程中得到的结果就可能与实际情况完全相左，这将会导致严重的后果。因此，在衡量一个信息系统性能时，应注意它收集数据的完善性、准确性，以及校验能力和预防和抵抗破坏的能力等。

2. 信息存储

物流信息系统的存储功能就是要保证已得到的物流信息能够不丢失、不走样、不外泄、整理得当，随时可用。无论哪一种物流信息系统，在涉及信息的存储问题时，都要考虑存储量、信息格式、存储方式、使用方式、存储时间、安全保密等问题。如果这些问题没有得到妥善的解决，信息系统是不可能投入使用的。

3. 信息传输

物流信息一定要准确、及时地传输到各个职能环节，这就需要物流信息系统具有克服空间障碍的功能。物流信息系统在实际运行前，必须要充分考虑所要传递的信息种类、数量、频率、可靠性要求等因素。

4. 信息处理

最根本目的是要将输入的数据加工处理成物流系统所需要的物流信息。数据和信息有所不同，数据是得到信息的基础，但数据往往不能直接利用，而信息是从数据加工得到，它可以直接利用。只有得到了具有实际使用价值的物流信息，物流信息系统的功能才算发挥。

5. 信息输出

是物流信息系统的最后一项功能，信息的输出必须采用便于人或计算机理解的形式，在输出形式上力求易读易懂，直观醒目。

以上5项功能是物流信息系统的基本功能，缺一不可。而且，只有5个过程都没有出错，最后得到的物流信息才具有实际使用价值。

8.1.4 物流信息系统的常用技术

1. EDI 技术

EDI（electronic data interchange）即电子数据交换，ISO 国际标准化组织与 1994 年确认了 EDI 的技术定义：“根据商定的交易或电文数据的结构标准实施商业或行政交易从计算机到计算机的电子传输。”

它是一种利用计算机进行商务处理的新方法。EDI 是将贸易、运输、保险、银行和海关等行业的信息，用一种国际公认的标准格式，通过计算机通信网络，使各有关部门、公司与企业之间进行数据交换与处理，并完成以贸易为中心的全部业务过程。EDI 不是用户之间简单的数据交换，EDI 用户需要按照国际通用的消息格式发送信息，接收方也需要按国际统一规定的语法规则，对消息进行处理，并引起其他相关系统的 EDI 综合处理。整个过程都是自动完成，无须人工干预，减少了差错，提高了效率。

EDI 系统由通信模块、格式转换模块、联系模块、消息生成和处理模块四个基本功能模块组成。

使用 EDI 的主要优点如下：

（1）降低了纸张文件的消费；

（2）减少了许多重复劳动，提高了工作效率；

（3）使得贸易双方能够以更迅速、有效的方式进行贸易，大大简化了订货过程或存货过程，使双方能及时地充分利用各自的人力和物力资源；

（4）可以改善贸易双方的关系，厂商可以准确地估计日后商品的需求量，货运代理商可以简化大量的出口文书工作，商业用户可以提高存货的效率，提高他们的竞争能力。

由于 EDI 的使用可以完全代替传统的纸张文件的交换，因此，有人称它为“无纸贸易”或“电子贸易”。

2. 条码技术

条形码，简称“条码”，是由一组黑白相间、宽度不同的条状符号组成。条码技术是研究如何把计算机所需要的数据表示成条码形式，和如何将条码表示的数据及符号转变为计算机可以自动采集、识别的数据。因而，条码技术就包括从编码到制作、识读、处理等一系列技术。

根据不同的编码规则，提出的编码方案已经有多达四十余种，目前应用最为广泛的有：交叉二五码、三九码、UPC码、EAN码、128码等。

从印制条形码的材料、颜色分类，可分黑白条形码、彩色条形码、发光条形码（荧光条形码、磷光条形码）和磁性条形码等。

近年来又出现了按矩阵方式或堆栈方式排列信息的二维条形码。

我国的适用标准：一维条形码（通用商品条码）是与EAN码等效的，二维条形码是与PDF417兼容的码制。

3. QR技术

QR（quick response）即快速反应的意思。QR码是二维条码的一种，最常见于日本，并为目前日本最流行的二维空间条码。QR码比普通条码可储存更多资料，亦无须像普通条码般在扫描时需直线对准扫描器。

QR码呈正方形，只有黑白两色。在4个角落的其中3个，印有较小、像“回”字的正方图案。这3个是帮助解码软件定位的图案，使用者不需要对准，无论以任何角度扫描，资料仍可被读取。

除了标准的QR码之外，也存在一种称为“微型QR码”的格式，是QR码标准的缩小版本，主要是为了无法处理较大型扫描的应用而设计。微型QR码同样有多种标准，最高可储存35个字元。

QR码原本是为了在汽车制造厂便于追踪零件而设计的，今日QR码已广泛使用在各行各业的存货管理中。使用者亦可透过设有RS－232C界面的个人电脑及解码程式，连接扫描器或摄影机取得QR码中的资料，十分适合存货管理等企业应用。

4. ERP技术

ERP（enterprise resources planning）企业资源管理计划，是在先进的企业管理思想的基础上，应用信息技术实现对整个企业资源的一体化管理。

ERP是一种可以提供跨地区、跨部门甚至跨公司整合实时信息的企业管理信息系统。它在企业资源最优化配置的前提下，整合企业内部主要或所有的经营活动，包括财务会计、管理会计、生产计划及管理、物料管理、销售与分销等主要功能模块，以达到效率化经营的

（1）销售。销售部门接收客户采购计划，根据客户要求，查看是否有库存，有一给客户发货；无一下生产任务给生产部门，要求安排生产：待成品完工后，即可给客户发货。

（2）生产。生产部门接收销售部门的任务，向生产车间下达生产任务，可依据库存，向采购部门请购有关零部件。完工后，入库供销售部发货。

（3）采购。采购部门依据所接受的请购任务和库存情况，向材料供应商采购料品。

（4）库存。仓库根据零部件的安全库存量向采购部门请购零部件。依据生产车间的生产领料单给车间发料。

（5）财务。进行成本计算。

5. 射频技术

射频识别技术（radio frequency identification，RFID）是一项利用射频信号通过空间耦合（交变磁场或电磁场）实现无接触信息传递并通过所传递的信息达到识别目的的技术。

从信息传递的基本原理来说，射频识别技术在低频段基于变压器耦合模型（初级与次级之间的能量传递及信号传递），在高频段基于雷达探测目标的空间耦合模型（雷达发射电磁波信号碰到目标后携带目标信息返回雷达接收机）。1948 年哈里斯托克曼发表的“利用反射功率的通信”奠定了射频识别技术的理论基础。

6. GIS 与 GPS 技术

（1）GIS 技术（geographical information system，GIS）地理信息技术，是多种学科交叉的产物，它以地理空间数据为基础，采用地理模型分析方法，适时地提供多种空间的和动态的地理信息，是一种为地理研究和地理决策服务的计算机技术系统。其基本功能是将表格型数据转换为地理图形显示，然后对显示结果浏览、操作和分析。

GIS 在物流分析方面的应用，主要是指利用 GIS 强大的地理数据功能来完善物流分析技术。完整的 GIS 物流分析软件集成了车辆路线模型、最短路径模型、网络物流模型、分配集合模型和设施定位模型等。

（2）GPS 技术（global positioning system，GPS），全球定位系统，是利用导航卫星进行测时和测距，使地球上的任何用户都能确定自己所处的方位，是由一系列卫星组成的，它们 24 小时提供高精度的世界范围的定位和导航信息。GPS 系统主要包括三大部分：空间部分——GPS 卫星星座；地面控制部分——地面监控部分；用户设备部分——GPS 信号接收机。

GPS 广泛应用于铁路运输、军事物流、交通系统等领域，并对物流业的发展起着重要的推动作用。

7. 区块链技术

从科技层面来看，区块链涉及数学、密码学、互联网和计算机编程等很多科学技术问题。从应用视角来看，区块链是一个分布式的共享账本和数据库，具有去中心化、不可篡改、全程留痕、可以追溯、集体维护、公开透明等特点。这些特点保证了区块链的“诚实”与“透明”，为区块链创造信任奠定基础。而区块链丰富的应用场景，基本上都基于区块链能够解决信息不对称问题，实现多个主体之间的协作信任与一致行动。

将区块链技术运用到物流行业，可以保障物流信息的精确性、完整性、可追溯性以及透明性。因此，区块链技术对于维护物流行业的健康可持续发展具有重要的战略意义①。

---

① 余锦东．区块链技术在物流领域的应用分析［J］．科技创新与应用，2020（27）：159－160.

8. 大数据技术

大数据技术在信息交互和数据库建立、储存方面可以实现信息数据资源的不断扩充，使物流信息数据更加丰富，并在此基础上为物流产业的管理和运营创新提供充足的数据支持。另外，大数据技术对物流的业务协同也可以起到很好的作用，通过大数据，物流信息平台能够实现各项业务的交互和协调，充分发挥行业优势，最大程度上满足用户需求。此外，大数据也是实现物流信息平台智慧运营的驱动基础，能够在物流信息平台上进行各方面运营的实时监控和信息跟踪，确保物流产业的智慧化、智能化水平得到提升。

名人故事

中国卫星之父——孙家栋

曾经科学家孙家栋扮演“生意人”的角色，和美国等世界一流航天强国的专家谈判，将中国航天引入世界舞台，参与国际商业发射服务市场竞争。1990 年 4 月 7 日，长征三号运载火箭在西昌卫星发射中心将美国休斯空间公司的亚洲一号通信卫星成功送入预定轨道。这是中国火箭第一次发射世界一流航天强国美国的卫星。

“在现场经历多少次发射，那次发射特别激动。不只感受到自己的心跳，旁边人的心跳也能感觉到。有人告诉我，卫星发射成功，美国华侨流着泪激动地说，‘中国的卫星能打多高，国外华人的头就能抬多高’。”孙家栋说。

“他非常注重培养年轻人。”嫦娥一号卫星的“70 后”副总指挥龙江说。通过航天工程实践，孙家栋培养了一批优秀航天科技人才。

遇到难题，孙家栋“喜欢看天”。嫦娥一号卫星奔月，要求准时发射、准确入轨、准确测控，但地球在转，月球也在转，发射窗口时间有限，这些难题让孙家栋日思夜想，时常半夜起来站在窗口琢磨。有一次，他在凉台上从后半夜一直站到天空泛白，月亮轮廓慢慢变淡。从主持嫦娥工程以后，孙家栋看月亮从此多了一份特别的意味。

即使是现在，孙家栋还担任着北斗卫星导航工程、风云二号静止气象卫星航天工程的总设计师和中国航天科技集团公司高级技术顾问。他每天的爱好依然是翻看大量资料，包括各国的航天资料和航天专业书籍。

（资料来源：航天技术专家孙家栋：钱学森欣赏年轻人［EB/OL］. 腾讯新闻，2010 - 01 - 13）

8.2 物流信息系统的规划

8.2.1 物流信息系统的规划原则

在设计的过程中，应遵循系统性、灵活性、可靠性和积极性四大原则。根据现代物流信息管理系统在系统平台架构、技术路线运用、应用模式的灵活性等几个方面与传统应用系统的差异，在进行物流信息系统设计时，应充分总结和利用经验，统一标准、统一规范、统一开发、统一部署、统一关键指标体系。在设计系统的同时重点突出以下设计原则。

（1）总体规划、分阶段实施

物流系统需要从系统的长远发展进行规划，逐步完善和优化，实现统一、合理规划，集中管理，有组织有步骤地实施。

（2）先进性与适用性原则

技术要领先，应用上要合理，方便管理和后期维护，用户操作防捷。易于上手和掌握，以适应物流企业的业务发展需要。

（3）开放性与标准化原则

设计开放式、模块化体系，使用符合国际国内标准的协议和技术，使系统的硬件平台、软件系统、操作系统平台等发挥最佳优势，而不应成为相互发展相互制约的因素。

（4）可靠性与安全性原则

分析安全可靠的运行是整个系统建设的基础。提供良好的安全可靠性策略，支持多种安全可靠性技术手段，制订严格的安全可靠性管理措施。系统需要有安全漏洞检测，可以具有容错功能，通过及时备份相关数据，保护系统的安全和数据的正确性和安全性。

（5）经济性与系统扩展灵活性原则

系统的建设要充分考虑物流企业的经济投入，用发展的眼光来看待系统给企业带来的潜在利益，充分利用企业现有的软硬件资源，避免重复投资，同时又要保证系统的灵活扩展能力，以适应业务不断增长的发展趋势以及物流平台的发展规划。

（6）接口广泛性及标准化原则

为以开放式的方式实现服务共享和系统的扩展，使用跨平台、跨语言和技术的服务接。系统应该适应外界环境变化的能力，系统有充分的适应能力满足新环境下的要求。

（7）业务开发的敏捷性与规范性原则

能够支持迅速拓展业务的竞争要求，同时项目涉及的产品资源及组件库需要达到高复用率，应用的封装需要敏捷，流程和服务复杂的应用需要控制，引人高效的平台项目管理工具成为重要目标，以便将未来平台的开发进行规范化。

（8）运维管理的高可靠性和易管理性原则

系统平台必须提供管理平台，可以通过高可用性集群、虚拟化技术、远程管理、监控手段与本地系统管理相结合的方式，简化管理员的管理维护工作，保证系统的高可用性。同时系统的结构设计要易于维护，组成系统的功能元素要具有一定的独立性。

8.2.2 物流信息系统的需求分析

物流活动涉及面比较广、信息量比较大，对实时性的要求比较高，所涉及的部门、人员、业务、数据比较多。因而系统分析的工作量比较大。

由物流的概念可知，物流与信息流始终贯穿企业的各个部门，因此，需求分析的范围涉及了企业的生产、经营和管理等各个方面。通常，进行需求分析时应该包括如下问题：

（1）企业的组织结构和功能业务。

（2）组织目标和发展战略。

（3）产品构成和工艺流程。

（4）数据及数据流程。

（5）业务流程。

（6）管理方式与具体的业务管理方法。

（7）决策方式及决策过程。

（8）企业可用的资源及限制条件。

（9）现存问题和改进方法。

8.2.3 物流信息系统的开发

1. 物流信息系统的开发方式

物流信息系统的开发方式，应根据企业的资金情况、技术力量、外部环境等因素进行综合选择①。在签订合同的时候，就要确定开发方式。因为不同的开发方式对于合同的细则，如知识产权、开发费用等有直接的影响。

可采用的开发方式如下：

（1）企业自行开发。由物流企业组织内部或招聘新的信息管理专业人员，开发自己的信息系统②。

自行开发的优点是：开发费用少，可以得到适合本单位的满意的信息系统，有利于减少系统开发中的不确定性：项目可控性较好，用户适应性好，便于维护。缺点是由于不是专业的开发队伍，容易受业务工作的限制，且由于开发人员是临时从所属各部门抽调出来进行信息系统的开发工作，这些人员在其原部门还有其他工作，所以精力有限，容易造成系统开发周期长，系统整体优化较弱，不利于推动组织变革，开发人员调动后，系统维护工作没有保证。

（2）委托开发。随着开发经验的积累与开发方法技术的成熟，信息系统开发逐步成为一种信息服务行业，企业则受竞争环境所迫而必须精减人员，因此委托开发必然是信息系统开发的主流方式之一。

委托开发方式适合于资金较为充足但物流信息系统的开发队伍力量较弱的单位。委托开发方式具有省时、省事、开发的系统技术水平较高等优点。缺点是费用高，系

---

① 琚春华，蒋长兵，白丽君．物流信息系统［M］．北京：中国物资出版社，2010.

② 邵正宇，周兴建，等．物流系统规划与设计［M］．北京：清华大学出版社，北京交通大学出版社，2011.

统维护需要开发单位的长期支持；需要企业的业务骨干参与系统的论证工作，开发过程中需要企业和开发单位双方经常沟通，及时进行协调和检查；不利于培养自己的信息系统维护人员；有较大的风险，易造成依赖性；委托单位的确定至关重要。

（3）购置商品应用软件。购置现成的商品软件，买来后经过修改（或二次开发）、安装和初始化后即可投入使用。对这种开发方式来说，软件品种及软件供应商的选择至关重要。目前商品应用软件（应用软件包）品种很多，单一功能的小软件至覆盖大部分企业业务的大系统，价格在几千元至几百万元之间。目前已有较知名的研制销售管理应用软件的公司和产品，如德国 SAP 公司的 R/3、美国 IBM 公司的 MPCS、ORACLE 公司的协同应用系统等。国内也有较成功的管理应用软件公司和产品，如用友的 ERP 软件等。

此方式的优点是：节省时间和费用，开发周期短，技术水平较高；因经反复调试应用，可靠性好；以规范模式研制，促使组织变革较有力。缺点是：通用软件的专用性较差，不能满足组织的特殊要求或多变的需求；需要根据用户的需求做软件改善和接口工作等二次开发工作；价格较昂贵，风险也较大。

2. 物流信息系统的开发方法

（1）结构化系统开发方法

1）结构化系统开发方法的基本思想。是用系统工程的思想和工程化的方法，按用户至上的原则，结构化、模块化、自顶向下地对系统进行分析与设计。

2）结构化系统开发方法的特点。包括：①自顶向下整体性的分析与设计和自底向上逐步实施的整合系统开发过程；②用户至上；③深入调查研究；④严格区分工作阶段；⑤充分预计可能发生的变化；⑥工作文件标准化和文献化。

3）结构化系统开发的生命周期。在结构化系统开发中，开发过程分为五个阶段，即系统规划、系统分析、系统设计、系统实施和系统运行维护。如图 8－1 所示。

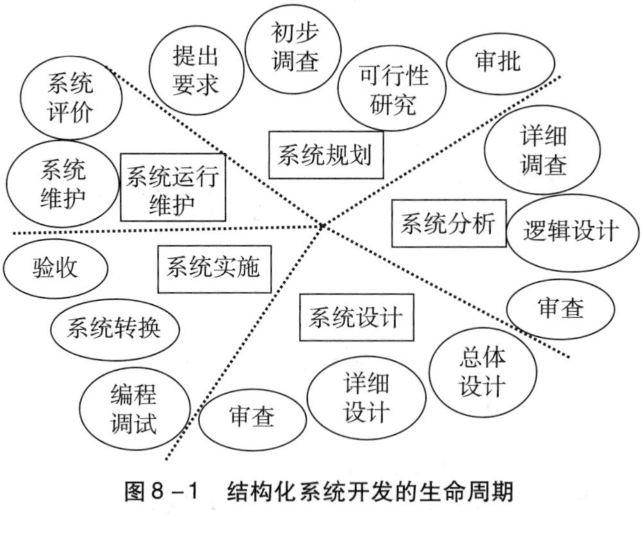

图 8－1　结构化系统开发的生命周期

4）结构化系统开发方法的优缺点及适用范围。如下表所示。

结构化系统开发方法的优缺点及适用范围

优点	缺点	使用范围
整体思路清楚	开发周期太长	大系统或系统开发缺乏经验的情况
阶段性非常强，每阶段均有工作成果出现	不大符合认知规律	
系统分析中易诊断出原系统存在的问题	需要大量的文档和图表，工作量较大	

（2）原型开发法。所谓信息系统原型，就是一个可以实际运行、可以反复修改、可以不断完善的信息系统。用户和开发人员之间总是存在这样或那样的认识不一致，大多数时候用户也不知道自己对系统的最终需求，或者由于交流上的障碍无法把自己的想法清楚地表达出来。用户只有看到一个具体的系统或者经过启发，才能清楚地了解自己的需求和系统的缺点。这说明并非所有的需求都能预先定义。由于存在这些原因，系统不能满足用户的要求是常有的事。信息系统开发过程中大量的工作都是反复的、不可避免重复的，于是，原型法应运而生。

1）基本思想。是指其结构、大小和功能都与某个物体相类似的模拟该物体的原始模型。原型法是针对结构化开发方法的主要缺点而发展起来的一种快速、相对廉价的开发方法。它不要求用户提出完整的需求以后再进行设计和编程，而是按照用户最基本的要求，迅速开发出一个实验型的小型系统，称为“原型系统”。然后将原型交给用户使用，并根据用户的意见对原型进行修改，用户再对改进后的系统提出新的需求。这样不断反复修改，直到最后实现 - 一个用户满意的系统为止。与结构化开发方法不同，原型法的用户需求是动态的，系统分析、设计与实现都是随着对一个工作模型的不断修改而同时完成的，相互之间并无明确的界限，也没有明确的人员分工。系统开发就是一个反复修改的过程。

2）开发过程

①确定用户最初要求。确定用户准备从系统中得到些什么，对系统有哪些要求，如系统功能、人机界面、输入输出、应用范围、运行环境等①。

②建立系统初始原型。它能反映新系统的部分重要功能和特征，系统开发者在初步了解用户需求的基础上，用有计划的迭代快速构造系统开发的初步模型——原型。

③运行和评价原型。将开发出来的原型提交给用户，经用户和开发人员共同研讨、改进和完善，提出修改方案。

① 李浩，刘桂云，物流系统规划与设计［M］. 杭州：浙江大学出版社，2011.

④修改旧原型，建立新原型。根据修改方案对原型进行修改、完善和扩充，得到新的原型，再去征求用户意见，反复多次直到取得满意的原型为止。

⑤建立最终的系统。是改进数据管理的例行程序，增强辅助用户使用系统的功能，以及完成系统的各种资料和说明等。如图 8－2 所示。

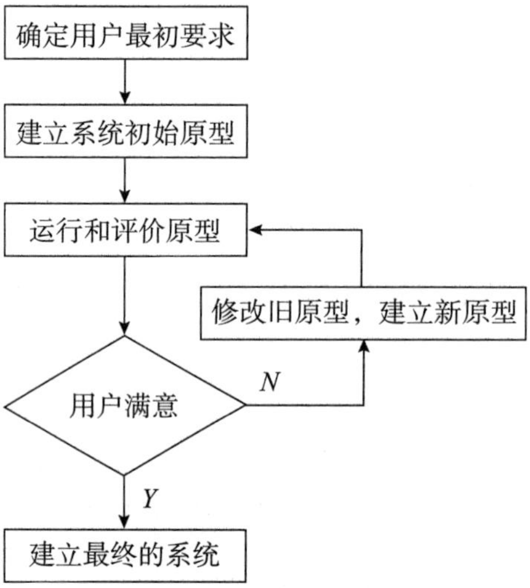

图 8－2　原型开发法流程图

（3）面向对象法。是从 20 世纪 80 年代各种面向对象的程序设计方法，如 Smalltalk、C＋＋等逐步发展而来的，最初用于程序设计，后来扩展到系统开发的全过程，出现了面向对象分析和面向对象设计。如能在满足需求的条件下，把系统设计成一些不可变的（相对固定）部分组成的最小集合，那么这个设计就是最好的。

1）面向对象方法的几个基本概念

①对象。是现实世界中一类具有某些共同特性的事物的抽象。

②消息。是为完成某些操作而向对象所发送的命令和命令说明。

③类。是对一组性质相同的对象的描述，或者说，类是对象的模板。

2）开发过程

①系统调查和需求分析。对系统将要面临的具体管理问题以及用户对系统开发的需求进行调查研究。

②分析问题的性质和求解问题。在繁杂的问题城中抽象地识别出对象以及其行为、结构、属性、方法等，一般称之为面向对象的设计，即 OOA。

③整理问题。对分析的结果作进步的抽象、归类、整理，并最终以范式的形式将它们确定下来，一般称之为面向对象的设计，即 OOD。

④程序实现。用面向对象的程序设计语言将上一步整理的范式直接映射（即直接用程序设计语言来取代）为应用软件，一般称之为面向对象程序，即 OOP。

3）特点

①封装性。程序和数据是封装在一起的，对象作为一个实体，对象内部对用户而言是隐蔽的。封装性构成了面向对象方法的基础，因而，这种方法的创始人 Codd 和 Yourdon 认为，面向对象就是“对象 + 属性 + 方法"。

②多态性。同一消息发送到不同类或对象可导致不同的操作结果。

③继承性。是类特有的性质，类可以派生出子类，子类自动继承父类的属性与方法。这样，在定义子类时，只需说明它不同于其父类的特性，从而可大大提高软件的可重用性。

④动态链接性。对象间的联系是通过对象间的消息传递动态建立的。

4）优缺点。优点：①可以很好地限制由于不同的人对于系统的不同理解所造成的偏差，越到开发的低层，这种限制越明显，使得系统易于构造和理解。②解决了传统结构化开发方法中客观世界描述工具和软件结构的不一致性问题，缩短了开发周期，解决了从分析和设计等到软件模块结构之间多次转换映射的繁杂过程。③其封装性提高了系统的可维护性和可扩充性。④系统的模块化有利于对象的重用，使大规模的构件重用成为可能。⑤可减少开发时间，降低开发成本。缺点：①需要一定的软件基础支持。②不适合大型信息系统的开发，易造成系统结构不合理，各部分关系失调。

5）应用范围。在大型管理信息系统开发中，若不经自顶向下的整体划分，而是一开始就自底向上地采用面向对象方法开发系统，会造成系统结构不合理、各部分关系失调等问题。面向对象方法和结构化方法在系统开发中相互依存、不可替代。

知识拓展

物流业发展的新风口、新机遇、新趋势

2021 年是“十四五”开局之年。随着全国多个省区市“十四五”规划的出炉，未来 5 年乃至 15 年的发展新愿景也逐渐呈现。

1. 铁路货运一再加码

天津：“通武廊”地区“小京津冀”改革试验加快实施。公共服务一体化持续推进，专业技术人才职称资格互认互准。“轨道上的京津冀”初具雏形，京滨、京唐、津兴铁路加快建设，城际交通网络不断完善。

山东：完善综合立体交通体系，构建现代化高铁网络，推进干线铁路、城际铁路、市域铁路、城市轨道交通“四网融合”，建设现代化机场群和通用航空网络，提升高速公路通达能力，实现小清河通航。

2. 冷链发展按下快进键

黑龙江：加快构建冷链物流体系，推动农产品批发市场信息化平台建设和基础设施升级改造，大力培育特色农产品专业批发市场。

吉林：发展冷链物流，打造国家骨干冷链物流基地，建设吉林供销公共型农产品冷链物流基础设施骨干网。

3. 港口枢纽不断完善

上海：增强海港的区域联动和辐射能力。引领区域港航协同发展，坚持以上海为中心、苏浙为两翼、长江流域为腹地的发展格局，强化上海港核心和引领地位。支持市场主体以资本为纽带强化长三角港航合作，与浙江联合实施小洋山北侧综合开发，与江苏共同推进沿江、沿海多模式合作，研究完善上海深水港布局。保持集装箱吞吐量全球领先地位，研究推动罗泾等港区转型升级，加强与长江沿线、长三角地区港口的联运合作，到2025年集装箱年吞吐量达到4700万标箱。

（资料来源：事关所有物流人！物流业发展的新风口、新机遇、新趋势来了［EB/OL］. 搜狐网，2021－04－25.）

8.3 物流信息系统的运作

8.3.1 物流信息系统的测试

信息系统设计完成以后，需要进行程序和系统的测试，用以发现程序和系统中可能存在的错误，以便及时予以纠正①。在系统开发过程中，编写程序和测试程序占用了许多时间。测试程序往往用正常数据、异常数据和错误数据进行测试，并要经过模拟数据和实际数据两方面的测试中。对子系统测试的目的是要保证模块内各程序间具有正确的控制关系，同时可以测试模块的运行效率。

1. 测试原则

在进行物流信息系统的测试时，应遵循以下原则：

（1）测试工作应避免由原开发软件的小组及个人来完成。

（2）测试用例得当。

（3）对程序进行全面的检查，不仅要检查程序该做的事，而且要检查程序多做了哪些事。

（4）采用多种测试方法，尽可能多地发现错误。

2. 测试步骤

系统测试是从总体出发，测试系统软件的总体效益、系统各个组成部分的功能完成情况、系统的运行效率及可靠性等。

（1）程序测试。在编写计算机程序时，一直在进行调试，修改程序中的错误。在完成这种形式的调试之后，还必须进行系统测试与调试从中发现并改正隐藏在程序内部的各种错误以及模块之间协同工作存在的问题。

---

① 黄有方，物流信息系统［M］. 北京：高等教育出版社，2010.

1）代码测试测试数据用来考验程序逻辑正确性，测试数据是经过精心挑选的，使程序和模块中的每条语句都能得到执行，即能够测试程序中的任逻辑通路。常用的测试数据有以下几种：①用正常数据测试；②用异常数据测试，例如用数据文件参加测试，检查程序能否正常运行；③用错误数据调试，试验程序对错误的处理能力，包括显示出错信息以及容许修改错误的可能性。

2）程序功能测试代码测试基本验证了程序逻辑上的正确性，但并不能验证程序是否满足程序说明中定义的功能，也不能验证测试数据本身是否完备。程序测试的目的是发现程序的错误。程序测试还要经过模拟数据和实际数据两方面的测试。

（2）子系统分调。单个程序模块测试完成后，还要进行子系统和系统测试高度模块化设计方式将使程序测试变得相对简单。

（3）系统总调

1）主控程序和调度程序测试部分逻辑控制关系复杂。调动时，将所有控制程序与各功能模块的接口“短路”，即用直接送出预先安排计算结果的联系程序替代原功能模块。调试目的是验证控制接口和参数传递的正确性，以及发现并解决资源调度中的问题。

2）程序的总调。将主控制和调度程序与各功能模块联结起来进行总体调试。对系统各种可能的使用形态及其组合在软件中的流通情况进行可行性测试这阶段查出的往往是模块间相互关系方面的错误和缺陷。

（4）特殊测试。除了上述常规测试之外，还有一些必要的性能测试。主要的测试项目有：峰值负软测试、响应时间测试、恢复能力测试等。

（5）实况测试。在这一阶段，除严格校对结果外，主要考察系统运转的合理性、效率和可靠性。

在进行系统测试时，要注意以下问题：①系统测试环境应同未来系统实际运行环境一致；②系统测试前应做好测试数据的准备工作，以便检查系统是否达到了正确性、完整性和性能上的要求。进行系统程序测试时，不一定要在完全真实的数据量情况下进行。通常采用“系统模型”法，以便于以最少的输入数据量完成较全面的软件测试工作。通过对数据的精心选择，大大地减少了输入数据量，不仅可以使处理工作量大为减少，而且也更容易发现错误和确定错误的范围；③调试中要严格核对计算机处理和人工处理的两种结果。通常是先校对最终结果，发现错误再回到中间部分校对，直到基本确定错误范围；④进行系统刚动时应有用户参加；⑤测试完成后，要书写测试报告。

3. 测试方法

（1）人工测试。由测试人员手工逐步执行所有的活动，并观察每步是否成功完成。人工测试是任何测试活动的一部分，在开发初始阶段软件及其用户接口还未足够稳定时尤其有效，因为这时自动化并不能发挥显著作用。即使在开发周期很短以及自动化测试驱动的开发过程中，人工测试技术依然具有重要的作用。

人工测试包含三种：个人复查、走查和会审。

1）个人复查。由源程序编织者本人检查自己的程序。但是由于心理因素，难免对自己的程序偏爱，有一些错误不容易被发现，如果对程序理解错误，则也不容易被检查出来。这种方法只适合小规模程序，效率很低。

2）走查。走查是由3－5个人组成个测试小组。走查的参与者模拟计算机运行过程来生成少量的、用于人工跟踪的测试用例，其目的是质疑隐藏在源代码之后的逻辑和基本假设。走查是一种非正式评审，被查工作产品的开发者向其他相关人员描述其产品并征求意见。走查是一种静态分析技术，由设计人员或编码人员引导开发团队或相关人员对文档或代码从头至尾进行人工检测。

3）会审。它是一种专家级的评审过程，用来检测和更正软件工作产品中的缺陷。通常由一个在指定开发阶段对产品进行检测的小组来执行审查。审查小组一般有4－5个成员，包括协调人或负责人、记录人、代表开发者并提供审查材料的阅读者、验证和确认人员、相关专家。

（2）机器测试。机器测试分为黑盒测试、白盒测试。

1）黑盒测试。也称功能测试，它是通过测试来检测每个功能是否都能正常使用。在测试中，把程序看作一个不能打开的黑盒子，在完全不考虑程序内部结构和内部特性的情况下，在程序接口进行测试，它只检查程序功能是否按照需求规格说明书的规定正常使用，程序是否能适当地接收输人数据而产生正确的输出信息。黑盒测试着眼于程序外部结构，不考虑内部逻辑结构，主要针对软件界面和软件功能进行测试。

2）白盒测试。也称结构测试或逻辑驱动测试，它是按照程序内部的结构测试程序，通过测试来检测产品内部动作是否按照设计规格说明书的规定正常进行，检验程序中的每条通路是否都能按预定要求正确工作。这一方法是把测试对象看作一个打开的盒子，测试人员依据程序内部逻辑结构相关信息，设计或选择测试用例，对程序所有逻辑路径进行测试，通过在不同点检查程序的状态，确定实际的状态是否与预期的状态一致。

8.3.2 物流信息系统的运行

物流信息系统在运行阶段将发挥其作用，给企业带来效益。但系统建成后，预定的目标并不是肯定能实现的，开发与运行是影响信息系统质量与效果的两个同等重要的方面，即开发出的系统再好，如果运行不好，就无法体现新系统的优越性。

8.3.3 物流信息系统的维护

1. 硬件系统的维护

对于硬件系统，不仅需要进行适时的更新和突发性故本的维修，而且需要进行定期的预防性维护。主要有两种类型：一是进行硬件系统的更新：二是进行硬件系统的故障维修。

2. 软件系统的维护

软件系统维护的类型有正确性维护、适应性维护、完善性维护等。

（1）正确性维护。通过系统测试，应用软件的错误应该已经基本排除，但是并不能保证排除了全部的错误，也不能保证不出现新的错误。因此，在系统运行之后，仍然需要进行系统的正确性维护。该阶段可能出现的错误主要有：系统测试阶段尚未发现的错误；输入检测不完善或键盘屏蔽不全面引起的输入错误；以前未遇到过的数据输入组合或数据量增大引起的错误。对于影响系统运行的严重错误，必须及时进行修改，而且要进行复查。

（2）适应性维护。在适应性维护工作量很大的情况下，需要制订维护工作计划，并对维护后的软件进行测试，确保适应性维护后软件系统的正常应用。

（3）完善性维护。为了改善系统的性能或者打充应用系统的功能而进行的维护，这些系统的性能或功能要求一般是在先前的功能需求中没有提出的。

3. 系统的日常使用维护

在系统运行的同时，需要进行系统运行情况的记录，这是未来进行系统维护修改和系统分析评价的基础。系统的运行记录应该做到及时、准确、连续完整。

系统维护工作一般应遵循下列步骤：

（1）提出维护修改要求。以书面形式提出，明确需要修改的内容和需要修改的原因。维护修改要求般不能随时满足，要在汇集分析后有计划地进行。

（2）制订系统维护计划。包括系统维护的内容和任务、软硬件环境要求、维护费用预算、系统维护人员的安排、系统维护的进度安排等。

（3）系统维护工作的实施。软件系统的维护方法同新软件的开发方法是相似的。在维护工作实施时，一定要注意做好准备工作，不能影响系统的正常使用。

（4）整理系统维护工作的文档。在实施系统维护工作时，对系统中存在的问题、系统维护修改的内容、修改后系统的测试、修改后系统的切换及使用情况等均需要有完整、系统的记录。

学习探索

28 部门联合发文：支持发展快递新型服务模式，提升国际物流供应链信息服务水平

2021 年，国家发展改革委、工业和信息化部、财政部、人力资源社会保障部、商务部、文化和旅游部、人民银行、市场监管总局、国家邮政局等 28 个部门和单位联合印发了《加快培育新型消费实施方案》（以下简称《实施方案》），提出四大方面 24 项政策措施，着力破除制约居民消费的体制机制障碍和鼓励消费新业态新模式发展。

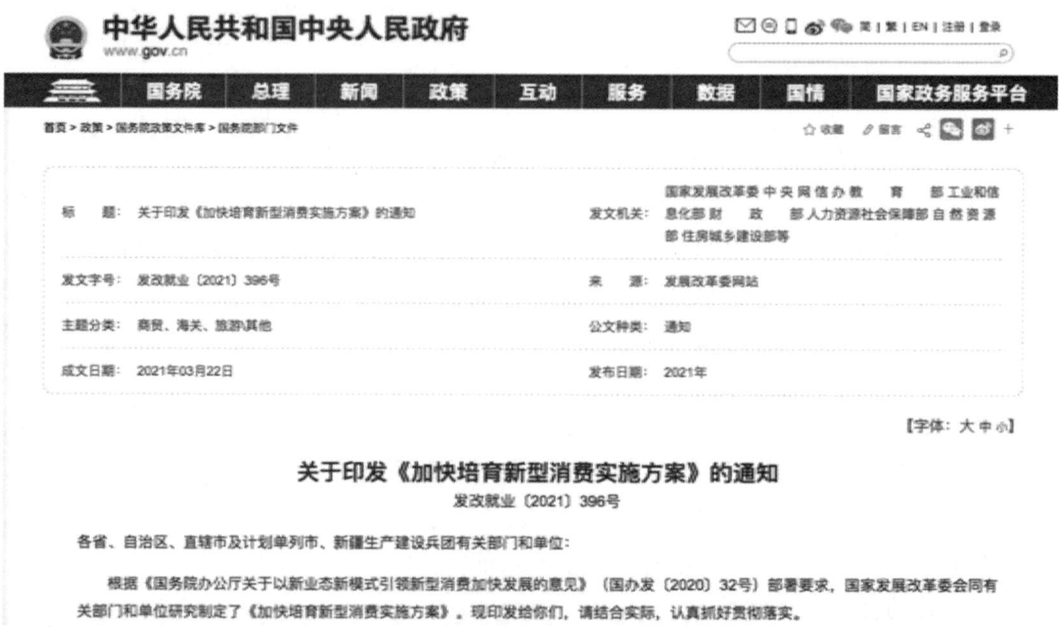

中华人民共和国中央人民政府
www.gov.cn

简 | 繁 | EN | 注册 | 登录

国务院 总理 新闻 政策 互动 服务 数据 国情 国家政务服务平台

首页 > 政策 > 国务院政策文件库 > 国务院部门文件

收藏 留言

标　　题：	关于印发《加快培育新型消费实施方案》的通知	发文机关：	国家发展改革委 中央网信办 教育部 工业和信息化部 财政部 人力资源社会保障部 自然资源部 住房城乡建设部等
发文字号：	发改就业〔2021〕396号	来　　源：	发展改革委网站
主题分类：	商贸、海关、旅游\其他	公文种类：	通知
成文日期：	2021年03月22日	发布日期：	2021年

【字体：大 中 小】

关于印发《加快培育新型消费实施方案》的通知

发改就业〔2021〕396号

各省、自治区、直辖市及计划单列市、新疆生产建设兵团有关部门和单位：

根据《国务院办公厅关于以新业态新模式引领新型消费加快发展的意见》（国办发〔2020〕32号）部署要求，国家发展改革委会同有关部门和单位研究制定了《加快培育新型消费实施方案》。现印发给你们，请结合实际，认真抓好贯彻落实。

《实施方案》提出开展供应链示范创建，培育新型供应链服务企业和综合服务平台。支持发展快递新型服务模式。推动邮政、快递企业“走出去”，加快建设国际寄递物流体系。开展国际物流供应链协同发展及创新应用示范工程，推动供应链上下游信息共享，提升国际物流供应链信息服务水平。

《实施方案》还提出，推广快递服务现代农业“一地一品”项目。深入推广邮快合作等方式，提速快递物流进农村，健全必要的集配装备和分拨仓、前置仓等流通仓储设施，2022 年前实现有条件的行政村全覆盖。扩大电子商务进农村覆盖面，实施“互联网 +”农产品出村进城工程，建设农产品仓储保鲜冷链物流设施，完善农产品供应链体系。加力培育地域农产品电商优质品牌，提升农产品附加值与竞争力，加强“三品一标”等产品推介销售力度。

（资料来源：28 部门联合发文：支持发展快递新型服务模式，提升国际物流供应链信息服务水平［EB/OL］. 腾讯网，2021 - 03 - 26）

案例分析

京东智慧物流信息系统的建设

京东早在 2012 年就开始了青龙智慧物流信息系统 1.0 的研发，并在研发过程中意识到以大数据处理为核心是构建智慧物流的关键。“大数据”的经典定义是可以归纳为 4 个 V：海量的数据规模（volume）、快速的数据流转和动态的数据体系（velocity）、多样的数据类型（variety）和巨大的数据价值（value）。从青龙系统看，每天处理亿级数据，具有海量信息的数据规模；支持快速的数据流转，实现了物流各个节点实时数据监控优化；系统处理各种各样的信息，包含了结构化和非结构化数据；数据具有极大的价值，推动系统成本和效率优化 1%，可以节约上亿成本，具有了显著的大数据特征。

大数据转化为智慧系统，需要具备两个基础：一是业务数据化，并且具有数据质量保障。京东物流在青龙系统的支撑下，实现了所有物流操作的线上化，也就是数据化，并且，对每个操作环节都是可以进行实时分析，这就奠定了很好的基础；二是大数据处理技术，包括收集，传输，存储，计算，展示等一系列技术。

京东智慧物流包括两个方面：一是基于大数据预测分析技术实现智能化的调度、决策；二是采用一些更加自动化、智能化的设备提升物流效率，最终提升客户的体验。

青龙系统涵盖了分拣中心（分拨中心）、运输干线、传板的系统，还有整个配送系统，包括京东的配送站和配送员——目前的范围已经扩展到整个校园的京东派的系统和农村的代理人的系统，以及京东物流开放平台。

面向华北地区、位于固安的智能分拣中心是京东第一个智能化的分拣中心，采用了一套全智能化、机械化操作的平台，拥有独立的场院管理系统及 AGV 操作台，其完善的远程实时监控体系有效地实现了整个业务操作流程的可视化。规避了人工存在的用时长、分拣差错率等问题，在节约成本的同时，提升了物流的运转效率。

京东管理人员介绍，固安京东智能分拣中心的日订单分拣能力已经达到 30 万单，与矩阵式分拣方式相比，人员投入比例减少了近 70%。技术进一步成熟以后，京东在国内建设多个智能分拣中心。

京东在 B2C 自营和电商平台上采集和积累了大量的用户数据、商品数据和供应商数据，此外还有青龙系统积累的仓储和物流以及用户的地理数据和习惯数据，这些数据可以很好地支持一些精准的模型。

根据京东的规划，京东大数据和物流的结合包括四个层面。

（1）数据的展示。通过大数据与青龙系统的结合，管理人员可以清楚地看到京东物流的整体运行状况，以智能分拣中心为例，可以实时地看到每天几百万的包裹，什么时候在分拣中心，处理的单号，和核心节点之间的差异到底是什么样子，这样集团管理层以及智能分拣中心管理者都能够及时掌握物流的运营情况。

（2）时效评估。通过大数据，青龙系统可以看到机构时效的一些情况，并且能够下钻到具体的分拣中心，包括具体的片区甚至批货站，能够具体地了解 PPM 是多少，评估整个运营系统的健康状况——京东通过数据和一些建模的工作，做一个模型来判断一个机构、片区、分拣中心站点的健康度，让管理者和具体的执行者能看到清楚的差距，并且 KPI 对应的数据也是非常可靠的，这样对整体的运营有非常大的好处。

京东是波次生产的，对各个时效的控制也是通过青龙系统实现的，在每个地区，有不同的接单时间，要求了必须在这个时间送完，包括最后一公里的配送，对配送员都有快到接单时间的提醒。借助大数据的应用，可以从这些层次上保证时效的实现。

（3）预测功能。从下单到仓储到运输，有一个提前预测计算的过程。通过利用历史消费、浏览数据和仓储、物流数据建模，对单量进行预测，京东智能分拣中心能够提前知道未来一段时间内大约需要处理多少的单量（京东目前一两小时内的单量预测结果基本准确），从而能够比较好地安排自动分拣以及员工的出勤，并且能够给一些预警——如果觉得目前的处理能力可能不够，就需要提前做一些安排。

这种预测结果现在下沉到站长级，因为京东希望大数据技术能让一线具体操作人员的工作更加标准化、更加简单，例如配送员不用人工判断哪个包裹是需要他送的，通过相关的技术，系统扫描之后就可以准确判断配送员对应的包裹，甚至提前打好对应的标签，从而提高配送效率。容易知道，211 限时达也受益于这样的预测。

（4）支持决策。智慧物流需要智能建站，京东有五千多个站，通过大数据建模，进行单量和传输距离的综合分析来选择新的建站点，可以更好地实现整个路由的优化，这对物流非常重要。基于大数据的预测功能，路由才能越做越好。

京东作为一家具有电商、供应商、物流提供商等能力的综合性平台，能够有效的应用海量的综合的数据，把这些结合起来，并利用智慧物流信息系统进行决策，能够给有用户提供更好的用户体验。

（资料来源：基于大数据的京东智慧物流系统［EB/OL］．搜狐网，2016 - 07 - 29.）

复习思考题

1. 分析我国物流管理信息系统建设现存的问题。
2. 分析我国企业物流管理信息建设现有的优势。
3. 对我国企业物流管理信息系统建设的建议。
4. 何谓物流信息化？对一个企业来说其物流信息化应包括哪些内容。
5. 举例说明企业信息管理的内容有哪些。
6. 比较物流信息系统、物流管理信息系统、物流信息管理系统之间的区别与联系。
7. 简述物流信息系统的体系结构。
8. 物流信息技术包括哪些。

第 9 章

物流园区规划与运作

区域经济发展需要以物流园区为主体的现代物流系统作为有力支撑，物流园区合理的规划与高效的运作可以促进一个地区经济更好地发展，并且对于促进区域经济发展、推动区域经济协调持续健康发展以及改善当地的投资环境有着重要的作用。物流园区作为物流企业聚集的空间，它是物流系统的一个重要节点，其规划与运作情况直接影响物流空间的分布和系统最优化功能的实现。本章主要阐述物流园区规划及运作管理的相关概念，对物流园区的选址、规模、信息平台等规划进行了介绍。

本章学习目标

1. 了解物流园区规划的概念和目标。
2. 解释物流园区信息平台规划的重要性。
3. 了解物流园区的管理模式有哪几种。

案例引导

浙江传化物流园区盈利模式

首先，传化物流园区是社会效益与经济效益有机结合，这有利于获得政府的支持。物流园区是一个投资大、收效期长的项目，要更加注重社会效益的实现。传化物流园区入驻的 308 余家物流企业及提供配套服务企业直接提供就业岗位 4000 余个，并提供了大量的隐形就业。而且传化物流园区也为 8000 余家企业平均降低 40% 的物流成本，从而创造了一定的社会效益。

其次，物流园区形成了规模效应，其利润主要来自增值服务。如果仅从物流园区的租金来看，其运营是亏损的。但是，传化物流园区一共规划了 23 项增值服务，已经推行的有 7 项，提供增值服务的出发点是让客户拿出更少的钱为客户提供更多的实惠和必须的服务，在获取利润的同时并稳定客户。

最后，传化物流园区以物流的聚集，实现物业的升值。这部分的收益主要有两种实现方式：一是物业资产的分拆出售；二是资本市场上市或股权合作溢价，化为现金流继续扩张。

（资料来源：物流地产运营哪家强？传化物流基地运营模式解析［EB/OL］. 搜狐网 . 2017 －04 －25）

问题

1. 物流园区的定义？
2. 如何认识传化物流园的盈利模式？
3. 物流园区规划设计注意些什么？

9.1 物流园区规划概述

9.1.1 物流园区规划的概念

物流园区规划是指按照国民经济和社会发展的需求，依据物流业和物流园区发展规划及相关产业政策，在分析内外部环境及其变化趋势的前提下，对物流园区的发展目标、选址、功能定位、配套设施布局等进行比较全面的、长远的总体发展计划，是对未来物流园区生存与发展所涉及的基本性、方向性、长期性、整体性问题的思考和考量，并设计出未来整套实施方案。

物流园区是一个复杂的社会经济系统，系统要素间往往既相互联系又互相矛盾，这就使得物流园区规划是一项十分复杂的系统工程。因此，科学合理的物流园区规划极为重要，尤其是在当前国家强调推动物流高质量发展以及发展绿色物流、智慧物流背景下，科学规划物流园区是实现物流园区持续良好运行的重要前提。

9.1.2 物流园区规划的目标

物流园区不仅是现代物流系统建设中的一个重要组成部分，它也是物流网络上的重要节点。科学的物流园区规划需要正确的目标，通常，物流园区规划运作需要考虑以下目标。

（1）为物流企业发展提供有利环境。一方面为区域物流提供必要的停歇中转空间；另一方面物流园区的合理布局可以减少物流活动在空间上的迂回运输、多次装卸等不合理流动现象，从而使物流供应更为顺畅，反应变得更为快捷。

（2）促进中心城市用地结构调整。经济的高速发展导致了城市格局的较大变化，城市的范围继续扩大。物流园区的规划建设将为诸多物流企业的发展提供有利空间，减少物流在空间上的不合理流动，对城区内的物流用地以至经济中心城市辐射范围内的城市用地结构调整，为进一步完善城市功能布局起到推动作用。

（3）缓解区域交通压力。通过合理布局与规划建设物流园区把物流集散地从各个城区转移到交通压力相对较小的区域，在一定程度上改善各个城区交通需求的空间分布，可以有效地缓解区域内各个城区的交通压力。

（4）优化地区产业结构并改善投资环境。物流园区的规划建设，应当为促进区域现代物流业的发展做出贡献，推动区域产业结构的优化升级及第三产业的发展，使物流真正成为区域内企业的“第三利润源泉”和区域经济发展的新的增长点。

（5）满足绿色和可持续发展要求。物流园区的规划建设应倡导绿色物流理念，形成对环境友好、低碳、绿色可持续的发展模式，将园区的发展与保护城市生态环境相统一。在园区的选址、绿化、先进物流设备的使用等方面符合节能、环保等要求。

（6）满足物流园区向智慧化升级发展趋势的要求。物联网、大数据、云计算、人工智能等新一代通信技术与物流园区融合发展是物流园区发展的主要特点。

9.1.3 物流园区规划的流程

从宏观规划分析入手，逐步过渡到具体的中观建模分析和微观运营组织过程，是物流园区规划应遵循的一般步骤。

（1）确定物流园区建设的目标，在收集分析物流园区各项资料的基础上，根据指导思想和按照基本原则来确定物流园区规划的主要内容，为后续的规划工作提供指引。

（2）对社会经济和政策等环境进行调查，收集城市在经济发展、相关法律法规、产业结构、城市规划等方面的信息资料，分析物流园区所处城市的现状，总体把握物流发展趋势和物流需求空间分布特征。

（3）结合入驻园区的企业及其服务对象对物流服务需求情况确定物流园区的类型，明确物流园区的服务范围、服务行业和服务内容，设计物流园区的具体功能。

（4）依据选址的原则和程序，根据实际情况运用较优的定性与定量的选址方法进行物流园区选址规划，选择合适的地址建设物流园区。

（5）在市场调查和区域物流量预测的基础上，选用合适的方法确定物流园区的建设规模，进行科学论证，防止园区的规模过大或过小，为后期物流园区的运作奠定良好基础。

（6）为物流园区正常运转设计详细方案，如物流园区信息平台建设、物流园区信息技术、设施设备方案设计、园区投资计划方案等。

9.1.4 物流园区规划的原则

从总体上说，在制订物流园区规划时应当遵循以下基本原则：

（1）为区域经济发展服务的原则。基于为经济中心城市所在区域提供高效、便捷物流服务的思想，通过科学合理地规划建设物流园区，构筑高效率的区域现代物流体系，促进区域经济的快速和均衡发展。

（2）整合、利用现有资源原则。在对资源进行有效整合的基础上，对区域内的部分物流资源进行改造升级利用，最终使其符合有关标准且达到现代物流发展的要求。

（3）经济上的合理性原则。以物流现状分析和预测为依据，综合考虑影响物流企业布局的各种因素，选择确定最佳数量、最佳地点和最佳规模，以最小的代价，实现物流资源、物流服务能力的最佳配置。

（4）可持续发展原则。在经济上能够发挥推动区域经济的持续发展的作用；在对社会的作用上，应当发挥更大的社会价值；在环境上，发展智慧物流以及构建生态型物流园区等方式实现物流园区的绿色发展、可持续发展，在最大程度上降低对环境的不利影响。

（5）统一规划，协调发展的原则。统一规划安排园区内各项要素，在与产业结构和产业布局调整相一致的基础上，使物流园区的规划建设与其他产业相协调。

（6）适当超前，循序渐进的原则。在客观科学地认识区域物流业发展水平及发展前景的基础上，结合区域发展的实际需要和条件，合理规划物流园区，使物流园区规划建设有计划、分阶段、分步骤进行，避免物流园区的盲目规划建设。

（7）坚持高起点现代化的原则。要规划建设物流园区，就必须瞄准当今世界上先进的物流发展水平，以现代化物流技术为指导，搭建先进的物流信息系统，坚持高起点和现代化。

名人故事

中国铁路杰出人才——詹天佑

1905 年 5 月，詹天佑担任由北京到张家口的京张铁路总办兼总工程师。以前，中国的铁路的建筑都是由外国人承包的，京张铁路则是中国自己修筑的第一条重要干线。虽然京张铁路全长只有 200 千米，但是要经过内外长城间的燕山山脉，沿途要穿越许多险峻的山岭，其中尤以南口到岔道城的关沟段最为险峻，工程十分艰难。国内外许多人都认为，这条路不可能修成。但是，詹天佑仍然全力投入筑路工程。

詹天佑搜寻了大量的文字资料，还亲自走访沿线居民。他冒着塞外的寒冷和风沙，骑着一头小毛驴，带着助手们在崎岖的山路上奔波，白天翻山越岭测绘地形，晚上在油灯下核对资料绘图计算。他几乎走遍了整个京张路工程地区，取得了全部有关资料和数据，制订出三条线路方案，最后选择了最理想的一个。

线路大多在崇山峻岭中穿行，这给工程造成了无数困难。为了克服这些困难，詹天佑把总工程师办公处搬到工地上，与工程人员一起工作，及时解决难题。

经过詹天佑和全体技术人员工人 4 年的辛勤劳动，京张铁路终于在 1900 年 8 月全线竣工，比计划提前了两年。这条 200 千米的铁路，共有 4 条隧道，总长 1700 多米，架桥 125 座，涵洞 200 多个，动土石 2 亿立方，工程十分浩大。

1919 年 4 月 24 日，年仅 58 岁的詹天佑因病去世，但是詹天佑在中国铁路史上做出的贡献，却是十分巨大的。

（资料来源：詹天佑的故事［EB/OL］. 无忧考网 . 2015 - 10 - 29. ）

9.2 物流园区的规划

9.2.1 物流园区的规模规划

物流园区的规模应根据以下几个原则来确定：

（1）适应性原则。物流园区规模确定以客观分析当前的物流现状和未来发展趋势为依据，与城市和区域经济发展相适应。通过利用各种统计数据，对物流现状和未来一段时间内的发展状况进行相关分析和预测。

（2）协调性原则。物流园区的规模应与区城物流市场的需求相协调，根据物流市场的需求量大小、需求类型来确定物流园区的规模以及各功能区的面积。值得注意的是，在满足当前对物流的需求的同时，也要考虑区域物流市场未来的需求变化情况。

（3）系统性原则。一方面，要认真考虑其所在区城内的运输与配送范围、货物类型和地区物流园区的数量；另一方面，物流园区规模的确定要在系统内部得到合理的规划，如功能区合理布局，以此可达到土地效用的最大化使用。

（4）发展性原则。根据市场的发展进行整体规划、分期建设。

（5）适度超前原则。物流园区作为城市和区域内基础设施，一旦建成就很难变动，因此应该具有适当地超前性。

9.2.2 物流园区内部功能区规划

1. 物流园区内部功能区规划建设目标

一般而言，合理的功能区布局应当达到以下几个目标：

（1）充分利用物流园区内部土地等各项资源，使物流作业的各功能区占地面积的比例合理。

（2）保证各功能区之间顺畅、紧密衔接且流通时间短，提高园区的运作效率。

（3）将功能性质相近的功能区尽量布置在一个区域内，方便园区内部的管理。

（4）注意柔性预留，在布局时要考虑到园区未来发展空间，需要做好预留位置，以适应未来物流发展要求。

（5）以人为本，提高便捷、安全与舒适的工作环境。

2. 物流园区内部功能区规划建设

物流园区内部功能区规划的主要任务是对园区内各服务功能的微观设计与定位。首先需要进行客户需求与系统分析，也就是根据规划建设的目标，以及物流园区辐射区域的实际情况，对市场进行细分，划分功能类型；其次进行功能定位和功能区域规划，将各个单一的服务功能向物流园区归并和整合，确定园区的功能区域数目和类型；

再次进行园区功能区域系统布置；最后是评价规划方案。

知识拓展

《第五次全国物流园区（基地）调查报告（2018）》（节选）

中国物流与采购联合会、中国物流学会编制的《第五次全国物流园区（基地）调查报告（2018）》，于2018年7月27日在2018年（第十六届）全国物流园区工作年会上发布。

（1）规划布局情况。规划布局与经济发展程度密切相关，东部地区率先改革开放，推动经济持续快速增长，物流园区规划建设起步早，目前75.7%的园区已进入运营状态。西部地区随着近年来经济增速加快，物流园区进入规划建设快速发展期，规划和在建园区占比分别为15.9%和22.8%，高于其他地区。

（2）服务功能情况。调查结果显示，约70.4%的园区建立了公共信息平台。其中东部和中部地区建立公共信息平台的园区占比高于西部和东北地区。物流园区的信息平台功能主要集中在信息发布、货物跟踪、数据交换、物业管理等方面，而支付结算、融资保险、ISP服务、企业建站服务等增值服务功能实现较少。

（3）运营管理情况。调查结果显示，70.1%物流园区运营管理主体为企业，27.3%园区由政府设立管委会管理。部分园区委托第三方专业运营管理机构进行管理，但占比不大。物流园区入驻商贸企业、快递企业、电商企业、加工制造企业和公路专线企业占比较高，信息服务、金融保险等企业也有入驻，反映出入驻企业类别呈现多元化态势，物流生态圈逐步形成。

（资料来源：重磅发布！《第五次全国物流园区（基地）调查报告（2018）》出炉[EB/OL]. 掌链，2018-07-30.）

9.3 物流园区信息平台规划

9.3.1 物流园区信息平台规划概述

物流园区信息平台规划（Logistics Park Information Platform Planning，LPIPP），物流园区信息平台规划是从园区全局的角度出发，为园区的长期发展战略规划一个基本的信息平台结构，通过统一规划和利用物流及相关信息资源，利用信息协调与控制各项物流活动，辅助相关部门和企业做出决策。通过信息系统可以使企业具有超越竞争对手的竞争优势，加快实现企业的经营战略目标。物流园区信息平台规划是关于园区信息平台长远发展的规划，尤其是在信息技术日新月异的时代，信息系统越来越注重结合云计算、物联网、大数据等技术，企业投入了大量的人力、时间、资金等成本，而物流园区信息平台规划越来越被看作物流园区战略规划的重要组成部分。

9.3.2 信息系统规划的内容

一般来说，物流园区信息平台规划主要包括以下几个方面：

（1）确定物流园区信息平台规划结构。确定物流园区信息平台的总体结构以及主要的子系统，如运输管理系统、仓储管理系统等，为信息平台的后续规划提供总体框架。

（2）区域物流信息需求分析。在规划过程中应充分了解所在区域的信息化情况，也要充分了解园区所要服务的各类用户对平台的物流信息需求的特点，为园区信息平台的规划奠定基础。

（3）确定所需关键技术。信息技术分析是物流园区信息平台规划的主要内容之一，物流园区信息平台规划通常需要确定几项关键的现代信息技术来满足园区物流系统网络化、信息化、智能化等的需求，为满足园区物流系统各参与方的信息共享与交换需求提供便捷。

（4）信息平台规划实施方案。物流园区信息平台规划是对园区信息平台长远发展的规划，对之后信息平台的建设具有指导性。因此，物流园区信息平台规划也应该规划不同建设阶段的要实现的目标及不同参与主体应担负的职责。

9.3.3 智慧物流园区信息平台规划建设

智慧物流园区的一个特点是就创建智能化的园区管理、节点化的物流平台构造以及长远化的物流效益。并且，还能实现全程化的物流业务覆盖，确保依照现有的物流产业链来整合各类的物流业务和服务，以及全面交换实时物流信息①。智慧物流园区信息平台主要是由内部管理以及公共信息服务这两个部分的内容组成的。具体而言，内部管理的主要功能是仓储、运输、配送、人员管理、统计分析、物业等模块。同时还有出库、入库管理、库存及调拨、车辆调度、在线交易、人员信息录入等管理功能。除了上述功能外，智慧物流园区信息化平台还具有推荐交易、决策分析等智能化的管理功能。此外，智慧物流园区信息平台的构建中，还应注重其拓展功能的建设，如其金融服务、政府监控、数据接口等服务功能，来提高物流信息平台的智能化程度②。

学习探索

1. 云仓模式的智慧物流园区或为市场破局新思路

智慧物流园区时代，云仓模式优势凸显。作为云仓模式的践行者，物联云仓凭借

---

① 李茜．中国—东盟智慧物流园区管理信息平台构建研究［J］．广西经济管理干部学院学报，2016，28((04)：7－13.

② 刘洋．基于大数据的智慧物流信息化平台的构建［J］．中国信息化．，2019（06）：69－71.

独特能力将云仓模式的智慧物流园区价值充分挖掘与释放：通过科技赋能物流园区，以大数据、人工智能、物联网、云计算、互联网等技术为基底，依托全方位系统能力、运营服务及平台资源，为客户提供集市场研究、全渠道招商、数字化园区管理于一体的智慧园区解决方案，助力物流园区转型升级，实现物流园区的资产网络化管理和增值。

物联云仓智慧物流园区通过与物流地产商开展多维度、深层次的全面合作，实现数字技术与物流地产行业的深度融合，解决了物流地产商提升运营管理和物流园区信息化建设的核心问题，实现园区价值全面提升。

2. 互联互通成为物流园区转型发展“新趋势”

目前，网络化、数字化、平台化成为主流。我们经历了互联网时代、“互联网＋”时代，正在跨入产业互联网时代，互联互通推动物流园区创新发展新价值。

（1）网络价值。互联互通有利于物流与物流之间、园区与园区之间、城市与城市之间、产业与产业之间，产生多种要素的互动融合。

（2）数智价值。智慧5G、智能化、IOT、大数据、云计算等在物流园区广泛应用，物流园区可视化、在线化、数字化管理成为新常态，“无人机”“无人驾驶”“无人园区”等黑科技正在快速迭代。

（3）生态价值。互联互通会更为激发和盘活物流园区的交易生态、商业生态、运力生态、金融生态、人文生态和服务生态。

（资料来源：新基建下的智慧物流园区变革　看“数智化”园区打造全过程［EB/OL］. 中国物流与采购网，2020－05－15.）

9.4 物流园区的运作

9.4.1 物流园区运作管理概述

1. 物流园区运作管理的概念

物流园区的运作管理是指对物流园区由输入转化为产出的过程进行有效地计划、组织、协调和控制，即在物流园区规划建设完成之后，按照现代化的企业管理制度，对物流园区进行科学的经营与管理，并向园区客户提供全方位的服务，确保园区收益的增加。

2. 物流园区运作管理的重要性

物流园区运作管理是园区在延伸服务链、大力发展现代物流的过程中，结合园区物流发展实际条件和市场需求环境，对物流业务、内容市场运作主体以及市场运营的具体方式等方面采取的发展思路和运营策略，整个园区的运作情况影响着园区的收益。

9.4.2 物流园区运作管理的内容

1. 物流园区运作管理的内容

物流园区运作管理内容主要包括园区经营、园区管理和园区服务。

（1）园区经营。通过筹划、组织、控制、实施等一些职能，帮助园区从外部获取资源和，并且建立知名度。一方面是经过招商引资、引进物流企业等方式来为园区带来直接收益；另一方面是以园区自身的发展来带动园区入驻企业的发展，以这种间接的形式为园区带来收益。

（2）园区管理。通过对园区内部的资源进行过计划、组织、领导、控制、创新等职能，来提高园区的运作效率，降低园区的运作成本。

（3）园区服务。包括：①租赁服务：园区要给入驻企业提供仓库、货场等基础设施以及一些物流设备的租赁；②市政条件：为园区入驻企业提供供暖、供水等齐全的市政条件；③信息服务：规划建设物流园区信息平台，为区域内物流信息系统共享的实现搭建平台；④物流金融服务，物流园区与银行等金融机构合作，为园区内企业和客户提供物流金融服务，如存货质押融资服务。

2. 物流园区运作管理目标

（1）统一管理、服务优先。在管理过程中，物流园区应当发挥管理职能，对于入驻的企业进行监管。统一管理是指把所有入驻企业纳入管理范围，并提高各企业的服务标准，进行标准化管理，这有利于物流园区以整体形象打造品牌效应。物流园区是准公益性质的企业，提高服务水平不仅能更好地服务于区域经济的发展，同时也能打造良好的品牌效应，从而在激烈的市场竞争中取得先机。

（2）控制价格、增强竞争力。对于园区整体而言，控制价格能消除园区内物流企业之间的恶性竞争，对外而言起到了规范市场的作用。与此同时，能降低物流园区的内耗，有助于园区入驻的企业专注于核心业务，提高服务质量。

（3）控制成本、提高效率。控制成本有助于园区的长远发展。提高效率是指物流园区应当提供配套的设施和服务，让入驻企业专注于发展其核心业务，各司其职，分工合作，从而提高物流园区整体运作的效率，更好地服务于客户。

（4）优化流程、降低内耗。对流程进行管理有助于物流园区控制每个流程的环节和各流程之间的衔接，使之更高效有序地运转；同时，降低每个流程的消耗，使园区的资源得到更合理的利用。

9.4.3 物流园区投资开发模式

目前我国物流园区的投资开发模式可以分为以下五种：经济开发区模式、企业自主开发模式、物流地产商模式、综合运作模式和公私合作模式。

（1）经济开发区模式。是政府规划、企业主导开发，园区内的一些重大基础设施建设是由政府来完成，而各项运营管理由园区内的企业来完成，目前在我国有许多的物流园区采用了这一模式。

（2）企业自主开发模式。企业能够全阶段参与园区的设计、开发以及运营等活动，可以更好地发挥这些企业在物流和供应链等方面的优势。

（3）物流地产商模式。是政府规划、物流地产商主导开发，拥有政府在土地、税收方面的政策扶持，地产商雄厚的投资支持。

（4）综合运作模式。有效地结合了以上三种模式，多方投资、开发、运营，风险共担。

（5）公私合作模式（Public-Private-Partnerships）也被称为 PPP 模式，合作各方共担责任，极大地降低了风险，这种模式一方面可以实现民营企业营利性的目标；另一方面又可以提高公共部门的服务效率与质量①。

9.4.4 物流园区管理模式

我国现有物流园区的管理模式可以概括为以下五种类型。

（1）管理委员会制。政府仿照经济开发区的管理模式，组建一个管理委员会，作为物流园区的管理机构对物流园区进行管理，管理委员会不直接参与经营，物业管理等具体工作则委托专业公司来做。这种形式适合规模较大的综合性服务功能的物流园区。

（2）股份公司制。设立董事会、总经理、监事会与相关部门，按照责权利相结合的原则对园区进行管理。如果物流园区采用的是主体企业开发模式，则采用这种管理模式的可能性比较大。

（3）经营委员会制。就是业主委员会制。若物流园区的开发建设是由几个物流企业来进行，则参与园区开发建设的物流企业组成业主委员会，成为园区决策机构，共同组建管理部门负责具体的经营。

（4）行业协会制。由物流行业协会负责整个园区的经营管理，组织、协调园区企业开展物流服务。这种形式和业主委员会制的不同在于，协会所代表的物流企业更加广泛，协会只是组织者，并没有对园区进行直接投资。

（5）租赁制。物流地产商完成土地开发、基础物流设施建设之后，把土地、物流园区的基础设施和设备（如仓库、办公楼、信息平台）等出租给物流公司，投资商自己成为房东，只收取租金，不参与经营。园区为企业提供的服务职能则由政府有关部门提供，或者委托给专业公司。

9.4.5 物流园区盈利模式

1. 物流园区基本的盈利模式

我国物流园区主要的盈利模式主要包括以下几种：

---

① 翟晓林．物流园区投资开发模式及应用研究［J］．工程建设与设计，2018（16）：250－251.

（1）基础物流服务收入。物流园区的目的就是发挥集约和规模的效应，以最低的物流成本为客户提供最好的物流服务，所以基础物流服务自然就是物流园区盈利的一个主要手段。基础物流服务收入主要包括物流运作及租赁收入。

（2）增值服务收入。信息服务收入是增值服务最主要的服务收入之一。一方面园区通过提供车辆配载信息，可以有效帮助用户提高车辆的满载率，并且降低成本；另一方面，通过为物流园区内的商户提供商品供求信息，以降低商户的经营成本。

此外，还有其他增值服务收入，如提供金融服务、咨询服务、技术服务、广告服务、展览服务、供应链方案设计优化等。

（3）配套服务收入。为入驻企业、往来客户、员工提供综合维修、加油加气、供电、供水等生产辅助服务取得收入，也可提供住宿、餐饮、洗浴、休息等生活配套服务取得收入。

（4）土地增值收益。所有者（即初期投资者）从政府手中以低价购得土地，等完成初期基础设施建设后，地价将会有一定的升值，而到物流园区正式运营后，还将大幅上涨。对于经营者（即物流运营商）来说，土地的增值将能提高其土地、仓库、房屋等的租赁收入。

（5）其他收益。对于物流园区所有者与经营者来说，可以对看好的物流项目进行投资，从中获取收益，还可以通过增资扩股、上市、政府补贴等方式获取收益。物流园区基本盈利模式如下图所示。

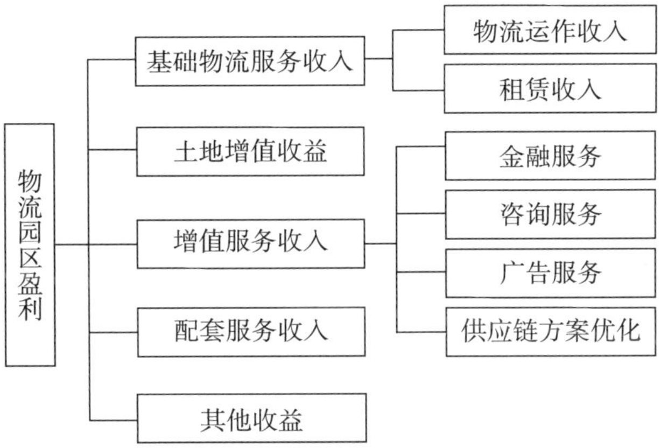

物流园区盈利图示

2. 不同阶段物流园区的盈利模式设计

物流园区发展一般要经历初创期、成长期、成熟期三个阶段，其盈利模式在不同发展阶段各有侧重。初创期主要发挥基础服务功能，需要提升物流服务功能，建设专业交易市场；在成长期阶段要着重提升增值服务功能，需要强化现代物流技术应用，强化物流资源整合功能，建设电子商务平台；成熟期则要注重拓展智慧供应链和大数据服务功能，建设智慧物流园区信息平台，强化个性化增值服务，以“产业融合理念”

再造产业链，进一步提升盈利能力和空间。

案例分析

无人仓发展现状

无人仓指的是货物从入库、上架、拣选、补货，到包装、检验、出库等物流作业流程全部实现无人化操作，是高度自动化、智能化的仓库。无人仓的目标是实现入库、存储、拣选、出库等仓库作业流程的无人化操作，这就需要具备自主识别货物、追踪货物流动、自主指挥设备执行生产任务、无须人工干预等条件；此外还要有一个“智慧大脑”，针对无数传感器感知的海量数据进行分析，精准预测未来的情况，自主决策后协调智能设备的运转，根据任务执行反馈的信息及时调整策略，形成对作业的闭环控制，即具备智能感知、实时分析、精准预测、自主决策、自动控制、自主学习的特征。

无人仓的主要构成有硬件和软件两个部分，其中硬件主要对应存储、搬运、拣选、包装等环节有各类自动化物流设备。存储设备典型代表是自动化立体库；搬运典型设备有输送线、AGV、穿梭车、类 kiva 机器人、无人叉车等；拣选典型设备有机械臂、分拣机（不算自动化设备）等；包装典型设备有自动称重复核机、自动包装机、自动贴标机等。而软件主要是指仓库控制系统 WCS 和仓库管理系统 WMS。

无人仓主要应用领域是劳动密集型的行业，如电商仓储物流，对物流时效性要求不断提高，受限于企业用工成本的上升，尤其是临时用工的难度加大，采用无人技术能够有效提高作业效率，降低企业整体成本。或是一些劳动强度比较大或劳动环境恶劣的行业、作业流程标准化程度较高的行业。

1. 菜鸟无人仓

菜鸟无人仓现在已经研发至第三代，实现了从商品存储到直接发货的全流程，刷新了物流行业无人仓的技术水平。

菜鸟第一代无人仓以流水线为代表，快递箱带着订单在货架间穿行，由人工从货架上取货放入箱内。实现了“货架不动，人员少动，快递箱多动”。但第一代无人仓缺乏弹性，哪怕只有一个订单，也要在几千米长的流水线上走一遍。菜鸟随后开始研发柔性自动化技术，发展出以 AGV 机器人为主的第二代无人仓。这些机器人可以组合、拆散作业，还可以带着货架去找人，实现了“人不动，货架和快递箱动”，较上一代无人仓拣货效率提升了两倍。而第三代无人仓机器人速度更快、续航时间更长、承重更高，并且添加了 5G 网络，可以通过物联网接口连接更多智能设备，打通存储、售卖、订单、包裹后，菜鸟新无人仓可以直接从存储区发货，省掉中间环节。单个立体仓库的吞吐能力提高一倍多，单库一天可以发货达到 8000 立方米，相当于 140 万箱牛奶。

此外，与以往无人仓主要处理中小件、标准化的商品不同，菜鸟还首次把柔性自动化技术用在了大家电物流当中，洗衣机、空调等大商品也能通过机器人高效处理。

2. 京东无人仓

京东无人仓的智能控制系统在0.2秒内能完成680亿次计算。在无人分拣区域，共有300个负责分拣的小红人，小红人的速度惊人，每秒3米，这是全世界最快的分拣速度，无人仓将仓储的运营效率提升至传统仓库的10倍。

京东无人仓的建设标准，即三极、五自和一优原则。三个“极”：极高技术水平、极致产品能力、极强协作能力；五个“自”：自感知、自适应、自决策、自诊断、自修复；一个“优”：成本、效率、体验的最优。

京东物流首席规划师、无人仓项目负责人章根云认为，无人仓的标准须从作业无人化、运营数字化和决策智能化三个层面去理解。

在作业无人化方面，无人仓使用了自动立体式存储、3D视觉识别、自动包装、人工智能、物联网等各种前沿技术，兼容并蓄，实现了各种设备、机器、系统之间的高效协同。

在运营数字化方面，无人仓需要具备自感知等能力。运营过程中，与面单、包装物、条码有关的数据信息要靠系统采集和感知，出现异常要自己能够判断。在无人仓模式下，数据将是所有动作产生的依据，数据感知技术如同为机器安装了“眼睛”。

在决策智能化方面，无人仓能够实现成本、效率、体验的最优，可以大幅度地减轻工人的劳动强度，且效率是传统仓库的10倍。京东物流无人仓能够满足业务全局发展需要，具有最大智能化、自主决策的能力，核心是在给仓库配置大脑、眼镜、胳膊、腿，做的是生物进化论工作，智能核心是监控与决策算法的优化。

（资料来源：无人仓技术及其进展 | 无人仓专了题（一）［EB/OL］. 物流技术与应用，2018-10-29.）

复习思考题

1. 什么是物流园区规划？物流园区规划的目标是什么？
2. 物流园区规划应遵循哪些原则？
3. 物流园区内部功能区规划建设目标。
4. 物流园区信息平台规划。
5. 什么是物流园区运作管理？物流园区运作管理的内容包括哪些？
6. 物流园区的管理模式有哪些？其特点是什么？
7. 物流园区基本的盈利模式有哪些？

第 10 章

物流系统规划与运作评价

物流系统的规划与运作会影响一个企业的经营状况，一个好的物流系统不仅为企业降低成本，也会提高企业的竞争能力，而物流系统评价可以更好地了解物流系统各个侧面的状况，为决策者提供决策依据，因此对物流系统的评价就显得尤为重要，它是物流系统规划与运作中必要的一个环节和关键部分。本章重点阐述物流系统的目的与作用，对物流系统评价的步骤进行分析，并介绍多种物流系统的评价方法。

本章学习目标

1. 了解物流系统评价的概念与作用。
2. 大概掌握物流系统评价的步骤与内容。
3. 掌握物流系统评价的指标体系的设计方法与确定。
4. 明白物流系统评价方法有哪几种。

案例引导

施乐公司的定基评估

1979 年，施乐公司的市场占有率从 49% 减少到 22%，为了改变现有的市场劣势，施乐的高层经理提出了质量和生产率计划，其中之一就是竞争定基（bench marking），也称为基准比较、基准测试。施乐公司负责基准质量和客户满意的经理罗伯特 C. 卡伯认为，定基是“对照最强的竞争对手和或著名的顶级公司有关指标而对自身的产品、服务和实施进行连续不断衡量的过程”。

定基评估的四个阶段：第一阶段，识别基准、识别对比公司和数据收集；第二阶段，确定自身当今的绩效水平、未来自身绩效水平计划和传递基准发现与确认；第三阶段，在自身情况与对手有了详细了解后，要建立功能目标、确立行动计划；第四阶段，企业要执行特定的文件和监督进程，并实时监测，中心校正基准。

运作定基评估要着重于完成基本业务的功能和程序，是打破企业一成不变的运作规律的有效方法，将公司目标与外部市场相连接，从而使公司目标得到确认和合理化。

（资料来源：汝宜红．物流系统评价第五篇［EB/OL］．豆丁网，2019－03－05.）

问题

1. 如何利用施乐公司的定基评估选取评价指标的？
2. 你还知道哪些物流评估指标的选取方法？
3. 定量评估与定性评估的区别？

10.1 物流系统评价概述

10.1.1 物流系统评价的概念、目的与作用

物流系统评价是指对物流系统的价值进行相应的评估。物流系统评价是管理人员进行物流系统决策时的有效依据，正确的评价是做出正确决策的基础。系统评价是一种通过对客观事物进行评定、明确其应用价值的处理方法，已经被广泛应用在企业经营管理以及社会经济发展等各个方面。

物流系统评价的目的是对各规划方案能否达到预定的各项性能指标进行判定，判断其在一些制约条件下能否实现物流系统的预定目的，贯穿于规划与运作整个动态的过程。

物流系统评价的作用体现在以下几个方面：

（1）评定备选方案的价值和各个方案的存在的优缺点以及它们的可取性。

（2）评价为物流系统规划人员在调整、改进、修正规划方案时提供有效的依据。

（3）反映物流系统各个侧面的发展状况与程度。

（4）为管理者提供可靠的决策依据，有利于做出最合适的方案选择。

（5）对项目中的跟踪评价和项目后评价，借此使方案在实施执行的过程中可以得到不断地改进和完善。

10.1.2 物流系统评价的原则

（1）可比性原则。要求评价的前提条件和评价的内容要一致，评价对象和数据信息等都是可比的。要做到可比性要求评价指标的数据信息的来源、计算方法、统计与测量方式、时间区段和时间点等在这些方面需要具有一致性。

（2）完备性原则。选取的评价指标能够全面反映被评价的物流系统，包含系统目标涉及的各方面，能够综合反映出系统的目标，避免评价出现片面性问题。

（3）评价的客观公正性。物流系统评价的质量会影响决策的判断与正确性，这就要求评价必须客观地反映实际，以使评价结果是真实、可靠的，评价的客观公正性是评价物流系统的一个基本要求。

（4）无冗余原则。要保证选取的物流系统评价指标同层次的指标评价之间是相互独立的，无冗余，且具有代表性，避免出现重叠交叉的评价指标。

（5）评价方法和手段的综合性。将不同的方法和手段的优势特点充分地发挥出来，可以为系统的综合评价提供更加全面的分析手段。

（6）可操作原则。与上面几个原则相关联，它要求在数据收集、指标体系构建等方面做到切实可行。

10.1.3 物流系统评价的步骤与内容

1. 明确评价目的

这是评价工作的根本。要明确进行物流系统评价的目的；被评价系统涉及的范围（这里的范围可以指地域，也可以指物流系统的内容、处于该物流系统中的人员、部门等）；物流系统规划评价处于哪个阶段（系统规划之前、过程中、若干年后），等等。

2. 建立评价指标体系

评价指标体系就是各种不同评价指标的集合，通常具有递阶结构，是由若干个单项评价指标组成的有机整体。对于一些复杂的物流系统而言，描述其评价指标体系一般会呈现多目标、多层次结构，因此需要清楚指标之间的隶属关系，综合反映评价对象各个方面的情况。

3. 确立指标权重

在进行物流系统评价时，需要确定选定的评价指标的权重。指标权重是刻画各评价指标之间相对重要性的标度。当评价指标体系建立以后，想要量化指标，获取最终评价结果，就必须依赖指标权重。指标权重的确定是否合理，直接影响综合评价结果的可信度，因此对于指标权重的确定必须慎重。

4. 建立评价模型

评价模型的建立需要使用各种综合评价方法。评价方法有定性、定量的，也有定性定量相结合的方法，要考虑所要评价的物流系统的评价目的与特点来进行合理选取。

5. 综合分析评价

通过物流系统评价模型的执行，获取评价对象各个评价指标的计算值，并且通过之前确定好的指标权重，将各个指标值综合起来得到所需要的综合评价值。得到评价值后，评价主体对评价值进行分析判断，评价方法的科学性与客观性显得尤为重要。

6. 提供决策依据

在决策者根据评价结果，结合实际情况做出决策，并且开始实施系统规划后，需要进一步反馈实施过程各阶段中的有关信息，进行过程中评价，据此来及时修正、完善规划。在物流系统规划项目完成之后，也需要对之后一段时期的物流系统进行事后评价，来了解其运作情况，以总结经验教训，为今后物流系统的不断优化和完善打下基础。

10.1.4 物流系统评价的结果与改进

物流系统规划与运作阶段进行综合评价对规划的顺利实施起到举足轻重的作用。但是在物流系统规划的实施过程以及运作过程中，一些影响物流系统的重要因素会发生一定的变化，会给物流系统带来不可预料的改变。因此，规划实施后对物流系统进行跟踪评价，根据评价结果及时调整决策很有必要，通常把物流系统规划评价的结果与改进称为规划后评价①。

规划后评价的主要目的：全面总结规划方案的实施和运作状况，分析与规划相关的技术、经济、社会、环境效益影响，为投资决策与规划实施提供经验教训，改进并完善规划，保证物流系统的良性运作。从评价的时间点上区分，规划后评价可以分为规划跟踪评价、规划实施效果评价和规划影响评价。

（1）规划跟踪评价。发生在物流系统规划的实施过程中，主要用于阶段性检查该物流系统建设项目是否符合最初规划，规划设计质量如何，项目在建设过程中由于系统环境变化而发生的重大变更对项目效益的影响如何。

（2）规划实施效果评价。发生在物流系统建成并运作一段时间之后。不同的物流项目评价的时间点不同，经营性物流项目一般在建立 3 年左右进行评价，基础设施建设性物流项目一般在建立 5 ~ 10 年内进行评价。这类评价的目的是为了检验物流系统规划实施的效果是否达到设计要求，对项目进行调整、完善，总结项目的经验教训，为后期开展新的项目提供建设、管理等方面的指导性信息。

（3）规划影响评价。与规划实施效果评价发生的时间点大致相同，其目的主要是为了评价该物流系统规划的实施对于物流系统周边环境的影响，包括社会、经济以及自然环境。

名人故事

中国航空事业的开拓者——冯如

20 世纪初，为了争夺制空权，欧美各国都在积极发展航空事业。冯如因其高超的飞机制造技术，名声越来越大。越来越多的外国公司不惜重金聘用冯如，但冯如断然回绝了各国的聘请，并不断寻找机会为祖国服务。

冯如的爱国热情大大地鼓舞了旅美华侨，部分人开始投资支持冯如发展祖国的航空事业。1909 年 10 月，冯如联合在旧金山的华侨黄梓材、刘一枝、朱竹泉等人，把广东制造机器厂扩充为广东制造机器公司，并公开招募优先股东和股金。从 1909 年 11 月至 1910 年 2 月，仅 3 个月时间，就招得优先股东 67 人，股金 5875 元，他亲自担任总

---

① 周跃进，陈国华，等．物流园网络规划［M］．北京：清华大学出版社，2015.

机器师，负责领导制造飞机。

广东制造机器公司在成立后，冯如随即购置制造飞机的成套设备，并重新研制大功率的飞机。不久，新飞机制成，并经过4次改进，但在试飞中仍一再失败，可冯如并不气馁。1911年2月，冯如带着公司人员、机械设备和造好的飞机回国。他以“壮国体，挽权利”为宗旨，在广州设厂制造机器和飞机，把公司易名为广东飞行器公司。

1911年，他率团队用了约3个月的时间，制造了一架飞机。这是国内制成的第一架飞机，由此揭开了中国航空工业史新的一页。

2009年，中国航空百年暨空军建军60周年之际，中国空军授予冯如“中国航空之父”的称号。

（资料来源：朱舒坤．航空之父冯如［EB/OL］．枞阳在线，2014-01-10.）

10.2 物流系统评价的指标体系

10.2.1 物流系统评价指标体系的内容

评价指标体系的内容通常涉及以下几个方面。

（1）政策性指标。包括政府的方针、政策、法律法规和区域经济发展的规划要求等。这类指标对社会物流系统的评价尤其重要。

（2）技术性指标。包括系统所使用设备的性能、寿命、可靠性、安全性以及服务能力等。

（3）经济性指标。包括各个方案成本效益、建设周期与投资回收期、财务评价类指标等。

（4）社会性指标。包括对所在的区域所做的贡献、对生态环境与环保的影响因素等。

（5）资源型指标。包括物流工程项目中的人、财、物、能源、水源、土地条件等。

（6）时间性指标。包括物流工程和规划方案的进度、时间等。

10.2.2 评价指标体系设计方法与模型

1. 关键绩效指标法

关键绩效指标法（Key Performance Indicator，KPI）是通过对系统内部流程的输入端、输出端的关键特征参数（特征值）进行设置、取样、计算与分析，来衡量系统绩效的一种目标式量化管理方法，是把物流系统目标分解为可操作的工作目标的工具①。

在评价指标设计中，要关注以下主要指标。

（1）物流生产率。是衡量物流系统投入产出效率的指标，即物流系统的产出与投入之比。通常包括实际生产率、资源利用率、产出完成率、财务指标、库存指标等。

① 杨扬，王孝坤．物流系统规划与设计［M］．北京：电子工业出版社，2013.

（2）物流质量。是对物流系统产出质量的衡量，是物流系统评价指标体系中的重要组成部分，可分为物料流转质量与物流业务质量。物料流转质量是对物流系统提供的货物在数量、质量、时间、地点上的正确性的评价。物流业务质量是对物流业务在时间、数量上的正确性和工作上完善性、客户满意度的评价。

2. 平衡计分卡模型

平衡计分卡模型由 Kaplan 和 Norton 于 1992 年提出，是目前企业绩效评价中使用比较广泛的一种模型。

（1）平衡计分卡的特征

1）以战略为核心。通过财务、客户、内部运作过程、学习与成长四组指标之间的相互作用来表现企业的战略管理轨迹，从而实现绩效考核与绩效改进及战略实施与战略修正的目的。

2）财务指标与非财务指标并存。一方面通过财务视角保持对企业短期业绩的关注；另一方面通过非财务视角揭示企业实现其长期的战略发展目标，共同作为企业未来财务绩效的驱动器。

3）短期目标与长期目标平衡。使用非财务指标和因果关系链能够帮助企业寻找导致其成功的关键因素和相应的关键绩效指标（KPI），在此基础上确定企业可付诸行动的长期战略目标。平衡计分卡绩效管理系统克服了单一财务指标的短期性和片面性，达到了兼顾短期和长期目标的目的，保持了两者之间的平衡。

（2）平衡供应链计分卡及相应的评价指标。马士华等人提出了在 Kaplan 和 Norton 的平衡计分卡法基础上改进平衡供应链计分卡法（BSC-SC）及相应的评价指标：

1）客户导向。系统的目标是在正确的时间、正确的地点，将正确的产品/服务以合理的价格和方式交付给特定的客户，以满足和超过客户的期望。

2）内部运作。系统的目标是能够在合理的成本下，以高效率的方式进行运作。关键成功因素是实现较低的流程运作成本、较高的运作柔性，提高经营中增值活动的比例，缩短生产提前期。因此评价指标包括供应链有效提前期率、供应链生产时间柔性、供应链持有成本和供应链目标成本达到比率。

3）未来发展。系统的目标是集成系统内部的资源，注重改进创新，抓住发展机遇。关键成功因素是集成合作伙伴，稳定战略联盟；加强信息共享，减少信息不对称；研究可能的生产、组织、管理各方面技术。因此，评价指标包括产品最终组装点、组织之间的共享数据占总数据量的比重。

4）财务价值。系统的目标是突出供应链的竞争价值，达到供应链伙伴的盈利最大化。关键成功因素是供应链资本收益最大，保证各伙伴在供应链中发挥各自的贡献率，控制成本及拥有良好的现金流。因此，评价指标包括供应链资本收益率、现金周转率、供应链的库存天数和客户销售增长率及利润①。

---

① 高举红，王术峰．物流系统规划与设计［M］．北京：清华大学出版社，北京交通大学出版社，2015.

10.2.3 物流系统评价指标体系的确定

物流园区大都位于城市中心的边缘，交通条件良好，用地充足。为了吸引物流企业能快速、有效地集聚，物流园区在空间布局时需要考虑物流市场需求、地价、交通设施、劳动力成本、环境等经济、社会等因素。

物流园区规划的影响因素可以抽象与归纳为经济效益、社会效益与其他效益三个方面，在每个层面下都需要考虑更具体的因素。物流园区规划过程中的典型评价指标体系见表 10－1。

表 10－1 物流园区规划过程中的典型评价指标体系

一级指标	二级指标	评价标准
经济效益	当地消费容量与水平	接近消费市场，消费容量和消费购买力比较充足
	运输成本	要求运输成本低
	用地成本	较低的地价可以节省物流园区的建设成本
	周边企业状况	周边企业聚集程度适中
	劳动力成本与技术水平	成本合适、劳动力数量充足且素质较高
	投资收益率	投资收益率较好
社会效益	对城市交通压力的影响	减轻各项物流活动给城市交通压力带来的影响
	区域发展规划	与区域发展规划中的用地、发展目标相一致
	对当地居民生活的影响	降低对当地居民生活、工作等干扰，保护当地居民的生活环境
	污染状态	在大气、噪声、水质等方面的污染程度，尽可能降低对环境的污染
其他效益	功能性平台建设情况	功能性平台建设完备
	道路运输网络	道路运输网络较完善
	基础设施的建设状况	基础设施齐全、完善
	土地面积利用率	土地面积利用率较高
	物流园区制度建设合理性	物流园区各项制度合理
	物流园区的覆盖能力	物流园区周围覆盖的物流集散点数量较多

港口物流系统的评价指标体系设计。考虑的因素主要有自然地理条件、基础设施水平、物流运营能力、物流信息化程度、相关产业发展和协调支持力度。具体的指标体系见表 10－2①。

---

① 易文．武汉新港港口物流系统分析与评价研究［D］．武汉：武汉科技大学，2012.

表10-2 港口物流系统评价指标体系

一级指标	二级指标	评价标准
自然地理条件	港口水深及航道条件	港口水的深度、航道的宽度以及周围的环境状况
	区位优势	地区在经济社会发展方面存在某些优越条件
	集疏运条件	集疏设施、集疏运方式及管理状况
	腹地经济实力与商业环境	地区经济发展状况以及消费者购买力
基础设施水平	装卸机械及能力	机械设备的工作效率高
	港口分布及泊位	港口分布、泊位数量和泊位长度合理
	仓储堆场能力	仓储、堆场的个数多
物流运营能力	货物及集装箱吞吐量	进出口经过装卸的货物数量以及集装箱的数量多
	港口作业费用水平	作业过程中所消耗的成本费用小
	班轮航线密度	港口班轮调度发班在时间上的间隔
	作业效率	装卸货物、调度等方面作业速度快
物流信息化程度	现代信息化技术应用水平	港口物流作业过程中信息化技术的应用范围广
	港口生产管理信息化水平	指港口在生产过程中所应用管理系统信息化的程度高
	港口船舶调度信息化水平	港口船舶在调度、发班中应用信息化的程度高
相关产业发展	港口配套产业集聚程度	配套服务业、物流园区的数量多
	临港产业发展水平	临港加工区的企业数与企业投资额多
协调支持力度	港口行政管理水平	管理港口章程的制定完善
	政府对港口监督协调力度	政府部门政策引导，重视对港口的监督协调

知识拓展

物流系统正在走向智能化，高效整合供应链

信息化、互联网等技术突飞猛进的发展给供应链的高效整合与协同带来了强大的技术支持，在供应链层面提高效率有着众多的可能和巨大的空间，而物流系统走向智能化是供应链高效整合的必要条件之一。

目前，很多先进的现代物流系统已经具备了信息化、数字化、网络化、集成化、智能化、柔性化、敏捷化、可视化、自动化等先进技术特征。采用智能决策方法，提高现代物流系统的智能化和自动化，最终实现快速响应、准时配送的优质服务，带动现代物流配送行业经济效益的提高是现代物流行业发展的宗旨。智能化是物流自动化、

信息化的高层次应用，它强调物流作业中使用人工智能相关技术解决大量的运筹和决策需求。

随着制造业向智能制造升级发展，制造企业对物流体系的要求越来越高，主要体现在：一方面要更精准掌控物流运作的信息，即透明化需求；另一方面，要求物流服务降低成本和管理便捷化，这就必然需要更高质量的物流外包服务。从整个供应链的层面来看，提升供应链的信息化水平是推动供应链管理的必要条件，也是满足制造企业对物流体系更精准掌控的技术基础。

（资料来源：. 智能制造对供应链的影响［EB/OL］. offweek 工控网，2018－12－27.）

10.3 物流系统评价方法

根据需要评价的物流系统规划与运作方案的不同，评价方法的选取也不尽相同。目前国内外的评价方法按照知识体系分为专家评价法、经济分析法、运筹学和其他数学方法。按照方法的知识结构划分可以分为以下三类。

10.3.1 定性分析评价法

1. 德尔菲法

德尔菲法首先是对要确定权重的评价指标设计成调查问卷，请一组专家分别独立地对问卷进行回答，专家对这些评价指标应赋予的权重提出自己的意见，组织者汇集专家们的问卷，对专家的意见进行统计与分析，如果没有达成共识，组织者根据意见统计结果，形成新的调查问卷，然后再对该组专家重新进行问卷回答。经多次轮番征询，使专家意见趋于一致，最后得出统一的结论。德尔菲法实质上是利用专家的经验和知识，对那些带有很大模糊性、较复杂的问题，通过多次的轮番征询意见的调查形式取得测定结论的方法。此方法具有匿名性、统计性、反馈性、收敛性的特点。

2. 逐对比较法

一般来说，比较两两指标之间的相对重要性程度对于决策者而言是比较容易的，所以可通过相对重要性来确定各指标的权重。逐对比较法就是邀请专家对各评价指标进行两两逐对比较，对相对重要的指标赋予较高的得分，如相对重要的得 1 分，而相对不重要的得 0 分，最后根据各评价指标的累计得分进行归一化处理，计算出权重。

3. 头脑风暴法

头脑风暴法原是一种群体活动的方法，它鼓励与会者自由发表自己的思想，并禁止对任何思想的批评，以促使创新思想的产生。在权重确定中运用头脑风暴法的基本做法是：邀请一些相关领域的专家一起开会，请他们对各指标权重系数的确定发表意见，对那些有较大偏差或分歧的内容进行充分讨论，以达到对各指标权重有比较一致的认识，如果还不能确定的话，就采用投票的方式确定。这也是在权重确定中常采用的一种简单有效的方法。

10.3.2 综合分析评价法

1. 层次分析法

层次分析法（Analytical Hierarchy Process，AHP）是 1973 年由著名运筹学家 T. L Saaty 提出的定性与定量相结合的评价决策分析法，它是一种将存在于现代管理中许多复杂、模糊不清的相关关系转化为定量分析问题的有效方法。层次分析法的提出不论在理论研究上还是在实际工作中都得到了极为广泛的应用与发展。

（1）层次分析法的基本思路与步骤

1）建立递阶层次结构。首先要把问题层次化，再根据问题的性质和需要达到的总目标分为不同的组成因素，并按照各因素间的相互关联及从属关系，把因素划分成不同层次，然后进行分类组合，最后形成一个多层次结构的分析模型。这些层次分目标层、判断层和方案层。目标层表示解决问题的目标，即层次分析法需要达到的总目标。判断层表示采取某一方案来实现预定总目标所涉及的中间环节，它包括准则层与指标层。在分析更为复杂的评价问题时，某个准则因素下还可细分为几个具体的指标，指标也可分为多个层次。方案层表示要选用的解决问题的各种方案和策略。递阶层次结构与因素从属关系如下图所示。关于因素的个数，在理论上层次结构的层数及同一层次的因素个数，可依据系统的需求而定，不过为了避免决策者对准则的相对重要性的判断产生偏差，同一层次的因素个数最好不超过 7 个①。

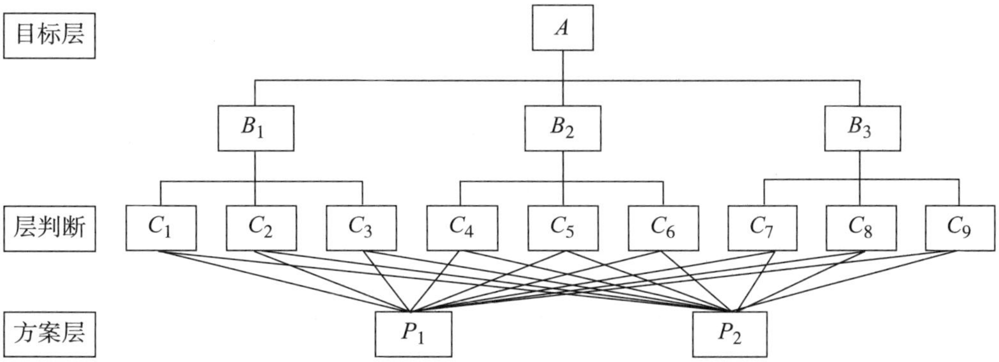

递阶层次结构图

① 高举红，王术峰．物流系统规划与设计［M］．北京：清华大学出版社，北京交通大学出版社，2015.

2）构造判断矩阵。建立递阶层次结构以后，上下层因素之间隶属关系就被确定了。判断矩阵表示针对上一层次的几个因素、下一层次的几个因素之间进行相对重要性两两比较的结果，一般情况下，请评审专家以头脑风暴法或德尔菲法的方式来比较，为了使决策判断定量化，通常根据其相对重要程度赋予 1∶9 的比例标度。比例标度的含义见表 10－3。

表 10－3　判断矩阵比例标度及其含义

标度值	含义
1	表示两个因素相比，一个因素比另一因素的重要程度：同样重要
3	表示两个因素相比，一个因素比另一因素的重要程度：稍微重要
5	表示两个因素相比，一个因素比另一因素的重要程度：明显重要
7	表示两个因素相比，一个因素比另一因素的重要程度：强烈重要
9	表示两个因素相比，一个因素比另一因素的重要程度：绝对重要
2，4，6，8	上述相邻判断的中值
倒数	对角线两边的值呈倒数关系

3）判断一致性。为避免其他因素对判断矩阵的影响，保证专家在判断指标的重要性时，各判断之间协调一致，没有出现相互矛盾的情况，要求判断矩阵满足大体上的一致性，因此需要进行一致性检验。通过检验，说明判断矩阵在逻辑上是合理的，这样才能继续对结果进行检验。

4）层次单排序。对于填写完毕的判断矩阵，需要根据判断矩阵计算出对于上层某元素，本层与其有联系的各元素的相对重要性。判断矩阵的特征向量即为要素的相对重要性向量。单排序是指每一个判断矩阵各因素针对其准则的相对权值。计算权值有方根法、幂法等多种近似方法。

5）层次总排序与检验。总排序是指每一个判断矩阵各因素针对目标层（最上层）的相对权重值。这一权重值的计算采用从上而下的方法，逐层合成。

通过上述步骤就可以依据准则层总排序的结果得到不同要素的权重值，从方案层总排序得到不同方案的权重值。通过对权重值的分析，综合权重值排序最高的就是最合适的方案。

2. 模糊综合评价

模糊综合评价是一种运用模糊数学原理分析和评价那些具有模糊性的系统的分析方法，其特点是评价结果不是绝对的肯定或否定，而是表示为一个模糊集合。例如，让一群人分别说出物流企业规模大和小的界限，答案会不完全相同，但是用模糊数学的方法分析时，这个界限会存在一定的规律性①。

① 平海，等. 物流系统设计与分析［M］. 北京：清华大学出版社，北京交通大学出版社，2010.

（1）基本要素。模糊综合评价的数学模型主要有以下三个要素。

1）因素集 $U=\{u_1, u_2, \cdots, u_m\}$，描述被评价对象的 m 种因素。

2）评价集 $V=\{v_1, v_2, \cdots, v_n\}$，为多种判断构成的集合。

3）模糊评价矩阵 R。

此模型中存在两类模糊集。一是标志因素集 U 中的各元素在人们心目中的重要程度的量，表现为因素集 U 上的模糊权重向量 $A=(\alpha_1, \alpha_2, \cdots, \alpha_m)$；另一类是 UXV 上的模糊关系，反映因素 U 到评价 V 之间的模糊评价关系，表现为 $m\times n$ 的模糊矩阵 R。这两类模糊集都是人们价值观念或偏好结构的反映。

（2）基本步骤。进行模糊综合评价主要有以下 5 个基本步骤。

1）确定因素集和评价集。

2）建立 m 个评价因素的权重分配向量 A。确定权重值可以采用多种方法，如专家咨询法、层次分析法等。

3）通过各单因素模糊评价获得模糊综合评价矩阵：

$$R=\begin{bmatrix} R_1 \\ R_2 \\ \vdots \\ R_m \end{bmatrix}=\begin{bmatrix} r_{11} & r_{12} & \cdots & r_{1n} \\ r_{21} & r_{22} & \cdots & r_{2n} \\ \vdots & \vdots & & \vdots \\ r_{m1} & r_{m2} & \cdots & r_{mn} \end{bmatrix}$$

每一个评价对象都应建立一个模糊综合评价矩阵 R，其中表示第 i 个因素在第 j 个评语上的频率分布，一般将其归一化处理。

4）进行复合运算可得到综合评价结果 $B=A\times R$。

5）计算每个评价对象的综合分值 M。

综合评价的目的是要从对象集中选出优胜的对象，所以还需要将所有对象的综合评价结果进行排序，将综合评价结果 B 转换为综合分值 M，于是可根据 M 值大小进行排序，挑选出最优者。

3. 数据包络分析法

近年来，数据包络分析法（data envelopment analysis，DEA）作为一种多投入、多产出的复杂系统，是非常适用的评价方法，正逐渐受到人们的青睐。DEA 的第一个运用成功案例是评价为弱智儿童开设的公立学校项目。之后，随着学者的深入研究和实践，DEA 的应用范围不仅由非营利的公共事业单位扩大到企业，并且也有横向的管理效率评价延伸到对同一个决策单元历史发展的纵向评价。目前，DEA 方法的应用范围很广，可以用于多种方案的有效性评估，在技术创新、金融服务、资源配置、企业效益评价等领域都得到了广泛运用。对于多投入多产出的一类社会经济系统，DEA 方法的相对有效性评价是非常实用的。

（1）数据包络分析法概述。是由美国著名运筹学家 A. Charnes 和 W. W. Copper 等学者首先提出的。该方法以相对效率概念为基础，以凸分析与线性规划为工具，对多投入/多产出的多个决策单元的效率进行评价。DEA 方法通常根据一组给定的决策单元，选定一组输入输出评价指标，来确定决策单元的有效性系数，以此来评价决策单元的优劣。DEA 方法在处理多输入-多输出的有效性综合评价问题上非常有优势，通过输入和输出数据的综合分析，DEA 方法可以得到每个决策单元综合效率的数值指标，并据此排定各个决策单元的等级，确定有效的决策单元，并给出其他决策单元非有效的原因和程度。

（2）应用 DEA 方法进行评价的一般步骤。选定评价对象，确立评价目的，研究对象系统的功能要素；设计评价指标体系，划分输入、输出指标体系；搜集、整理资料，确定同类型的评价决策单元，进行数据处理；运用 DEA 方法，建立评价模型；利用 MATLAB 或其他优化软件包，计算 DEA 有效性的最优解；进行 DEA 有效性分析和规模效益分析；评价模型的效果和优劣；实证研究和讨论。

（3）应用数据包络方法时的注意事项

1）DEA 作为一种非参数方法，将数学、经济和管理的概念与方法相结合，是处理多目标决策问题，解决在经济理论估计中具有多个输入、多个输出问题的有力工具，尤其在经济学生产函数的确定方面更为突出。可以对具有相同类型的部门或单位间的相对有效性进行排序和评价，还可以通过在生产前沿面上的投影分析，发现非 DEA 有效和弱 DEA 有效的产生原因及改进方向，调整资源投入量和效益产出量使各个决策单元达到 DEA 有效。

2）应用 DEA 模型进行评价，不必事先确定指标权重，只需假定由决策单元的输入输出指标组成的状态可能集满足凸性、无效性及最小性等条件即可。DEA 方法本身包含指标的权重分配过程，在计算不同的决策单元的最大有效性数值时，指标的权重是动态可变的，最后排序的结果是每个决策单元得到最有利于自己的权重。

3）应用 DEA 方法建立模型时，一般要求决策单元数目应大于输入变量与输出变量的数目。在实际应用中，为体现评价的全面性，往往会引入大量的评价指标，同时，为体现评价的准确性，系统中会确定较少的评价单元。为解决这个问题，通常的方法是对所有指标分层次进行 DEA 有效性评价，或者先用因子分析方法将指标归类，合并相关性强的指标，再对公共因子进行 DEA 有效性评价。

4）输入与输出指标体系的确定，简单说是根据资源投入量与效益产出量确定，但实际上，许多复合指标的概念往往有些模糊，则可以根据用尽量少的投入得到尽量多的产出的效率评估目标，设定越大越好的指标为输出变量、越小越好的指标为输入变量。另外，DEA 模型要求输入输出指标具有非负性，则用该指标加同指标最小数的绝对值进行处理。

5）DEA 方法不仅能对管理效率进行横向的对比评价，还能够进行纵向的、动态的分析与评价，即评价的样本数据可以是断面数据，也可以是时间序列数据。DEA 模型的数据与量纲无关，最好使用效益型相对数据，不需进行数据预处理，若为成本型绝对数据，则需要进行标准 0－1 转换，进行无量纲化处理。但在模型分析的过程中，需注意可能会出现自我评价值与交叉评价值不统一、DEA 有效性分析与规模收益分析不一致等特殊情况，这时需从多个环节去查找原因。

4. 因子分析方法

（1）因子分析法的含义和作用。因子分析是通过变量（或样本）的相关系数矩阵（或样本的相似系数矩阵）内部结构的研究，找出能控制所有变量（或样本）的少数几个随机变量去描述多个变量（或样本）之间的相关（或相似）关系。也就是把观测变量分类，将相关性较高、联系比较紧密、包含重复信息较多的变量分在同一类中，使不同类的变量之间的相关性较低，那么每类变量实际就代表了一个本质因子或一个基本结构，因子分析就是寻找系统中这种不可观测的因子或结构的方法。

因子分析的实质就是在存在相关关系的变量之间，探讨是否存在不能直接观测，但对观测变量的变化起支配作用的、不可测的潜在因素，并寻找这些因素，以便将多个变量综合为少数几个因子并建立模型，以再现原始变量与因子之间的相关关系。

因子分析最终用较少的综合指标分别综合各个变量中的各类信息，对原始变量进行分门别类的综合评价，这些综合因子虽然不能直接观测到，但最能反映事物的本质。

（2）目的和任务。其目的是寻求变量基本结构、简化观测系统，即减少变量维数，用一个变量子集来解释整个问题，即主要目的是研究一种假设的结构，用 m（$m<p$）个假设的公共因子来解释和说明 p 个变量之间的相互依赖结构极其复杂关系。

其任务的关键是寻找共性因素，但建立因子分析模型的目的不仅是找出主因子，更重要的是知道每个主因子的意义，以便对实际问题进行分析，所以计算出结果后还要探讨其实际意义并加以命名。

（3）统计与计算

1）因子载荷。反映某个公共因子对某观测变量的影响程度。其表明公共因子与原有指标之间的关联程度，因子载荷值越大，表明该因子包含的原有指标的信息量越多。

2）共性方差。用某个公共因子占总方差的百分比说明共性因素对观测变量总体的作用大小。公共因子个数的选择应尽量兼顾几点：因子所能解释的方差比率或贡献率与利用有关专业知识所得结果的合理一致性，通过这几种途径和手段对研究结果给予合理解释的可能性和可靠性，这样才能够使所研究的问题具有一定的深度和广度。

由于因子分析法是以由原始变量组成的每个主因子的方差贡献率作为权重来构造综合评价函数，所以评价结果具有很强的客观合理性。

3）因子得分。是用观测变量表示共性因素的数值。因子得分是各个样本在公共因子上的投影值或坐标值，是将原始的全部变量信息集中到几个公共因子上。在进行更深入的定量分析时，可以把样本的因子得分当作初始变量进行进一步的分析。

4）因子旋转。初始共性因素进行坐标变换，获得新的共性因素，重新分配因子载荷，以便容易命名和解释共性因素的实际意义。为了使因子旋转后的结果达到更易于解释的目的，应使旋转后的因子载荷矩阵尽可能具有简单结构：每列上的载荷大部分应是很小的，且尽可能接近于0；每行中尽可能只有少数几个，最好只有一个较大的载荷值；每两列中大载荷和小载荷的排列模式应当不同。

（4）方法的特征。因子分析模型中的公共因子包含原始变量的绝大部分信息；因子分析模型中的公共因子是不可观测的潜在变量；因子分析模型中的公共因子个数是未知的，是需要估计的；正交因子分析模型中的公共因子之间是相互独立的。

从提取公共因子的方法，即估计因子载荷矩阵的角度看，因子分析主要分为以主成分分析、主因子分析、α因子分析、未加权最小二乘法、映象因子分析、广义最小二乘法和最大似然估计。

在因子分析中，主成分分析法对总体的分布情况没有什么假定，其他方法一般要求总体服从某特定分布规律，如最大似然法要求总体X服从p维正态分布。在计算过程中，其他方法不能像主成分分析法那样可以一次计算因子载荷成功，如主因子法往往需要经过多大尝试，才能得到因子载荷矩阵。只有用主成分分析法求解因子载荷时可以选择与变量个数相等的因子变量个数，其他方法都必须是因子变量个数小于原始变量个数。因此在通常情况下，主要采用主成分分析法。

5. 主成分分析法

主成分分析法具有理论和实践的简洁性、所得结果的客观性等特点，并且其降维的思想与多指标评价的指标序化要求非常接近，所以近年来该方法被广泛地应用于社会、经济、管理等领域中众多对象的综合评价中，逐渐成为一种独具特色的多指标评价技术，并成为最常用的排序方法之一。

（1）基本思路。在研究多因素问题时，多因素问题的每个指标都在不同程度上描述和反映了所研究问题的某方面信息，但指标之间往往存在一定的相关性，所得统计数据反映的信息在一定程度上有重叠，并且因素太多会增加计算量和分析问题的复杂性，难以客观地反映被评价对象的相对地位。

多因素问题涉及的多指标之间既然有一定的相关性，就必然存在着起支配作用的共同因素。人们自然希望在进行定量分析的过程中，找到这些共同因素，使涉及的指标较少，而得到的信息量又较多。

主成分分析法利用降维的思想和信息浓缩的技术，以较少的主成分综合代替原来较多的评价指标，使综合指标为原来变量指标的线性组合，并使这些主成分能尽可能地反映原来指标的信息，而且彼此之间相互独立，使我们在研究复杂问题时容易抓住主要矛盾。

利用该方法进行评价，包含了两个层次的线性合成：一是将原始指标恰当地线性组合成主成分；按累计方差贡献率不低于某个值的原则确定前几个主成分；二是各主成分以各自的方差贡献率为权重，通过线性加权求和得到各个样本的评价值。

（2）主成分分析法特点

1）多指标的主成分分析主要用来判断某个事物或现象的综合指标并给综合指标所蕴藏的信息以恰当的解释，以便更深刻地解释事物的内在规律性。

2）主成分分析的目的主要是根据相关矩阵或协方差的信息，用一组（总共 p 个）相互正交的主成分来说明 p 个变量的总方差。

3）主成分分析不需要有关待分析样本或变量的任何先验信息，对变量的属性没有严格要求，只要样本达到一定数量又具有独立性、代表性，则相同属性的变量、相近特征的样本会根据各自潜在变量空间中的位置显示 m 个清晰的相互关系。

4）在主成分分析中，经过原来诸多变量转化后而得到的综合指标（主成分）是相互独立的，消除了多重共线性，几个指标代表的信息不重叠，且每个主成分相应的系数是唯一确定的。

（3）分析步骤

1）建立指标体系和原始矩阵，并对原始数据进行同方向性处理。建立指标体系时，对有高度相关性的若干个变量，或者某些变量所表示的实物与其他变量所表示的实物有一定程度的类似作用，可以取其中的一部分来代替这些变量，或者初步将它们合并在一起，则可初步剔除一些重复信息，使主成分分析的结果有很大的改进。

指标最好有同趋势化，一般为了评价分析的方便，需要将逆指标（数值越小越好的指示）转化为正指标（数值越大越好的指标），转化的方式为用逆指标的倒数值或取负值代替原指标。

2）为避免量纲的不同，将原始数据进行标准化处理。当各个指标存在数据量纲不同或数量级差异很大时，可运用 SPSS 统计分析软件，按分析（Analyze）、描述统计（Descriptive Satistics）、描述（Descriptive）的顺序，选择变量框中的指标进行标准化处理，并将标准化后的变量保存在数据编辑窗口。

标准化处理可以减小量纲和数量级对数据分析的影响，但是需要注意指标标准化也会对分析的结果产生影响。

3）运用 KMO（Kaiser-Meyer-Olkin）检验模型与巴特利特球度检验（Barlett´s Test of Sphericity）对数据进行检验。

4）计算相关系数矩阵，解特征方程并计算相关矩阵的特征值和特征向量、贡献率和累计贡献率，根据方差累计贡献率等确定因子个数，计算初始因子载荷矩阵和因子旋转矩阵，确定主成分等。

5）计算主因子得分和构造综合因子评分函数，并根据主因子和综合因子得分情况，给出相应的评价。

10.3.3 综合分析评价方法的新发展

在对复杂对象系统进行综合评价时，往往会存在许多定性与定量的因素需要分析，而在进行评价的过程中因素的随机性和评价专家的主观性可能会对最终评价结果的准确性造成一定的影响。因此，综合分析评价的应用还存在着一些需要解决的问题。例如，如何才能更好地将综合评价理论方法研究与实际应用更好地衔接；如何在最大程度上降低评价主体的主观性的影响；如何把评价主体的知识经验积累以及评价样本积累用于综合评价体系的完善；如何建立合理规范的、通用的综合评价来支持物流系统。为了更好地解决这些问题，从事综合分析评价研究的专家学者们对其进行了深入的研究。目前综合分析评价法主要有以下几个发展趋势：

（1）对于现有综合分析评价法加以改进和完善。

（2）在进行综合评价时集成使用多种常用的综合分析评价法，可以将这些方法的优点相结合，会具有一定的优越性，得到的评价效果会更好。

（3）尝试用其他学科知识对方法进行交融创新。

（4）尝试将现代计算机技术与综合分析评价法集成，建立智能化评价支持物流系统，在物流系统规划与运作方案综合分析评价的过程中，首要的核心问题在于确定综合评价方法的合理性、适用性。各类综合分析评价法有其适用范围、背景，合理地选取评价方法是保证物流系统规划综合评价顺利实施的关键，新技术、新方法的不断出现，将会为决策者的正确决策提供更有效的支持。

学习探索

1. 魏际刚：构建强大智能绿色的国家物流系统

为顺应时代发展潮流，做强做优物流业，要最大化实现物流的时空价值、经济与社会价值，推动构建一个强大、智能、绿色的国家物流系统。

构建强大智能绿色的国家物流系统应建立健全创新机制，以创新驱动物流业发展，积极研发和推广新型智能化、信息化物流技术和物流设备，创新物流产品，构建新型物流组织，探索新型物流管理模式，开辟新的物流市场，实现国家物流系统的创新发展。实现全社会物流的绿色低碳化发展是对生态文明建设的重要贡献。绿色机制要求增强节能环保意识和绿色循环低碳的物流管理理念，加快物流企业的绿色转型，提高物流绿色化水平。

（资料来源：魏际刚：加快构建强大智能绿色的国家物流系统［EB/OL］. 国家邮政局发展研究中心，2020－04－29.）

2. 门到门信息技术有限公司：门到门无车承运智慧物流系统

门到门信息技术有限公司是国家首批无车承运人试点企业，目前已形成一个成熟的集公路零担和整车运输多种业务的公铁水多式联运运营体系及覆盖东北、华北、华中、华南等区域的干线＋支线的运输网络布局。

门到门智慧物流系统包括的子系统有：运力管理、客户关系管理、业务管理、运单管理、结算管理、仓库管理、组织机构管理和系统管理等。门到门智慧物流系统研发项目在产生巨大的经济利益的同时，其社会意义非常明显，在提高整个物流行业效率、促进网络科技普及、降低能源消耗、建设节约型社会等方面产生积极的推动作用。在自身成为纳税大户的同时，加速东北老工业基地改造，为振兴东北经济建设做出贡献。

（资料来源：门到门信息技术有限公司－门到门无车承运智慧物流系统［EB/OL］. 中国物流与采购网，2020－03－27）

案例分析

羊肚菌冷链物流系统安全性评价（节选）

新鲜的羊肚菌可以保存一到两天，保鲜时间有限，但如果放入保鲜袋冷藏保存（2℃～5℃），至少可以保存1周左右；而在－18℃条件下甚至可以保存1年。现在羊肚菌运输过程中采用冷链运输是常见的保鲜运输方式，可以确保羊肚菌的营养物质不流失，保持羊肚菌的品质和卫生安全。

在冷链物流的过程中，涉及有采购、仓储、运输、配送等多个环节。冷链物流由于全程是在寒冷温度下作业，各工种和生产环节的衔接温差大，人员和机械设备的防冻、防滑等注意事项较多，再加上制冷设备的安全操作和维护等问题，使冷链物流中的安全生产成为一个严重问题。

1. 冷链物流安全评价的内容

冷链物流安全评价的内容主要包括企业的价值观和企业的行为准则。首先，安全性评价体现了企业的价值观，即是为客户创造价值，为员工谋求幸福，为行业发展助力，为社会贡献力量，从安全的角度来实现社会良性价值循环；其次，安全评价也建立了冷链物流企业的行为准则，通过思想转变行为，通过行为改变习惯，通过习惯塑造品格，通过品格决定企业未来发展的命运，安全始终存在于企业的核心价值观中。

（1）安全管理机制评价。冷链物流安全评价的管理由企业总部、行政管理部、冷链运输部、配送部、采购部、仓储部、生产运营部、市场营销部等多部门组成

各部门的安全管理职责分工如下。

第一，总经理对企业安全生产劳动保护工作负全面领导和管理责任，亲自部署安全生产工作，实行全员、全方位、全过程的安全管理。

第二，安全管理者代表负责对总经理安排的安全管理工作进行推进与督导，组织相关部门对安全事故及存在安全隐患的事项进行分析并进行整改，定期向总经理汇报安全生产管理工作情况。

第三，冷链主要环节，如采购、仓储、运输、配送的总监负责相关安全管理工作的执行，积极响应上级的安全管理工作安排，发现安全隐患及发生安全事故时应及时处理，出现重大安全事故应及时向上级汇报。同时督促安全管理工作的落实与督导，及时对安全事故进行处理，同时对安全隐患进行整改，并定期对部门内部进行相关安全教育培训。

（2）员工安全文化素质评价。冷链物流的安全评价的内部因素就是员工素质的评价。首先，要评价员工的受教育程度、知识水平、业务能力等基础文化素养，这与安全文化工作的实施密切相关；其次，员工的专业素质也是重要的评价内容。冷链物流都是在低温环境下工作，一般的安全要求有：在进出冷库时要根据时间长短添加衣物；冷库内部要铺设麻袋等防滑物；冷库要禁止关门作业，确认冷库无人后方可关门；冷库门口严禁摆放物品以防冷库故障时妨碍紧急进出；员工要了解冷库设备工作原理和工作温度范围，定期检修维护；运输配送工具要注意水箱防冻，冷藏车车门要检查是否关紧等。

（3）安全生产文化氛围的评价。安全文化的氛围评价也很重要。企业通过安全培训、组织安全技术交流激发员工学习热情，将员工安全素质与岗位实践紧密结合，形成良好的安全文化的氛围。主要包括以下几点。

第一，安全文化宣传力度。在企业的宣传宣传栏、公告窗口等醒目位置悬挂安全标语；在对冷藏仓库、配送中心等作业场地悬挂安全制度和标语，并制订各自的内部安全生产细则和工作流程；在冷藏运输车辆上喷涂安全操作手册等。

第二，安全文化渗透力度。在开会总结或重大节日活动中，加入安全主题的文化、娱乐和体育活动，以员工喜闻乐见的形式进行安全文化渗透。

第三，安全生产价值观的形成。开展安全知识竞赛、演讲等活动，创办安全文化板块，营造一种活泼、健康的安全文化氛围，注重安全教育在员工身心健康发展中的地位。为企业提供一个稳定、良好的内部环境，形成冷链物流企业特色的安全生产文化和价值观。

2. 冷链物流安全生产指标体系的构建

冷链物流安全管理的目的是为了更好地进行冷链采购、仓储和运输等工作，提高冷链物流的效率。因此，构建冷链物流的安全生产指标体系需要考虑的两大因素就是安全和生产。冷链物流的安全生产能力涉及冷链物流的采购、运输、仓储和配送等全过程，基本要素是由人员、冷藏设备、冷链运输工具、仓储配送中心、冷藏产品（羊肚菌）等硬件要素，再加上信息管理、安全管理等软件配套措施。这个安全生产的能力是动态变化的，具有冷链物流企业的特色，是不可复制的。

安全生产能力指标体系	安全管理	安全生产责任制度
		安全监督检查
		安全宣传教育及培训
		安全生产标准规范
		安全技术措施
		安全生产奖罚
		事故预防及应急处理措施
	冷藏设备、仓储等设施	日常设备维护及保养
		定期设备维修
		制冷设备运行安全
	劳动保护	安全防护用品
		安全操作规程
	员工素质	文化素质
		专业技术素质
		安全培训
	工作环境	冷库防冻防滑措施
		通风照明措施
		防火防盗措施
		物资摆放规范
		废物垃圾处理

如上表所示，冷链物流安全生产能力指标体系结构采用递阶层次的结构，递阶层次结构有很大的灵活性和抗干扰性，可反映指标体系的有序性。冷链物流安全生产能力指标体系结构分 3 个层次，2 个指标因素，其递阶层次结构如上表。其中，顶层是安全生产能力；第 2 层分为安全管理、冷藏设备、仓储等设施、劳动保护、员工素质和工作环境 5 个因素；第 3 层则为分别为第 2 层细化后的指标。第 1 层的安全生产能力前面已作介绍，现对第 2 层指标体系加以说明。

（1）安全管理。是冷链物流企业安全生产工作的一个重要组成部分，加强企业的安全管理有助于保护企业员工的身体健康，减少事故的损失，有利于提高企业的经济效益。这里把安全管理划分为 7 个评价指标。

1）安全生产责任制度。评价标准包括是否符合国家安全生产法律法规和政策、方针要求，是否与冷链物流管理体系相协调，是否符合冷链物流的实际情况，具有可操作性。

2）安全监督检查。根据冷链物流的特点而设立的监督检查活动。

3）安全宣传教育及培训。在冷链物流企业，安全宣传教育及培训是安全管理工作的基础，安全宣传教育及培训要分对象、分岗位、分工种有针对性地进行。

4）安全生产标准规范。安全生产标准规范及安全技术措施是保障企业能够正常安全生产。

5）安全技术措施。采用安全技术用于保障安全管理，这也是安全生产能力的一项评价指标。

6）安全生产奖罚。积极提出安全生产合理化建议、有利于安全生产的行为要奖励；不利于企业安全生产的行为要惩罚，惩罚的意义更在于避免事故的发生。

7）事故预防及应急处理。冷链物流企业要预防事故的发生，需建立预防机制的工作流程；同时，也应建立生产安全事故应急救援预案。

（2）冷藏设备、仓储等设施

1）日常设备维护及保养。是保证制冷安全的基础，应通过定期维护和保养的间隔、更换易损件的频率等进行评价。

2）定期设备维修。通过冷藏设备的小修、大修频率和质量；仓储中心等设施的修缮、翻修次数和质量来进行评价。

3）制冷设备运行安全。通过制冷设备安全运行时间进行评价。

（3）劳动保护。

1）安全防护用品。劳动保护是指企业员工在生产劳动时，采取的一些保护不受侵害的措施或佩戴一些保护器具。

2）安全操作规程。评价员工是否严格执行安全操作规程，保证自己的人身安全。冷链物流在制作安全操作规程时，要考虑安全操作规程是否适用于冷藏工作环境。

（4）员工素质

1）文化素质。冷链物流生产过程中的一些岗位，对文化程度有一定的要求，如班组长或一些制冷机操作维修工等。文化程度不高会影响这些岗位职责的履行，安全信息的沟通和交流也不及时通畅，容易导致安全事故。

2）专业技术素质。员工具有制冷、物流、农业、食用菌等相关专业的知识和技术背景，对安全生产大有益处，也是安全生产的有力保障。

3）安全培训。通过员工上岗前的培训，统一培训员工熟练掌握冷链生产过程中的操作规范和安全制度，是提高企业员工的生产综合素质的重要途径。

（5）工作环境

1）冷库防冻防滑措施。冷库仓储和物流运输车内因温度较低，湿度变大就会引起结冰结霜现象，湿滑的工作环境会引起摔跤跌倒等人身伤害事故，影响安全生产。必需要采取铺设草垫、撒砂等方法防冻防滑。

2）通风照明措施。冷库、冷藏车厢等工作环境需要充足的光照条件，充足的采光或照明，可以减少操作的差错，防止安全事故的发生。

3）防火防盗措施。进出冷库人员，不得携带火种、严禁吸烟、使用明火；库房内不得使用高功率电气设备，经常检查可能引起打火、短路、发热的设备；确保冷库和冷藏车辆配备有消防灭火器材。同时，要设置必要的铁丝网和视频监控系统，配备报警装置预防盗窃。

4）物资摆放规范。在冷库和仓储中心，严格按照指定的位置摆放物资，不得占用物流和消防通道，避免意外事故的发生。

5）废物垃圾处理。冷链物流所产生的废弃物，如变质的羊肚菌产品、加工原料和垃圾、污染物等，要进行垃圾分类处理，放置到垃圾专用位置，防止食品安全事故。

（资料来源：邵晴．羊肚菌冷链物流系统安全性评价［J］．中国食用菌，2020，39（1）：4.）

复习思考题

1. 什么是物流系统评价？物流园区规划的目的与作用是什么？
2. 请简述物流系统评价的原则。
3. 物流系统评价主要有哪几个步骤？
4. 请简述物流系统评价指标体系的内容。
5. 物流系统评价指标体系设计方法与模型有哪些？
6. 用数据包络方法评价物流系统时，一般需要哪几个步骤？
7. 物流系统评价的定性分析法有哪几种？
8. 请说出几种物流系统综合评价的方法。
9. 综合分析评价方法的新发展趋势是什么？

第 11 章

虚拟仿真实验实例

本虚拟仿真实验项目以粮食物流系统布局与运作为核心，通过虚实结合的方式，仿真模拟了粮食物流系统布局与运作中粮食物流网络现状评估、粮食物流仓储选址、粮食物流中心设施设备规划以及粮食物流运输路径规划四个内容。实验立足知识性、准确性、规范性、科学性，不仅解决了学习中的难题，还能加强国内相关人员对粮食物流系统布局与运作的规范性。

本章学习目标

1. 提高学生动手规划设计能力。

2. 培养学生运用仿真技术提高对物流系统规划与运作课程中的关键知识点进行优化设计和运作分析的能力。

3. 提高学生优化设计实际物流业务流程的综合能力。

11.1 虚拟仿真实验项目总体介绍

11.1.1 虚拟仿真实验项目的实验原理

1. 实验原理

面向现代供应链的粮食物流系统布局与运作的虚拟仿真实验项目，通过模型试验与仿真实验，遵循从“简单到复杂、局部到整体、平面到空间”的认知规律，分别以现状评估、仓储选址、中心设施设备规划和运输路径选择为实验对象，通过参数设计，利用虚拟技术开发，旨在考察粮食物流系统在“网络结构状况 - 节点布局位置 - 内部物流动线 - 运输线路选择”四个状态（简称四状态）的性能和效率（如图 11 - 1 所示），总结相关规律。网络结构状况：在预先设定的粮食物流系统网络中物流节点和运输线路基本信息基础上，由学生用户交互式输入关键评估参数，以此建立一系列参数化结构实验评估模型；节点布局位置：进行不同影响因素下对仓储选址的影响，考查不同参数对选址影响的重要程度；内部物流动线：进行不同物流功能区布局条件（设施规模、设备型号）下物流运作效率的虚拟仿真实验；运输路线选择：考查不同影响因素对运输路线选择的影响程度。学生通过对虚拟仿真项目每个模块的操作，直观参与粮食物流系统布局与运作仿真实验的各个环节，掌握专业课程的关键知识点。图11－1为实验原理的整体结构图。

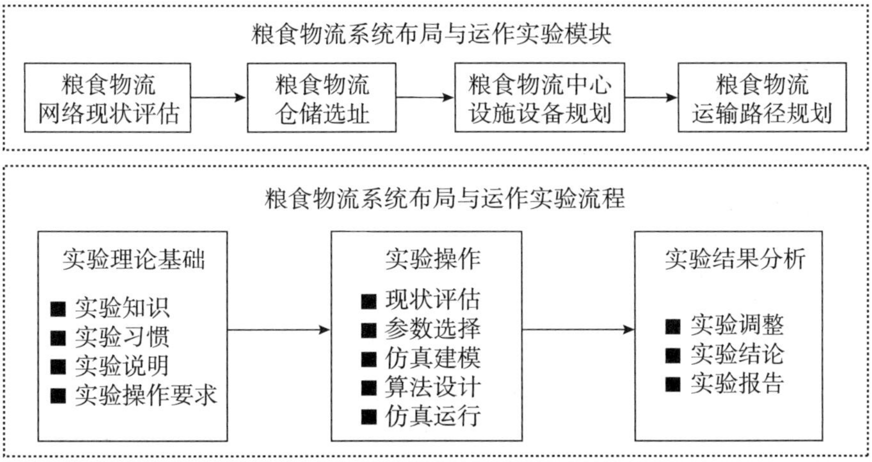

图11－1　实验原理的整体结构图

2. 实验仪器设备

硬件环境：计算机、中心服务器、网络等。

软件环境：浏览器、面向现代供应链的粮食物流系统布局与运作虚拟仿真软件。

具体网址：（1）http：//xdwlkc. nufe. edu. cn/；（2）ilab-x. com。

11.1.2　虚拟仿真实验方法及步骤要求

1. 实验方法描述

本项目综合采用观察法、控制变量法、比选法、自主设计法等实验方法，强调自主设计过程中的逻辑性和理性分析过程，全面掌握粮食物流系统布局与运作原理与方法，使学生理性认知粮食物流系统布局与运作规划设计规律。

（1）观察法：主要应用于帮助学生理解粮食物流系统布局与运作基本概念及规律，学习粮食物流网络等基础分析相关知识，了解不同设计影响因素之间的参数化关联，以及相关参数选择对布局与运作的影响作用。虚拟仿真能够真实反映分析结果，帮助学生理解相关知识要点，有助于夯实基础，完善设计知识体系，锻炼学生处理复杂问题的高阶性思维，培养学生的自主学习能力。

（2）控制变量法：主要应用于模型构建设计环节，可以让学生详细了解物流成本、物流服务效率等参数对布局与运作方案规划的影响。学生在实验中通过小组研讨参数和变量的设定，通过控制物流运作时间等变量生成若干布局结果，根据其成本和效率判断设计方案优劣，从而对相关参数取值等问题进行决策，完成最优布局。

（3）比选法：主要用于粮食仓储选址、粮食物流运输路径选择等仿真实验，将不同层次的相关知识点由易到难、系统地展示给学生。由于粮食仓储选址知识点复杂，学生很难直接掌握相关知识，为此学生可以先从单设施选址实验做起，掌握相关知识后再进行多设施选址仿真，通过比较实验结果，学生可以系统地掌握粮食物流仓储选址相关知识点，符合学生的学习认知规律。

（4）自主设计法：主要用于粮食物流中心设施设备设计环节，提高学生学习的主动性和积极性，同时有助于培养学生的创新意识。学生根据给定的运作设计目标，对江海粮油集团粮食物流中心设施设备规划进行重复自主设计，让学生深度参与粮食物流中心设计过程，最终得到满足设计目标而成本最低的设计方案。

2. 实验流程

该实验仿真实现对粮食物流网络现状评估、粮食仓储点选址、粮食物流中心设施设备规划、粮食物流运输路径规划的仿真实验，采用观察法、控制变量法、比选法、自主设计法等实验方法，将粮食物流企业的实际问题和场景逐个呈现在学生面前。其中包括粮食物流网络现状评估、粮食物流仓储设施选址、粮食物流中心设施设备规划、粮食物流运输。学生需要确定模型的选用、参数的定义与选用、客户坐标系的测量和设置决策、选址、运作程序的输入、编辑和调试，确定粮食物流运输决策、选址、规划过程的实时仿真，以及确定决策、选址、运作后的检验和各种运行错误的检测等功能，让学生达到“学中做、做中学”的效果，教学过程中的理论与实践交替进行，使学生对粮食物流的评估、选址、设施设备配备、流程运作等实验技能得到全面提升。

通过学生自主实践、教师引导点评方式进行。学生通过理解问题、设计方案、验证方案，反思方案循环递进。

3. 操作步骤

本虚拟仿真实验教学项目由四个模块构成（见图11－2），共计14个实验步骤，需要8个学时。其中粮食物流网络现状评估是基础知识内容，粮食仓储选址、粮食物流中心设施设备规划和粮食物流运输路径规划是核心知识内容。采用案例式、探究式、任务驱动式和体验式等教学方法。

学生的每一个交互步骤分为三个阶段：①选择或建立粮食物流网络评估模型、粮食仓储设施选址模型、粮食物流中心设施设备规划模型和粮食物流运输路径规划模型等；②将数学模型转化成实验仿真模型，选定合适算法并撰写建模过程，通过计算并填写决策内容和决策结果；③通过定制开发的仿真软件进行系统仿真实验，并将系统仿真结果进行反馈，可以重复进行或修正，直到满意后提交阶段性实验报告。

学生登录系统后，首先出现实验首页，学生可浏览首页上的内容，熟悉实验环境和实验总体框架。待熟悉内容结束后，进入面向现代供应链的粮食物流系统布局与运作虚拟仿真实验主界面，了解和掌握系统仿真实验模块组成。见图11－2。

图11－2　面向现代供应链的粮食物流系统布局与运作虚拟仿真模块组成

11.1.3　虚拟仿真实验考核要求

1. 考核要求

实行分阶段、分层次考核，满足学生全面掌握知识和技能的需求。建立多元的实验考试、考核方法，统筹考核实验过程与实验结果。把重点放在日常考核中，包括实验习惯、实验预习、实验操作、实验结果、实验报告等方面。

期末成绩评定的分配比例是：平时考核占60%（实验习惯10%、实验操作30%、实验结果10%、实验报告10%），期末实验操作和实验理论考试占30%，设计创新性实验占10%（其中创新内容占4%，创新方法占6%）。实验分数设定严格的评分标准。

实行网上实验考核方法，建立网上平时成绩记分簿、成绩档案和计算机管理数据库，以日志文件的形式记载学生平时网上实验的情况；建立各种考试制度（统一命题、统一标准、统一阅卷），建立试题库和试题质量分析制度等。

加强学生实验成绩评价体系改革，通过学生实验成绩评定方法改革，使之能更科学、准确、全面地评价学生的知识、能力和素质，引导学生知识、能力和素质协调发展。如下表所示。

面向现代供应链的粮食物流系统布局与运作虚拟仿真实验考核要求

实验内容	考核内容	实际分值	考核要求
粮食物流网络现状评估	①掌握粮食物流网络现状分析内容和方法（5分） ②掌握粮食物流网络现状（节点和线路）评估模型选择和构建方法（5分） ③掌握粮食物流网络现状评估结果的分析应用（5分）	15分	9分以上
粮食物流仓储选址	①掌握粮食物流仓库选址的影响因素（10分） ②掌握粮食物流仓储选址的模型选择和构建方法（10分） ③了解粮食物流仓储选址的算法设计（10分）	30分	18分以上
粮食物流中心设施设备仿真	①了解粮食物流中心设施设备类型（5分） ②掌握系统布局方法（SLP）原理和规划步骤（10分） ③应用SLP方法对粮食物流中心设施设备进行合理规划（15分）	30分	18分以上
粮食物流运输路径规划仿真	①了解物流运输路径的复杂性和多样性（5分） ②掌握表上作业法等运输路径规划的原理、方法和步骤（10分） ③掌握粮食物流运输路径规划仿真结果的分析和总结（10分）	25分	15分以上

2. 面向学生要求

（1）专业与年级要求。本项目适用于物流管理专业中的物流系统规划与运作方向学生。相关实验步骤可拓展至物流系统工程等方向课程的辅助学习。

项目对应的核心知识点与《物流系统规划与运作》课程直接关联，也适用于《物流系统工程》《物流运筹学》和《物流技术与装备》等课程的相关知识、能力要求的培养。通常安排在本科2~3年级学习。

（2）基本知识和能力要求等。进行本项目的实验学习的学生，应掌握物流管理的基本知识，已学习《物流管理学》《供应链管理》《粮食工程概论》《运筹学》《最优化理论》等相关基础课和专业课程，对物流系统规划与设计有基本了解，对粮食物流系统规划与运作方案设计有综合比选和应用能力。

11.2 实验项目

11.2.1 实验项目一——粮食物流网络现状评估

基于现代供应链环境下，利用虚拟供应链代替实际供应链，根据粮食物流企业的上下游供应链关系，对实际粮食物流企业的现有粮食物流网络现状进行分析，了解江苏省江海粮油集团公司目前在江苏全省范围内已经存在的物流网点，以及相关因素的具体数据。实验一为实际粮食物流企业物流网络系统现状。

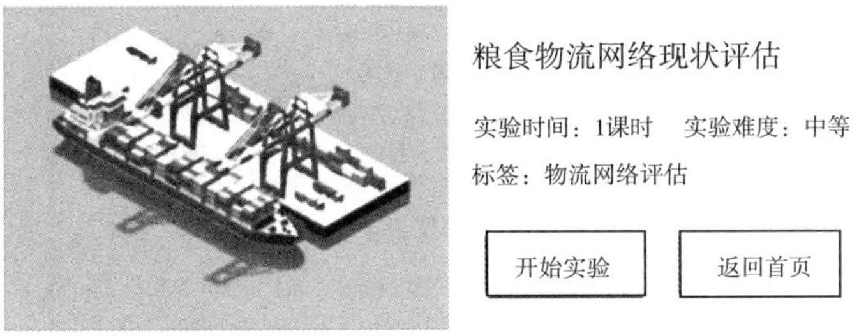

图 11－3　粮食物流网现状评估界面图

1. 主要知识点

（1）粮食物流网络现状分析内容和方法。主要包括粮食物流节点和粮食物流运输线路等内容，通过在现代供应链基础上，对粮食物流企业的上游供应商和下游客户数据的分析，构建科学的影响因素，并选用合理的评估方法。

（2）粮食物流网络现状（节点和线路）评估模型选择和构建方法。包括层次分析法模型、投入产出模型、数据包络分析模型、模糊综合评价模型等，通过对不同模型评估结果的相互比较，寻找最优的评估结果。

（3）粮食物流网络现状评估结果的分析应用。基于现代供应链环境下，对实际粮食物流企业的现有粮食物流网络现状进行评估，通过结合江苏省江海粮油集团公司目前已经存在的物流网点，通过选择科学的方法论来评估网点的经济效益和社会效益。

2. 实验流程

（1）老师进入实验，选择设施选址实验，点击“开始实验”。进入页面，仔细查看该企业详细介绍。

图 11－4　某粮食物流企业介绍界面图

（2）结合经济指标和社会指标，对粮食物流网络系统进行评估。从选择的评价因素中，根据所提供的粮食物流企业真实数据，结合构建的评价模型对粮食物流网络系统中的现有仓储和粮食运输路线进行等级评价。根据相关参数数据，掌握选择科学的

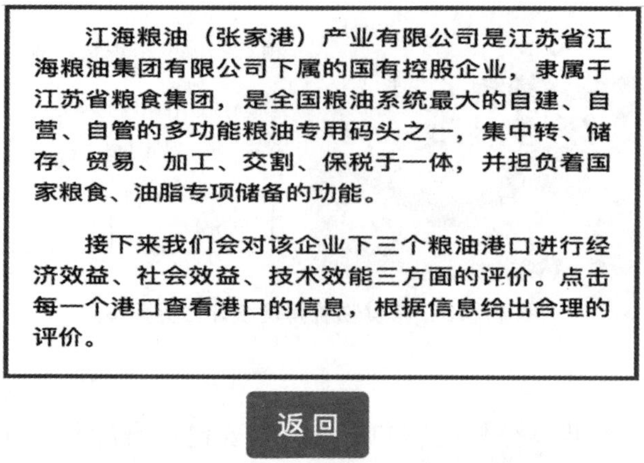

图 11－5　江海粮油物流企业介绍界面图一

方法论来评估网点的经济效益和社会效益。掌握的模型包括投入产出模型、数据包络分析模型、层次分析法模型、模糊综合评价模型等（见图 11－7）。

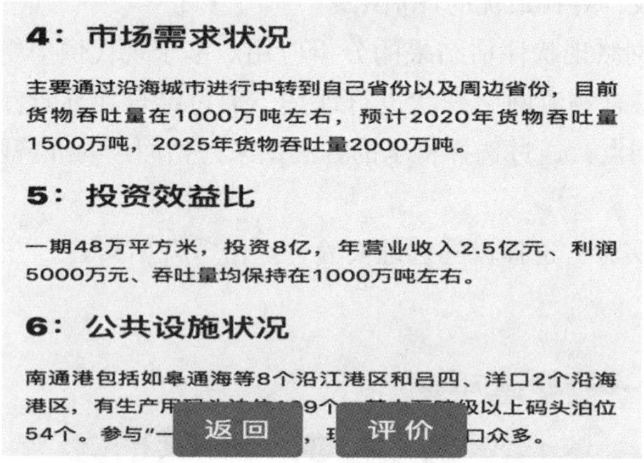

图 11－6　江海粮油物流企业介绍界面图二

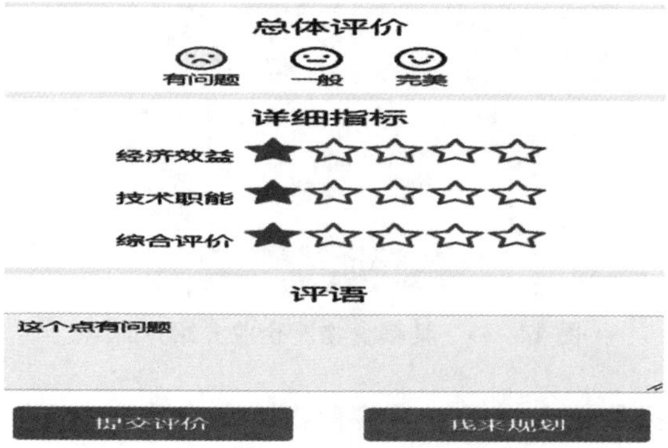

图 11－7　粮食物流网络现状评估图

11.2.2 实验项目二——粮食物流仓储选址

对一个企业来说，设施选址是建立和管理企业的第一步。也是事业扩大的第一步。设施选址的重要性显而易见。其重要性在于：设施选址建成后的设施布置以及投产后的生产经营费用、产品和服务质量以及成本都有较大的影响。一旦选择不当，它所带来的不良后果不是通过建成后的加强和完善管理等其他措施可以弥补的。因此，在进行设施选址时，必须充分考虑多方面因素的影响，慎重决策（见图11－8）。

图11－8 粮食物流仓库选址界面图

1. 主要知识点

（1）粮食物流仓储选址。在整个粮食物流系统中占有非常重要的地位，属于粮食物流管理战略层面的问题，布局选址决策就是确定所要分配的粮食物流设施的数量、位置以及分配方案。

粮食物流仓储选址需要根据现代供应链，选择适当的地理位置进行布局，重点考虑粮食物流运输的合理化、方便上下游用户、节省基建投资、适应粮食行业一定时期发展的需要等因素。影响粮食物流仓储选址的因素较多，例如成本最小化、服务最优化、辐射范围最大化、社会效益最高化等。结合现代供应链背景下，考虑粮食物流的特点，构建科学合理的影响因素指标体系。

（2）粮食物流仓储选址的模型选择和构建方法。可分为：单一物流设施连续点选址、多物流设施连续点选址和离散型物流设施选址。单一物流选址可选用交叉中值选址方法、精确重心选址方法；多物流设施连续点选址模型运用多重心法；离散型物流设施选址模型有覆盖模型、P－中值模型、运输规划模型等。

（3）粮食物流仓储选址的算法设计。针对构建的粮食物流仓储选址模型，设计有针对的算法。

2. 实验流程

（1）进入实验，选择设施选址实验，点击“开始实验”。学生查看说明，了解区域信息，并查看每个备选选址信息。通过点击黄色的仓储备选点和蓝色的社区点，了解每一个仓储备选点的详细数据信息，以及每一个社区的详细数据信息（见图11－9和

图 11－10）。

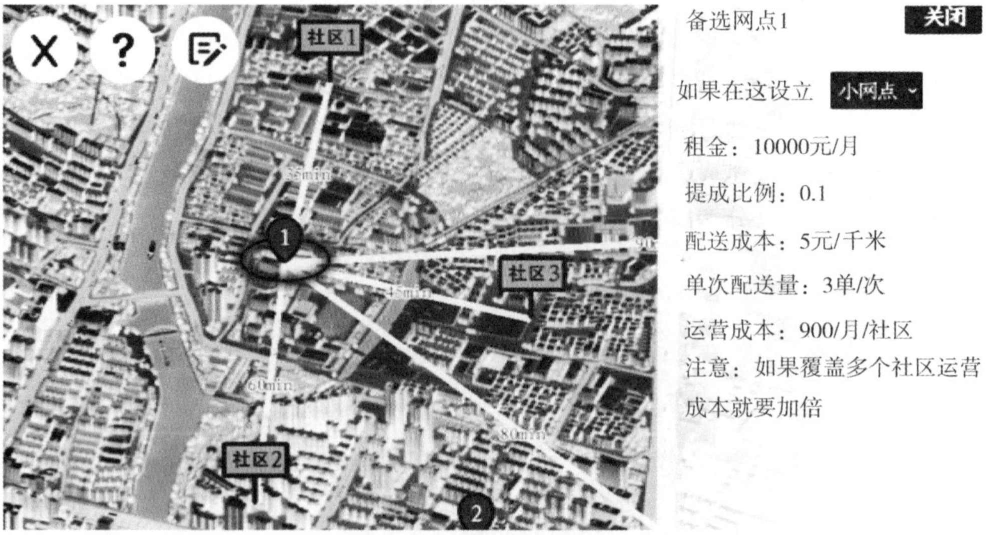

图 11－9　粮食物流仓储选址网络图一

图 11－10　粮食物流仓储选址网络图二

（2）学生可以任意选择地址或通过整数规划进行选址，学生通过选择影响选址的影响因素，构建目标函数和约束条件，通过 EXCEL 表格计算最优选址。

基于现代供应链环境下，针对面向现代供应链的粮食物流单一设施选址的决策因素，选用相关数学模型进行规划布局。学生选择的模型包括单一物流设施连续选址、多物流设施连续点选址、离散型物流设施选址，具体包括交叉中值法规划、精确重心法规划、加权评分法、覆盖模型等（见图 11－11 至 11－13）。

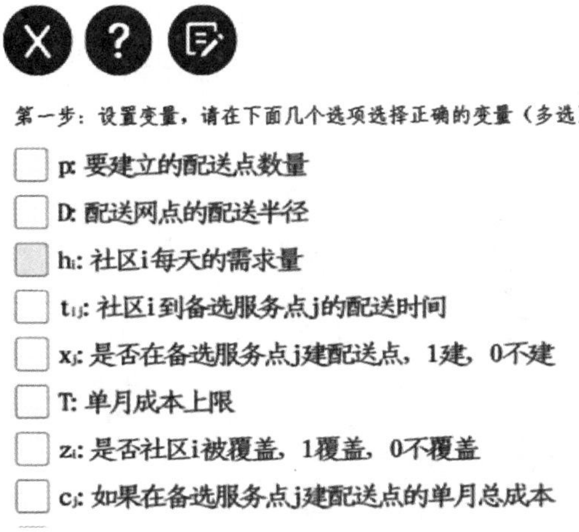

图 11－11　粮食物流仓储选址模型图一

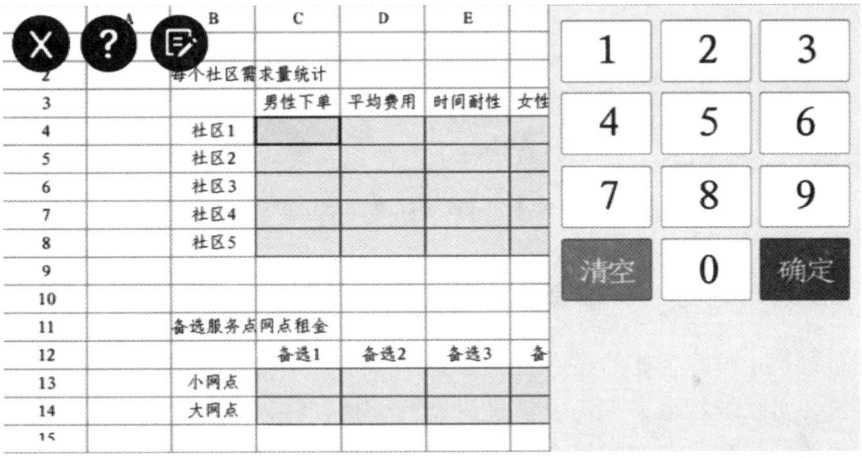

图 11－12　粮食物流仓储选址模型图二

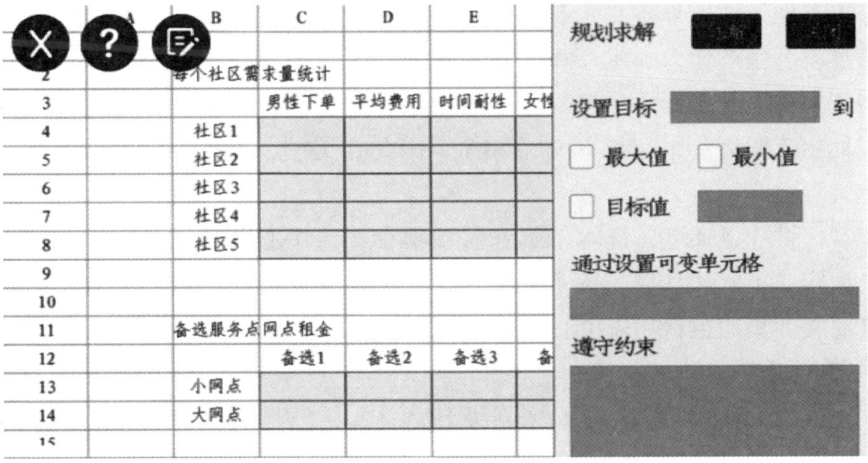

图 11－13　粮食物流仓储选址模型图三

（3）系统根据学生的计算结果给出相应的选址。学生通过点击说明、环境、建模、选址和仿真等完成仓储点选址的任务，并通过查看选址后的相关详细数据，分析选址方案的优劣（见图11－14）。

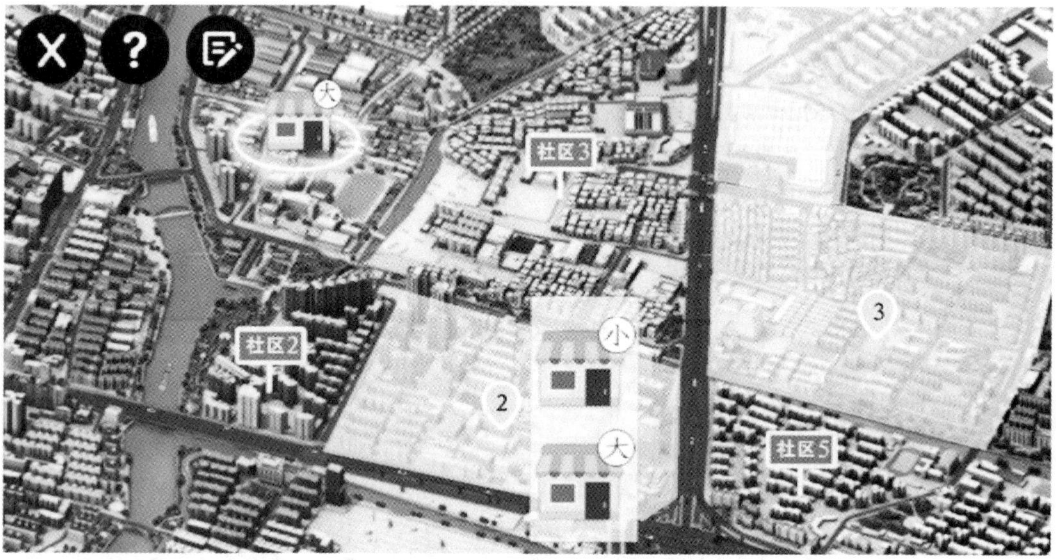

图11－14　粮食物流仓储选址位置

11.2.3　实验项目三——粮食物流中心设施设备仿真

设施布置是指根据企业的经营目标和生产纲领，在给定的空间场所内，按照企业的运作需求，对系统物流、人流、信息流进行分析，将人员。设备、物料等所需的空间作最适当的分配和最有效的组合，以实现期望目标。所谓给定的空间场所，可以是一个工厂、一个车间、一座百货大楼、一个写字楼或一家餐馆等。设施布置在设施规划中占有重要地位，历来备受重视。以工厂布置为例，它的好坏直接影响整个系统的物流、信息流、生产能力、生产率、生产成本以及生产安全。优劣不同的工厂布置，在施工费用上可能相差无几。但对生产运营的影响会有很大不同，正由于优良的平面布置可以使物流搬运费用减少10%～30%，因此在美国，设施布置被认为是提高生产率的决定因素之一。

基于现代供应链环境，统筹了解和掌握粮食物流中心的特点，了解和掌握该模块实验研究内容，了解和掌握相关主要知识点。了解和掌握江苏省实际粮食物流企业—江苏省江海粮油集团粮食物流中心设施和设备现状。

1. 主要知识点

（1）粮食物流中心设施设备规划设计内容。包括粮食仓库货架系统的选型和空间布局设计；粮食装卸搬运设备的选型和布局设计；粮食包装及流通加工装备及器具的选型和布局设计；粮食运输工具的选型设计；粮食分拣设备的选型和布局设计等（见图11－15）。

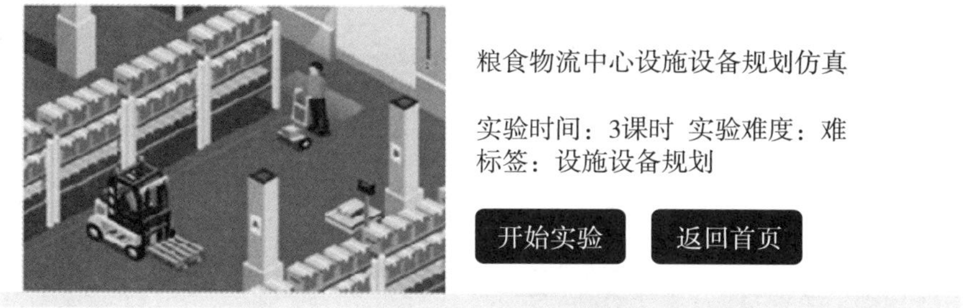

图11－15　粮食物流中心设施设备规划界面图

（2）系统布局方法（SLP）原理和规划步骤。包括：①划分功能区域—根据功能及流程划分作业功能区；②关联分析—定性关联图、定量从至图、综合关系分析图；③功能区布置方法—关联线图法、图形构建法、动线布置法；④作业空间规模计算；⑤实际区域布置。

所选用的模型为系统布局方法（SLP）。

（3）SLP方法在粮食物流中心设施设备规划中的应用。根据提供的粮食企业真实数据，应用系统布局方法应用于江苏省江海粮油集团公司粮食物流中心设施设备的规划实际中。

2. 实验流程

（1）学生点击进入粮食物流中心设施设备仿真模块，系统提供一个初始状态的粮食物流中心（见图11－16）。

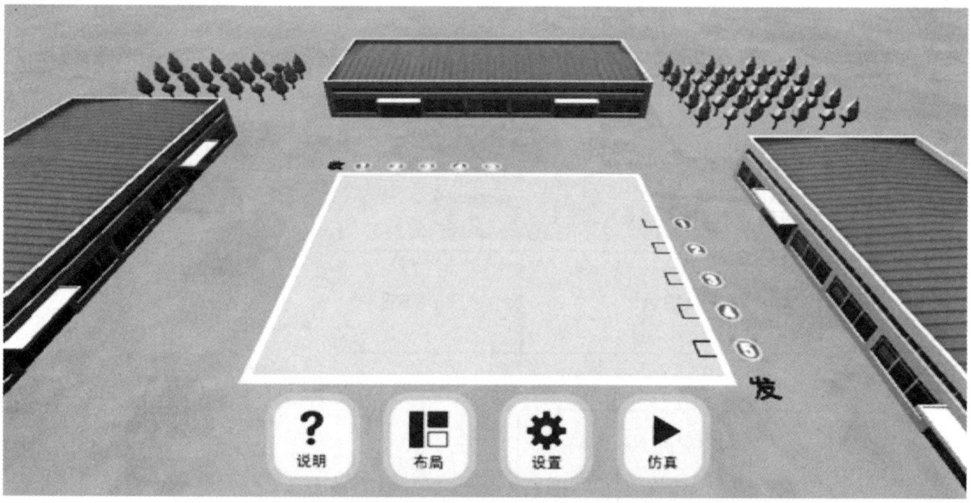

图11－16　粮食物流中心设施设备规划界面图

（2）对初始状态的粮食物流中心划分功能区域。结合系统布局方法（SLP）理论知识，规划设计粮食物流中心最优功能区方布局案（见图11－17至11－19）。

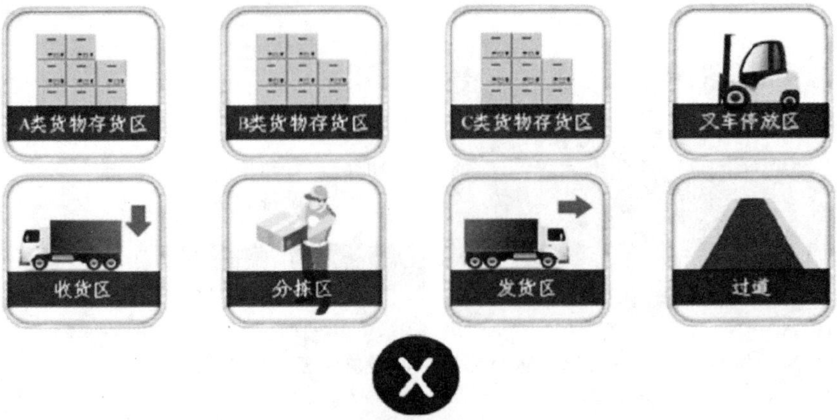

图 11－17　粮食物流中心功能区布局图一

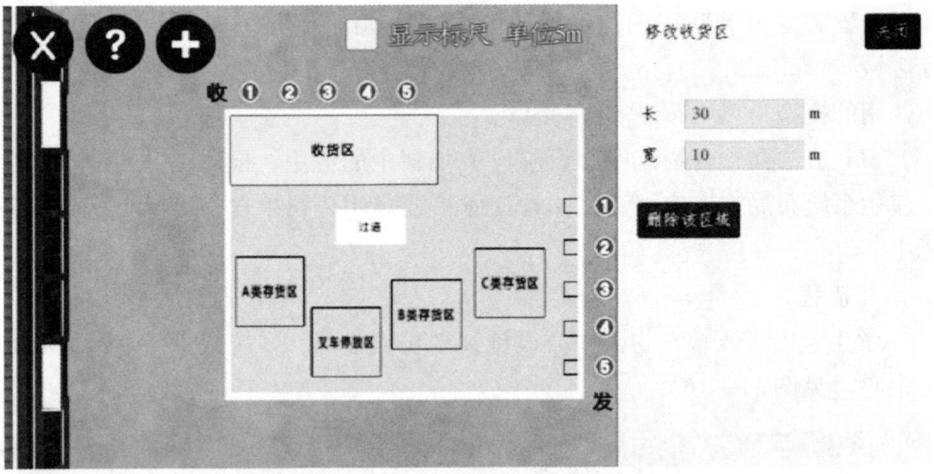

图 11－18　粮食物流中心功能区布局图二

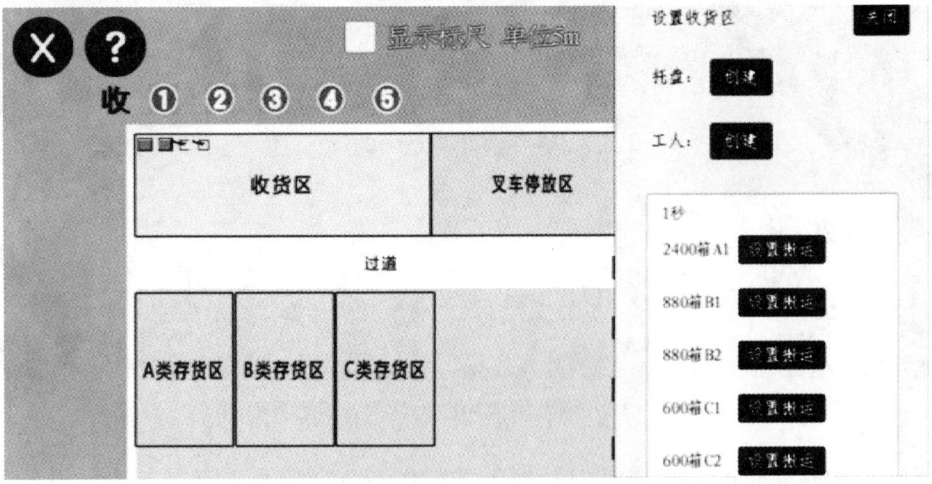

图 11－19　粮食物流中心功能区布局图三

（3）在每个功能区域，规划设计相应的设备。根据所布局的每个功能区的特点和规模，测试相应的参数，根据参数设定，选择叉车、货架等相应的设备进行配备（见图11－20）。

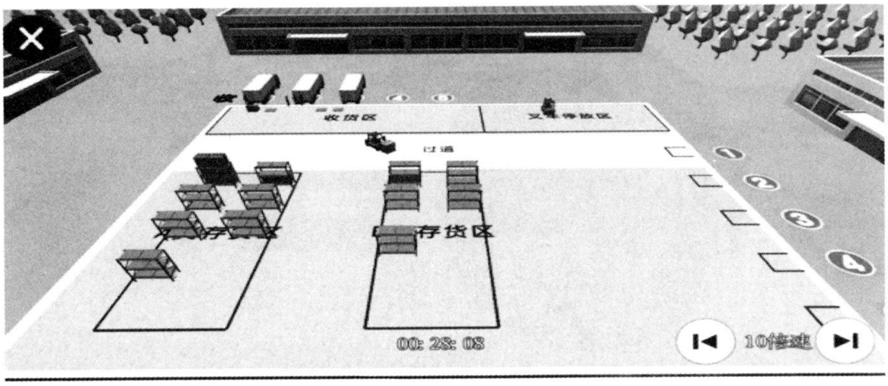

图11－20　粮食物流中心功能区设备配置图

（4）粮食物流中心设施设备规划分析调整。系统根据学生的布置功能情况，给出一系列的数据指标，如：人工搬运次数，区域功能利用率等，如对本次布局不满意，学生可进行多次布局调整。老师根据每个学生的布局情况或完成情况，进行有针对性的点评（见图11－21和图11－22）。

粮食物流中心设施设备规划

实验时间：3课时　　实验难度：难

标签：设施设备规划

操作演示　结束实验

实验入口　实验进度　实验分析

请填写学生姓名　搜索

ID	班级	姓名	学号	状态
1	仿真实训一班	张伟	5001	2019-8-21 22:05:36通过 2019-8-21 22:02:22通过 2019-8-21 22:08:36未通过
2	仿真实训一班	陈诚	5003	2019-8-21 22:12:35通过
3	仿真实训一班	朱芳	5004	2019-8-21 22:30:29通过
4	仿真实训一班	张陶	5005	2019-8-21 22:31:54通过
5	仿真实训一班	王芳	5006	2019-8-21 22:33:24通过
6	仿真实训一班	陶芹	5007	2019-8-21 22:34:42通过
7	仿真实训一班	朱鹏界	5008	2019-8-21 22:36:50通过

图11－21　粮食物流中心设备运作和完成情况（一）

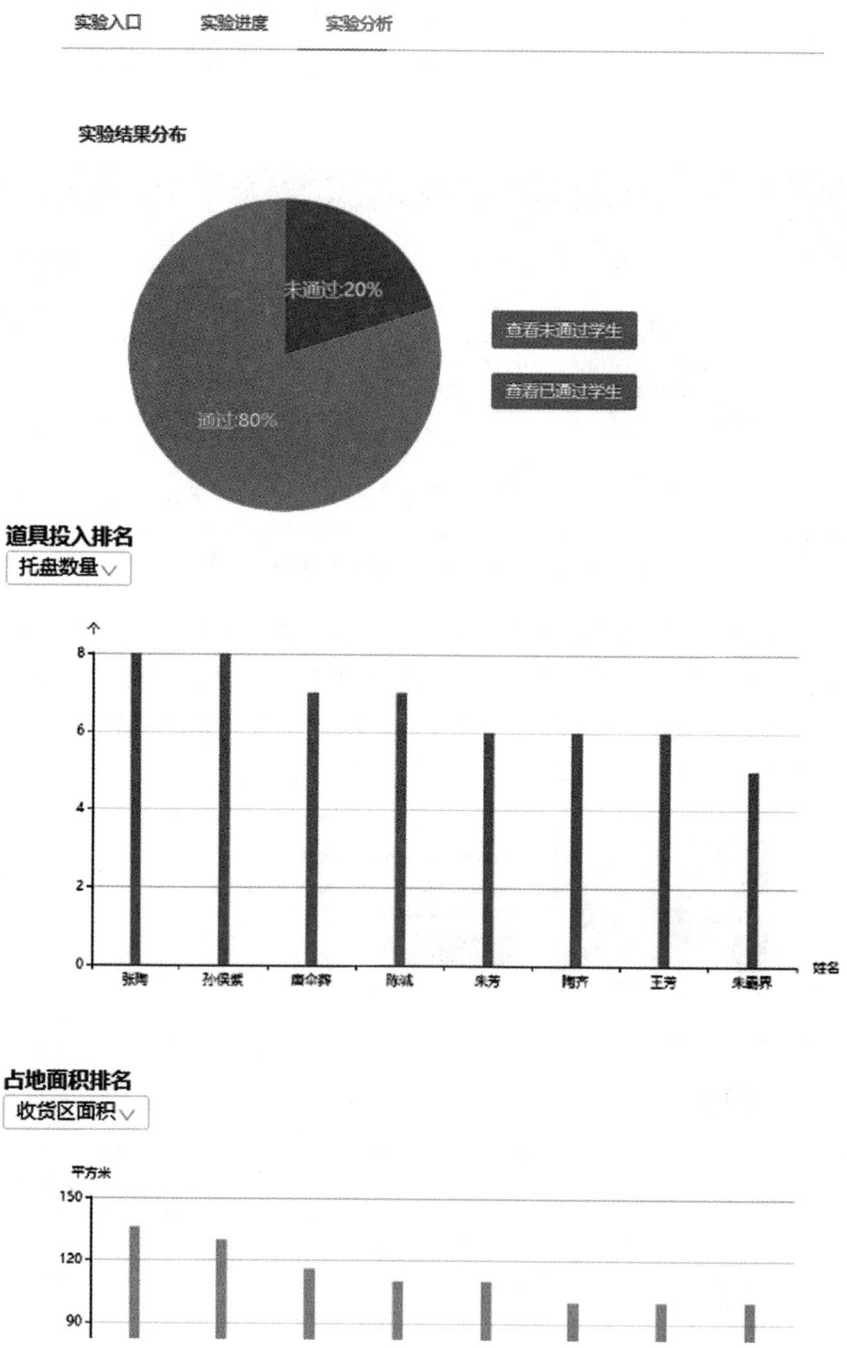

图 11－22　粮食物流中心设备运作和完成情况（二）

11.2.4　实验项目四——粮食物流运输路径规划仿真

运输线路优化主要是选择起点到终点的最短路，最短路的度量单位可能是时间最短距离最短或费用最小等。运输路线选择是运输方式选择之后的又一重要运输决策，可分为点点间运输问题、多点间运输问题及回路运输问题等。

图 11－23 粮食物流运输路径规划仿真界面图

1. 主要知识点

（1）物流运输路径的影响因素和模型构建。粮食物流运输是一类特殊的线性规划问题。最早是从物资调运中提出来的。通过考虑影响粮食物流运输的各种因素，合理安排粮食运输，实现最大运输经济和社会效益。

粮食物流运输路径属于物流运输的一部分，运输路径有很多求解问题：最短路径、运输流量、单回路运输路线、多回路运输路线等。通过考虑粮食物流运输的特殊性，选用和构建相关模型进行求解。可采用表上作业法、节约里程法等运筹学方法进行建模和设定最优方案。

（2）表上作业法等运输路径规划的原理、方法和步骤。熟悉粮食物流运输路线规划模型的常用方法：表上作业法的原理、方法和步骤，并结合实际数据，应用表上作业法对江苏省江海粮油集团公司的粮食物流运输路径进行规划设计。

（3）粮食物流系统布局与运作实验综合分析。结合粮食物流网络现状评估、粮食物流仓储选址、粮食物流中心设施设备规划、粮食物流运输路径规划等仿真实验，对江苏省江海粮油集团粮食物流系统布局与运作进行仿真实验的综合分析，通过调整相关参数，比选不同参数下个设计方案的优劣。

2. 实验流程

（1）学生通过点击进入粮食物流运输路径选择仿真模块，查看各个区域的出货量信息。学生进入粮食物流运输路径选择仿真模块主界面，查看和了解该模块实验主要内容和主要知识点，分析每个节点的货运量信息。

（2）选择或构建数学模型，设计优化算法，完成数学模型的求解过程。根据粮食物流需求预测，确定经营过程中的决策，制订运输作业计划安排，规划粮食物流运输过程中的运输任务分配、线路规划、运输车辆选择，计算过路费和油费等运输成本。设计相关的优化方法达到在整个运输过程中成本的最优化。构建的模型包括：最短路问题、单回路运输问题、多回路运输等（见图 11－24 和图 11－25）。

图 11－24　粮食物流运输路径规划（一）

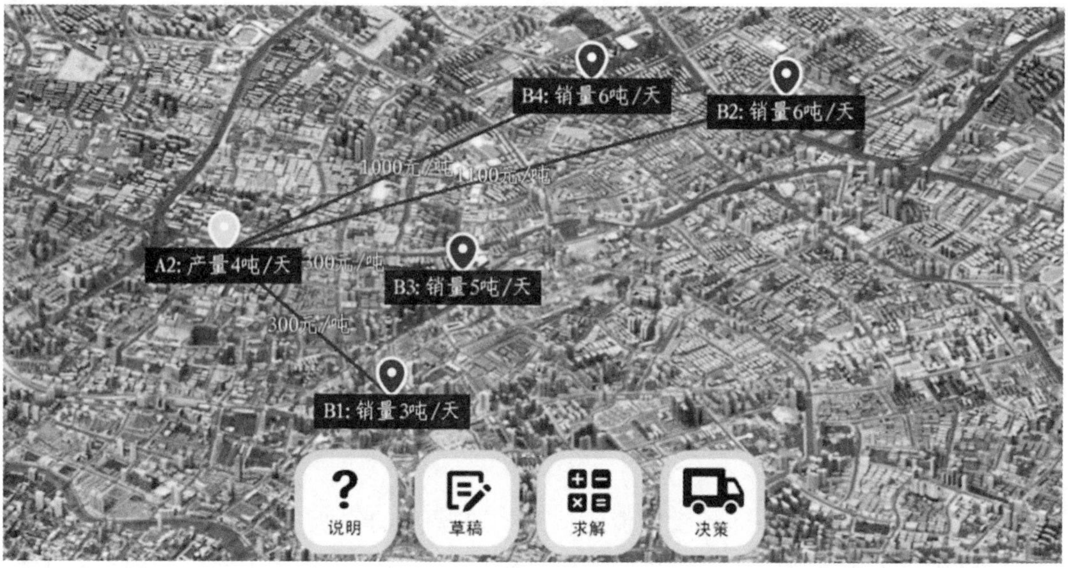

图 11－25　粮食物流运输路径规划（二）

（3）完成粮食物流运输路径选择仿真结果分析和总结。针对上述仿真结果，学生通过调整相关参数设置，设计不同的粮食物流运输规划路径选择方案，并对每个方案的仿真运行结果进行对比分析和总结，找出对方案结果影响显著的影响因素。老师根据学生的完成情况，进行有针对性的点评，或更新复杂数据，让学生重复实验一次，见图 11－26 至图 11－27。

	B1	B2	B3	B4	产量
A1	300	1100	300	1000	7
A2	100	900	200	800	4
A3	700	400	1000	500	9
销量	3	6	5	6	

1: 运费差额法 最小元素法

返回

图 11－26　粮食物流运输路径规划

图 11－27　粮食物流运输路径结果输入界面

复习思考题

1. 以优化分析港口装卸生产计划为目的，简述建立港口生产物流系统仿真模型的方法与步骤。说明仿真分析要解决的问题、系统模型的实体、事件、流程、随机变量H、统计分析参数、建模的步骤等；画出模型的流程框图。

2. 某公司在三个地方有三个分厂、生产同一种产品、其产量分别为300箱、400箱、500箱。需要供应四个地方的销售、这四个地方的产品需求分别为400箱、250箱、550箱、200箱。三个分厂到四个销地的单位运价如下表所示。

产地 销地	甲	乙	丙	丁
分厂1	21	17	23	25
分厂2	10	15	30	19
分厂3	23	21	20	22

问：（1）应如何安排运输方案、使得总运费为最小；（2）如果2分厂的产量从400箱提高到600箱。那么应如何安排运输方案，使得总运费最小。

参考文献

［1］曹会勇．物流管理概论［M］．南京：南京大学出版社，2016.

［2］陈德良．物流系统规划与设计［M］．北京：机械工业出版社，2016.

［3］程国全．现代物流系统规划概论［M］．北京：北京师范大学出版社．2013.

［4］戴恩勇，江泽智，阳晓湖．物流战略与规划［M］．北京：清华大学出版社，2014.

［5］戴恩勇，阳晓湖，袁超．物流系统规划与设计［M］．北京：清华大学出版社，2019.

［6］董千里，陈树公，王建华，等．物流运作管理［M］．北京：北京大学出版社，2010.

［7］董千里．基于供应链管理的第三方物流战略研究［J］．中国软科学，2000（10）：34－37.

［8］傅莉萍，姜斌远．配送管理［M］．北京：北京大学出版社．2014.

［9］高举红，王术峰．物流系统规划与设计［M］第2版．北京：北京交通大学出版社，2015.

［10］高举红．物流系统规划与设计［M］．北京：清华大学出版社．2015.

［11］耿会君，董维忠．物流系统规划与设计［M］第3版．北京：电子工业出版社，2017.

［12］海峰，刘勤．物流园区规划设计运营管理［M］．武汉：华中科技大学出版社，2015.

［13］胡道成．仓储与配送管理［M］．合肥：合肥工业大学出版社．2010.

［14］胡万杰，董建军，任睿，等，考虑模糊不确定的地铁货运系统成网布局规划［J/OL］．系统仿真学报：1－16［2021－09－01］.

［15］胡晓静，钱慧敏，曲洪建．物流企业“智慧＋共享”模式研究［J］．东华大学学报（自然科学版），2020，46（01）：156－162.

［16］黄有方，物流信息系统［M］．北京：高等教育出版社，2010.

［17］吉亮，钟茂林．仓储与配送管理［M］．北京：中国农业大学出版社．2010.

［18］姜大立．现代物流系统规划与设计［M］．北京：中国石化出版社．2008.

［19］姜方桃，朱丹．物流系统分析［M］．北京：中国财富出版社．2014.

［20］蒋长兵，胡立夏．物流系统工程［M］．北京：电子工业出版社，2011.

［21］琚春华，蒋长兵，白丽君．物流信息系统［M］．北京：中国物资出版社，2010.

［22］康铁良，王向前．基于经济转型背景下的物流需求预测［J］．哈尔滨商业大学学报（自然科学版），2021，37（01）：118－128.

［23］郎茂祥，张晓东．物流服务运作管理［M］．北京：北京交通大学出版社，2016.

［24］李茜．中国—东盟智慧物流园区管理信息平台构建研究［J］．广西经济管理干部学院学报，2016，28（04）：7－13.

［25］李晓婷．对无人仓库在现代物流系统中应用与发展前景的研究——基于SWOT分析法［J］．商场现代化，2018（12）：41－43.

［26］李延晖．物流网络规划与设计［M］．武汉：华中科技大学出版社，2013.

［27］梁晨．配送中心规划与设计［M］．北京：中国财富出版社．2013.

［28］梁钦．大数据背景下的智慧物流园区信息平台建设研究［J］．经济师，2019（06）：74－75.

［29］梁胜涛，陈良坤，舒奇奇，等．基于无线通信与RFID定位的智能仓储系统的设计［J］．自动化技术与应用，2020，39（01）：169－172.

［30］刘刚，刘建香，李淑霞．物流系统规划与设计［M］．北京：科学出版社，2011.

［31］刘航源．智慧物流园区信息平台建设研究［J］．信息技术与信息化，2016（09）：123－125.

［32］刘联辉，罗俊．物流系统规划及其分析设计［M］第2版．北京：中国财富出版社，2018.

［33］刘联辉，罗俊．物流系统规划及其分析设计［M］．北京：中国财富出版社．2017.

［34］刘洋．基于大数据的智慧物流信息化平台的构建［J］．中国信息化．2019（06）：69－71.

［35］刘智慧，徐斌华，彭光辉．物流仓储管理实务［M］．西安：西安交通大学出版社．2014.

［36］毛海军．物流系统规划与设计［M］第2版．南京：东南大学出版社，2017.

［37］毛海军．物流系统规划与设计［M］．南京：东南大学出版社：高等学校交通运输专业“十二五”规划系列教材，201701. 237.

［38］平海，等．物流系统设计与分析［M］．北京：清华大学出版社，北京交通

大学出版社，2010.

［39］秦留华．SXDH 绿色智能物流园区运营模式研究［D］．西安：西安石油大学，2019.

［40］邵正宇，周兴建，等．物流系统规划与设计［M］．北京：清华大学出版社，北京交通大学出版社，2011.

［41］申纲领．仓储管理实务［M］．北京：北京理工大学出版社．2019.

［42］宋诗一．智能制造背景下智能仓储系统探究［J］．电子制作，2020（18）：84－86.

［43］宋文官．仓储与配送管理实务［M］．北京：高等教育出版社．2014.

［44］孙旭，晋民杰，王晓军，等．基于灰色优势分析的区域物流 GM（1，1）预测模型［J］．太原科技大学学报，2021，42（04）：296－300＋306.

［45］谭春平，王烨．基于第四方物流的物流园组织系统创新影响因素研究：系统组织理论与战略联盟视角［J］．商业经济与管理，2017（4）：28－40.

［46］陶经辉．物流园区布局规划与运作［M］．北京：中国物资出版社，2009.

［47］田源，李伊松，易华．物流运作管理［M］．清华大学出版社．2007.

［48］万晶．基于 SWOT 分析物流企业的发展战略—以顺丰为例［J］．物流工程与管理，2019，41（8）：54－56.

［49］汪时珍，张爱国．现代运输管理［M］第 2 版．北京：北京师范大学出版集团．2015.

［50］汪佑民．配送中心规划与管理［M］．北京：经济科学出版社．2014.

［51］王道平．物流信息系统［M］．北京：北京大学出版社，2012.

［52］王宏新．物流园区：规划・开发・运营［M］．北京：清华大学出版社，2014.

［53］王慧颖，许哲毓．基于商业生态系统视角的第三方物流企业发展战略研究——以 F 国际物流公司为例［J］．物流科技，2020，43（9）：15－22.

［54］王吉念．论新时期物流产业园区投资开发模式［J］．智库时代，2020（08）：47－48.

［55］王晶．新零售环境下云物流系统运作模型构建［J］．商业经济研究，2020（22）：98－101.

［56］王静．现代物流管理与战略：理论・方法・模式［M］．西安：陕西人民出版社，2016.

［57］王丽娟．配送管理实务［M］．北京：中国财富出版社．2013.

［58］王术峰．物流系统规划与设计：理论与方法［M］．北京：北京交通大学出版社，2019.

［59］王术峰．运输管理［M］．北京：机械工业出版社，2018.

［60］王爽，余涵．智能运输系统的发展与应用［J］．交通世界，2019（21）：8－9.

［61］王先庆．智慧物流：打造智能高效的物流生态系统［M］．北京：电子工业出版社，2019.

［62］王玉学，汪子强．地下物流系统网络数学模型构建［J］．工程数学学报，2020，37（06）：664－672.

［63］王长青．仓储与配送管理实务［M］．北京：北京理工大学出版社．2018.

［64］王智泓．我国智慧物流发展的现实困境及战略思考［J］．商业经济研究，2021（14）：106－110.

［65］吴桐雨，王健．基于多层复杂网络的物流枢纽城市多尺度分析及发育评价［J］．交通运输系统工程与信息，2019，19（1）：33－39.

［66］吴响容，胡斌．基于工业物联网技术的陶瓷园区智慧仓储系统的设计［J］．陶瓷学报，2020，41（05）：741－749.

［67］吴毅洲，宋雷．物流仓储管理实务［M］．北京：北京理工大学出版社．2010.

［68］修桂华，姜颖．物流信息系统［M］．北京：北京大学出版社，2011.

［69］徐丰伟．物流系统规划与设计［M］．北京：电子工业出版社，2019.

［70］徐丽蕊．仓储作业管理［M］．北京：北京理工大学出版社．2020.

［71］徐天亮．运输与配送［M］．北京：中国财富出版社．2017.

［72］徐天亮．运输与配送［M］．北京：中国财富出版社．2012.

［73］徐兴兵，张广敬，李琪．物流网络与供应链管理研究［M］．北京：九州出版社，2017.

［74］杨慧瀛，郭佳，廉永生．沿边地区自由贸易试验区跨境物流网络构建［J］．商业经济研究，2021（12）：91－94.

［75］杨扬，郭东军等．物流系统规划与设计［M］第2版．北京：电子工业出版社，2020.

［76］杨扬，王孝坤．物流系统规划与设计［M］．北京：电子工业出版社，2013.

［77］杨叶勇，姚建凤．仓储与配送管理实训教程［M］．北京：北京大学出版社．2014.

［78］姚冠新，徐静．物流系统规划与设计［M］．镇江：江苏大学出版社，2016－07.

［79］易文．武汉新港港口物流系统分析与评价研究［D］．武汉：武汉科技大学，2012.

［80］尹宗明，杜学敏．基于灰色GM（1，N）模型的区域物流需求预测研究［J］．物流科技，2021，44（03）：104－105＋117.

[81] 翟晓林．物流园区投资开发模式及应用研究［J］．工程建设与设计，2018(16)：250－251.

[82] 张京敏．物流运作管理［M］．北京：清华大学出版社，2015.

[83] 张理，刘志萍．物流运输管理［M］．北京：清华大学出版社．2012.

[84] 张丽，郝勇．物流系统规划与设计［M］．北京：清华大学出版社，2019.

[85] 张庆英．物流案例分析与实践［M］第3版．北京：电子工业出版社，2018.

[86] 张荣，支海宇．物流管理概论［M］．北京：清华大学出版社，2016.

[87] 张文君．马士基搭建全程物流的战略变化与管理举措［J］．青岛远洋船员职业学院学报，2019，40（3）：19－25.

[88] 张亚晨曦．后疫情时代湖北省物流需求预测［J］．中国储运，2021（08）：80－82.

[89] 张中强．物流系统规划与设计［M］．北京：清华大学出版社．2011.

[90] 赵雨．物流园区建设及盈利原则研究［J］．纳税，2018（03）：198.

[91] 周慧，黄朝阳，陈英慧，等．仓储与配送管理［M］．南京：南京大学出版社，2017.

[92] 周建平，刘程军，徐维祥，等．电子商务背景下快递企业物流网络结构及自组织效应——以中通快递为例［J］．经济地理，2021，41（2）：103－112.

[93] 周熙登．基于自组织的农产品物流系统战略协同演化［J］．中国流通经济，2015（6）：45－52.

[94] 周兴建，蔡丽华．物流案例分析与方案设计［M］第2版．北京：电子工业出版社，2018.

[95] 周跃进，陈国华，等．物流网络规划［M］．北京：清华大学出版社，2015.

[96] 朱春生，员兰．智能运输系统在现代物流中的应用［J］．工程技术研究，2020，5（09）：279－280.

[97] 朱青山，邹毅峰．基于“5G＋移动智能”模式的物流系统协同策略分析［J］．商业经济研究，2021（15）：100－102.

[98] 朱新球，赵慧达．水产品冷链物流流通网络布局设计——以福建省为例［J］．物流技术，2021，40（3）：45－49，58.

[99] 祖巧红，物流信息系统［M］．武汉：武汉大学出版社，2011.

[100] C Loebbecke，Powell. Competitive advantage from IT in logistics：The integrated transport tracking system［J］．International Journal of Information Management，1998，18（1）：17－27.

[101] Eiichi Taniguchi，Michihiko Noritake，Tadashi Yamada. Optimal Size and Location Planning of Public Logistics Terminals［J］．Transoprtation Research Part E，1999，

35 (3): 207 - 222.

[102] Fabio Sabatini. Social capital and the quality of economic development [J]. Kyklos, 2008, 61 (3): 466 - 499.

[103] Frans Cruijssen, Martine Cools, Wout Dullaert. Horizontal cooperation in logistics: Opportunities and impediments [J]. Transportation Research Part E: Logistics and Transportation Review, 2017, 43 (2): 129 - 142.

[104] Gary Jefferson, Albert G. Z., HU, Xiaojing. Ownership, performance, and innov-ation in China's large-and medium-size industrial enterprise sector [J]. China Economic Review, 2003, 14 (01): 89 - 113.

[105] Hae S. Kim. Patterns of Economic Development: Correlations Affecting Economic Growth and Quality of Life in 222 Countries [J]. Politics&Policy, 2017, 45 (1): 83 - 104.

[106] Jianxin Wang, Ming K. Lim, Yuanzhu Zhan, XiaoFeng Wang. An intelligent logistics service system for enhancing dispatching operations in an IoT environment [J]. Transportation Research Part E, 2020, 135.

[107] Jihong Chen, Zheng Wan, Fangwei Zhang. Operational Efficiency Evaluation of Iron Ore Logistics at the Ports of Bohai Bay in China: Based on the PCA-DEA Model [J]. Mathematical Problems in Engineering, 2016, Vol. 2016.

[108] John W Hamilton. Wireless communication system: A satellite-based communications approach competitive advantage in logistic and transportation support services [J]. Computers in Industry, 1993, 21 (3): 273 - 278.

[109] M. N. Chuvashova, N. T. Avramchikova, A N Antamoshkin. Indexes system of technological condition assessment of economic branches [J]. IOP Conference Series: MaterialsScience and Engineering, 2015, 94 (01): 1 - 6.

[110] Ma Hongjiang and Luo Xu and Ramachandran Varatharajan. Logistics demand forecasting model based on improved neural network algorithm [J]. Journal of Intelligent & Fuzzy Systems, 2021, 40 (4): 6385 - 6395.

[111] Manal Khayyat, Anjali Awasthi. An Intelligent Multi-agent Based Model for Collaborative Logistics Systems [J]. Transportation Research Procedia, 2016, 12.

[112] Mark Deakin, Alasdair Reid. Sustainable urban development: Use of the environment alassessment methods [J]. Sustainable Cities and Society, 2014, 10: 39 - 48.

[113] Martin Christopher. Logistics and competitive strategy [J]. European Management Journal, 1993, 11 (2): 258 - 261.

[114] Martin Fritz, Max Koch. Economic development and prosperity patterns around the world: Structural challenges for a global steady-state economy [J]. Global Environmental Change, 2016, 38: 41 - 48.

[115] Pablo A. Miranda, Rodrigo A. e-Work based collaborative optimization approach for strategic logistic network design problem [J]. Computers and industrial engineering, 2016, 57 (1): 3 - 13.

[116] Pasquale Tridico. Growth, Inequality and Poverty in Emerging and Transition Economies [J]. Transition Studies Review, 2010, 16 (4): 979 - 1001.

[117] Pei-hua Fu, Hong-bo Yin. Logistics Enterprise Evaluation Model Based On Fuzzy Clustering Analysis [J]. International Conference on Applied Physics and Industrial Engineering, Physics Procedia, 2012 (24): 1583 - 1587.

[118] Pietro Romano. Coordination and integration mechanisms to manage logistics processes across supply networks [J]. Purchase and Supply Management, 2013, 9 (3): 119 - 134.

[119] Qinmei Wang, Rui Luo. The Mechanism and Empirical Study of Intelligent Logistics Technology Improving the Efficiency of Logistics Industry——Taking the " Core Area" of the Silk Road Economic Belt as example [J]. Procedia CIRP, 2019, 83.

[120] Quan Ouyang, Jun Zheng, Shunlin Wang, Investigation of the construction of intelligent logistics system from traditional logistics model based on wireless network technology [J]. Wireless Communications and Networking, 2019, 1: 1 - 7

[121] R. Leitner, E Meizer, M. Prochazka, W Sihn. Structural concepts for horizontal cooperation to increase efficiency in logistics [J]. CIRP Journal of Manufacturing Science and Technology, 2011, 4 (3): 332 - 337.

[122] Robert J. Barro. Quantity and Quality of Economic Growth [R]. Working Papers from Central Bank of Chile, 2002: 25 - 39.

[123] Sabatini F. Social Capital, Public Spending and the Quality of Economic Development: The Case of Italy [J]. Development & Comp Systems, 2005, 50 (9): 399 - 407.

[124] Wu Jiani, Haasis Hans-Dietrich. Knowledge-based stakeholder collaboration for sustainable development of freight villages [C]. 2011 17th International Conference on Concurrent Enterprising. Aachen, Germany. 2017. UnitedStates. IEEE Computer Society. 2017.

[125] Yassine Issaoui, Azeddine Khiat, Ayoub Bahnasse. Smart logistics: Study of the application of blockchain technology [J]. Procedia Computer Science, 2019, 160.